SURVIVAL ENGLISH

내 인생을 바꾸는
필리핀에서
홀로서기

SURVIVAL ENGLISH

내 인생을 바꾸는
필리핀에서 홀로서기

지은이 | 한용석
감수 | Edmer D. Bernardo

저자 소개
INTRODUCTION

자기 발전을 위해, 도전하는 누구라도, 확실한 목적을 설정하고 최선을 다하다 보면 불가능하다고 생각했던 것들이 가능해질 수 있다.

중학교 시절, 나는 알아주는 문제아였다. 중학교 졸업 시기쯤, 친구들과 우리가 일으켰던 사건사고를 이야기하며, 20년 후에 책으로 써내면 좋겠다고 얘기한 적이 있었다. 그 중 한 친구가(지금은 사법고시를 준비하고 있다) 3인칭 관찰자 시점으로 쓰면 좋겠다고 했는데, 난 그때 '아니야. 그렇게 하는 것보다 우리 말고 다른 사람이 우리를 보면서 사건들을 쓰는 거야. 그게 더 좋을 것 같아!'라고 말했다. 친구들은 모두 '그게 3인칭 관찰자 시점이잖아!'라고 말하면서 웃었다. 그 정도로 난 글에 대해 몰랐고, 공부와 담을 쌓고 지냈다.

가정형편도 좋지는 않았다. 아버지, 어머니, 누나, 그리고 나는, 내가 결혼하기 전까지 13평짜리 무허가 집에서 살았다. 나에 대해 잘 모르는 사람들은 내가 부유한 환경에서 좋은 교육을 받고 자라 부모님의 도움으로 사업을 시작했다고 생각한다. 하지만 나는 주어진 상황 안에서 내가 가장 잘 할 수 있는 일이 무엇인지 찾아내고, 목적을 세워 정말 최선을 다해 살아왔다. 그래서 3인칭 관찰자 시점도 모르던 내가 지금은 '타임스터디'라는 호주&필리핀 전문유학원을 운영하고, '호주에서 홀로서기'와 '필리핀에서 홀로서기'라는 책을 집필할 수 있게 된 것이다.

이 책을 만나는 모든 사람들이, 어찌 보면 일생에 있어 작은 부분일 수 있지만 필리핀 연수를 인생의 한 전환점으로 삼고 자신에게 멋지게 도전하여 성공적인 인생을 만들어가길 진심으로 바란다.

THANKS

책 출판 시점에 태어나준 사랑하는 아들 시현이와 개정 시점에 태어나준 시은이와 사랑하는 아내 진금희, 베스트 친구들(천우, 재각, 정민, 금용), 1순위 선배 하정훈, 時方世 친구들, URC 친구들, 지아 아빠 남부장님, Celia, Kevin, 그리고 내 평생의 가족인 타임스터디 전 직원들에게 감사의 마음을 전합니다.

일러두기
INTRODUCTION REMARKs

1. 이 책은 필리핀 현지 사정과 필자의 필리핀 체험을 바탕으로, 꼭 필요한 생활 정보와 영어 표현을 골라 정리한 알짜배기 필리핀 체험 안내서입니다. 생활에 꼭 필요하다 싶은 경우에는 영어표현과 함께 필리핀어(따갈로그어)도 수록했습니다.
2. 필리핀 영어연수를 준비하는 과정에서부터 한국으로 돌아오기까지 부딪힐 수 있는 모든 상황에 대한 정보와 유용한 상황 대화가 담겨 있습니다. 장·단기 여행, 은퇴 이민 등을 준비하고 있는 분들에게도 큰 도움이 될 것입니다.
3. 책의 마지막에는 필리핀 어학연수 이후 다른 나라로 연계연수 가는 분들을 위해 호주와 캐나다 어학연수 학교 정보들을 수록했습니다.
4. 필자가 운영하는 인터넷 다음 카페 〈파랑새의 꿈, 호주&필리핀 전문 유학 카페〉에 있는 정보와 사진들을 기본으로 구성했습니다.
5. 이 책에 실린 정보는 2013년 3월까지 수집한 정보를 바탕으로 했습니다. 만일 현지에서 바뀐 내용이나 새로운 정보가 있다면 〈파랑새의 꿈〉 카페나 국민출판사(www.kukminpub.com, kukminpub@hanmail.net)로 연락주시기 바랍니다.

본문 미리 보기

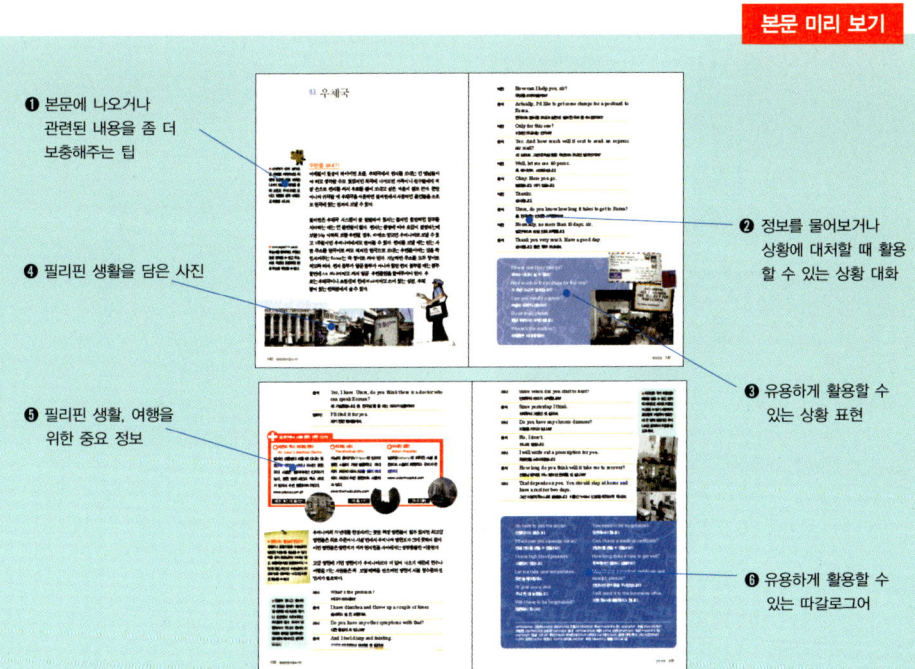

❶ 본문에 나오거나 관련된 내용을 좀 더 보충해주는 팁
❷ 정보를 물어보거나 상황에 대처할 때 활용할 수 있는 상황 대화
❸ 유용하게 활용할 수 있는 상황 표현
❹ 필리핀 생활을 담은 사진
❺ 필리핀 생활, 여행을 위한 중요 정보
❻ 유용하게 활용할 수 있는 따갈로그어

목 차 CONTENTS

1 출국 준비
- 01 여권 신청하기 _18
- 02 필리핀 비자 _21
- 03 항공권 예약하기 _24
- 04 준비물 챙기기 _26
- 05 짐 꾸리기 _30

2 공항
- 01 출국하기 _36
- 02 비행기 안에서 _38
- 03 국제선 환승하기 _46
- 04 필리핀 공항 입국하기 _49
- 05 공항에서 숙소 가기 _61

3 숙소
- 01 기숙사 _70
- 02 홈스테이 _77
- 03 렌트 하우스 _83
- 04 호텔 _88
- 05 여행자 숙소 _93

4 초기생활
- 01 전화하기 _102
- 02 환전하기 _108
- 03 은행 이용하기 _111
- 04 인터넷 이용하기 _117
- 05 대중교통 이용하기 _120

5 일상생활
- 01 영화관 이용하기 _130
- 02 쇼핑하기 _134
- 03 우체국 이용하기 _144

04	미용실 이용하기	_150
05	병원, 약국 이용하기	_153
06	음식 이야기	_158
07	렌터카 이용하기	_176
08	취미 생활하기	_180
09	필리핀 마사지 받기	_188

6 현지 친구&영어 공부

| 01 | 현지 친구 사귀기 | _192 |
| 02 | 영어 공부하기 | _210 |

7 여행 준비&주요 여행지

01	여행 준비하기	_224
02	교통편 이용하기	_232
03	주요 여행지	_239

8 문제 상황

01	필리핀 현지 상황 알기	_248
02	강도와 소매치기를 만났을 때	_249
03	길을 잃었을 때	_252
04	물건을 분실했을 때	_254
05	교통사고가 났을 때	_258

9 귀국 준비

01	항공권 체크하기	_264
02	이삿짐 정리하기	_269
03	필리핀 공항 출국하기	_271

문자 메시지 약어 모음	_276
필리핀 어학연수 학교	_278
연계연수	_286
주요 도시 지도	_294

성공적인 필리핀 연수를 위한 10계명

1. 현실을 고려해서 확실한 목적을 설정하라

필리핀에 가려는 목적을 다시 한 번 생각해보자. 대부분 막연하게 '영어 실력을 향상시켜야지'란 생각을 가지고 필리핀에 가기 때문에 효과적인 연수를 받지 못한다. 현재 자신의 실력과 투자기간, 투자비용, 거주지, 연수 학교와 자신의 열정을 고려해서 정확하게 어느 정도 실력을 향상시킬 수 있을지 따져보아야 한다. 영어시험 성적이나 특정 프로그램의 이해 정도 등 체크할 수 있는 확실한 목적을 설정하고 공부하는 것이 효과적이다.

2. 지역과 연수 학교는 성격과 취향을 고려해서 결정하라

많은 학생들이 연수받기 좋은 지역이나 학교를 추천해달라고 하는데 특별히 연수받기 좋은 학교나 지역은 있을 수 없다. 가장 좋은 지역과 연수 학교는 자기 취향에 맞는 곳이다. 자기가 어떤 분위기와 생활방식을 좋아하는지, 어떤 공부 방식을 원하는지 염두하고 연수 지역과 학교를 선택하면 된다. 필리핀 전문가와 상담할 때는 필리핀에 대한 아무런 지식 없이 상담하는 것보다 기본적인 정보를 알고 상담을 하면 제대로 된 상담인지 아닌지 파악할 수 있다.

3. 필리핀의 문화와 생활방식을 이해하라

필리핀은 분명 우리나라와 다른 문화와 생활방식을 가지고 있다. 필리핀에서 생활할 때 필리핀의 문화나 생활방식을 이해하지 못하면 필리핀 사람들과 오해가 생기거나 가까워지기 어렵다. 그들의 문화와 생활방식을 이해하고 존중해줄 때 진짜 마음을 나누는 친구가 될 수 있다.

4. 필리핀 사람들을 존중하고 위해주라

필리핀에서 생활하다 보면 친절한 필리핀 사람들을 쉽게 만날 수 있다. 오랜 세월 다른 나라의 지배를 받아왔기 때문에 사람들이 상당히 순종적이고 친절하다. 간혹 덩치가 작고 후진국 사람이라고 필리핀 사람들을 무시하는 사람들이 있는데, 차별당하거나 무시당하면 기분 나쁜 건 누구나 마찬가지. 게다가 필리핀 사람들은 자존심이 강하고 명예를 가장 소중하게 여긴다. 자존심 강하고 친절한 필리핀 사람들을 친구로서 존중하고 위해주자.

5. 필리핀 튜터를 최대한 활용하라

필리핀 어학연수의 가장 큰 장점이자 단점은 일대일 수업이라 할 수 있다. 그런데 일대일 수업에서 학생이 너무 분위기를 주도하거나 선생님이 학생의 수준에만 맞춰 대화하면 선생님과는 잘 대화할 수 있지만 다른 사람과 대화할 때 어려움을 겪을 수 있다. 일대일 수업을 효과적으로 하기 위해서는 선생님이 귀찮아할 정도로 질문을 많이 해서 항상 선생님이 긴장하며 수업에 임할 수 있도록 하는 것이 좋다. 또한 저녁이나 주말을 이용해 선생님과 저녁을 먹거나 영화를 보는 등 함께 시간을 보내는 것도 좋은 방법이다.

6. 창피해하지 말고 부딪쳐라

영어를 잘 하는 사람이라면 굳이 외국으로 연수를 갈 필요도 없다. 영어를 잘 못하더라도 틀리면 어쩌나 하는 생각을 버리고 언제든지 자신 있게 부딪쳐보자. 영어는 언어이기 때문에 꼭 문법을 마쳐야 말할 수 있는 것이 아니다. 필리핀 사람들은 친절하고 같은 동양인이라 영어로 말할 때 심리적으로 한결 편하다.

7. 쉬운 단어와 쉬운 문장을 우선 익혀라

쉬운 단어와 문장이란 언젠가 한 번 본 듯한 단어와 문장, 또 자주 사용되는 단어와 문장이다. 어떤 요령으로 시작할지 몰라 기초를 닦을 때 시간을 낭비하는 경우가 많은데 대화에 가장 많이 나올 만한 쉬운 단어와 문장을 먼저 익혀 대화하면 영어실력 향상에 도움이 된다. 한 번 외우면 오래 기억에 남고 자주 사용하기 때문에 자기 것으로 만들기 쉽다. 이런 단어나 문장은 어학연수 학교에서 사용하는 기초 교재나 어린이를 위한 동화책 등을 보면 나온다.

8. 규칙적인 생활을 항상 유지하라

어학연수는 자기 자신과의 싸움이다. 필리핀 어학연수는 학교 수업과 기숙사라는 정해진 틀과 규정 속에서 이루어지기 때문에 비교적 규칙적인 생활을 할 수 있다. 하지만 제어해주는 사람이 없기 때문에 자칫하면 초심을 잃고 나태해지기 쉽다. 항상 연수를 준비할 때의 마음 잃지 말고 규칙적으로 생활해서 최고의 연수 효과를 얻기 바란다.

9. 인내심을 갖고 공부하라

연수를 시작하고 초기 1~2달이 지나면서 처음 기대했던 것보다 영어가 빨리 늘지 않아 성급하게 영어를 포기해버리는 사람들이 있다. 투자한 시간과는 상관없이 연수라는 것 자체에 너무 큰 기대를 걸면 이런 문제가 생길 수 있는데, 영어는 그렇게 쉽게 향상되지 않는다. 마음이 급하면 연수에 대한 실망도 빨리 찾아와 애초의 계획과 목표를 잊어버리기 쉽다. 연수를 할 때 가장 중요한 것은 인내심을 가지고 주어진 기간 동안 최선을 다하는 것이다. 조급한 마음을 버리고 자기 페이스대로 꾸준히 공부해나가다 보면 연수 후에는 분명 향상된 영어실력을 확인할 수 있을 것이다.

10. 밤 문화나 쇼핑에 빠지지 말라

필리핀 물가가 우리나라에 비해 저렴한 편이라 여학생들은 쇼핑에, 남학생들은 단란주점 같은 유흥 문화에 빠지기 쉽다. 쇼핑은 적당한 선에서 필요한 물품만 구입해야지, 싸다고 이것저것 사다 보면 추가로 발생하는 생활비가 늘어나면서 심한 경우에는 공부에 지장을 주게 된다.
남학생들은 상대적으로 유흥 시설을 이용하는 비용이 저렴하다 보니, 밤 문화에 쉽게 노출되고, 심한 경우 생활 조절 능력을 잃어버린다. 공부는 고사하고 엉뚱한 곳에 중독되어 몸도 마음도 피폐해질 수 있으니, 학생 신분에 맞지 않는 생활이라 판단되는 것들은 아예 처음부터 가까이 하지 말자.

1. 출국

01 여권 신청하기

여권이란 해외에서 한국 사람임을 증명해주는 신분증이자 해외여행을 할 수 있도록 정부에서 허가해주는 일종의 증명서다. 잃어버리지 않도록 항상 주의를 기울여야 한다. 환전할 때, 비자를 신청할 때, 출국할 때, 면세점에서 물건을 살 때, 숙소에서 체크인할 때, 여행자 수표를 사용할 때, 은행 계좌를 만들 때, 클럽에 들어갈 때 등등의 상황에서 필요하다.

특별한 사연이 없는 한 복수 여권을 발급받도록 하자. 여권 발급 신청서, 신분증, 여권용 사진 1장, 여권인지대 5만 5천 원을 들고 가까운 구청에 가서 신청하면 대략 10일 이내 발급된다.

★ **단수 여권을 신청해야 하는 특별한 사연**
1. 본인이 요청한 경우
2. 관계 부처로부터 요청이 있는 경우
3. 여권 상습 분실로 관계 기관에서 조사 중인 경우

★ **여권 신청**
1. 여권은 출생 지역이나 거주 지역에 상관없이 가까운 시청이나 구청에서 발급 가능하다.
2. 각 지역의 도청, 시청, 구청 등 전국 70여 곳의 청사에서 여권을 발급할 수 있다. 하지만 발급이 안 되는 청사도 있으니 전화 확인 후 방문하도록 한다.
3. 일반적으로 '특별시'나 '광역시'의 '시·구청'에 여권을 신청하는 것이 '도'의 도·시청에 신청하는 것보다 빨리 발급받을 수 있다.
4. 시청이나 구청에는 대부분 여권용 사진을 찍을 수 있는 곳이 있다.

★ **여권용 사진**
최근 6개월 이내 촬영한, 천연색 정면사진으로 가능한 귀가 보이고 얼굴 양쪽 끝부분 윤곽이 뚜렷해야 하며 어깨까지만 나와야 한다. 머리카락이 눈을 가려서는 안 되며 입은 자연스럽게 다문 상태여야 한다.

★ 여권 신청 시 준비물
- 여권 신청서: 발급기관에 비치
- 신분증: 주민등록증 또는 운전면허증
- 여권용 사진 1매: 3.5×4.5(cm) 여권용 컬러 사진으로 6개월 이내에 촬영한 것
- 여권 신청 인지대

★ 군인인 경우 일반 여권 발급 구비 서류
여권 발급 신청서, 국외여행 허가서(소속부대장 발행), 여권용 사진 1매, 주민등록증, 군인신분증

★ 6개월 이내 전역 예정자의 경우 구비 서류
여권 발급 신청서, 여권용 사진 1매, 전역예정 증명서 또는 복무 확인서(전역예정일 명기), 주민등록증, 군인신분증

여권종류	유효기간	수수료	대상
복수 여권	10년	53,000원	만18세 이상 희망자
	5년	45,000원	만8세 이상 ~ 만18세 미만
		33,000원	만8세 미만 기간연장 재발급 해당자
	5년 미만	15,000원	국외여행 허가 대상자 잔여 유효기간 부여 재발급
단수 여권	1년	20,000원	1회 여행만 가능
기재사항변경		5,000원	동반 자녀 분리 사증란 추가(1회)

● 복수 여권
5년, 10년 동안 횟수에 제한 없이 국외여행을 할 수 있는 여권

● 단수 여권
1번 국외여행을 할 수 있는 여권

여권 신청 시 블랙리스트

필리핀 정부는 불법체류 및 필리핀 현지에서 범죄 사실이 있는 사람들에게 비자 연장 및 필리핀 입국을 막고 있다. 이를 위해 입국자들의 영문 이름을 체크하는데, 불법체류자가 아니더라도 블랙리스트에 올라있는 영문 이름과 이름이 같으면 필리핀 입국이 금지될 수 있다. 설령 운 좋게 입국이 되더라도 차후에 비자 연장을 하지 못하고 강제 추방되거나 이 문제를 해결하기 위해 번거로움을 감수해야 한다. 따라서 블랙리스트에 있는 영문 이름을 피해서 여권을 만들도록 한다.

만약 여권의 영문 이름이 블랙리스트에 있는 이름과 동일하다면 한국 주재 필리핀 대사관에 가서 입국금지 명단에 포함된 한국인과 동일인이 아님을 증명하는 확인서를 받는다. 하지만 이렇게 확인서를 받아 가도 비자 연장 시 문제가 발생할 수 있기 때문에 가장 좋은 방법은 구청에서 여권 영문 이름을 변경해 여권을 재발급 받는 것이다.

필리핀 현지에서 블랙리스트에 있는 사람이 본인이 아니라는 것을 증명하려면 한국 내사관에서 증명서를 받아 필리핀 이민성에 제출해야 한다.

블랙리스트

NO	한글이름	영문이름	NO	한글이름	영문이름	NO	한글이름	영문이름
1	구정해	KU JEUNG HAE	27	노선근	NO SEON KUM	53	이상모	LEE SANG MO
2	김경희	KIM KYUNG HEE	28	라진	RA JIN	54	이상용	LEE SANG YONG
3	김기태	KIM KI TAE	29	박경미	PARK KYUNG MI	55	이상현	LEE SANG HYEON
4	김동열	KIM DONG YEOL	30	박보혜	PARK BO HYE	56	이선근	LEE SEON KEUN
5	김명수	KIM MYOUNG SU	31	박선도	PARK SUN DO	57	이성재	LEE SUNG JAE
6	김병택	KIM BYOUNG TAK	32	박성일	PARK SUNG IL	58	이수희	LEE SU HI
7	김상태	KIM SANG TAE	33	박영주	PARK YOUNG JOO	59	이연우	LEE YEON WOO
8	김선영	KIM SUN YOUNG	34	박우영	PARK WOO YOUNG	60	이영주	LEE YOUNG JOO
9	김성엽	KIM SUNG YUB	35	박율	PARK YOUL	61	이용태	LEE YONG TAE
10	김순덕	KIM SUN DUK	36	박재현	PARK JAE HYUN	62	이우란	LEE WOO RAN
11	김용호	KIM YONG HO	37	박태원	PARK TAE WON	63	이윤창	LEE YOON CHANG
12	김원영	KIM WON YOUNG	38	박희교	PARK HEE KYO	64	이재교	LEE JAE KYO
13	김은미	KIM EUN ME	39	박희선	PARK HEE SEON	65	이정민	LEE JUNG MIN
14	김은하	KIM EUN HA	40	서로경	SEO RO KYOUNG	66	이정희	LEE JUNG HEE
15	김인기	KIM IN KEE	41	서순원	SEO SOON WEON	67	정명희	JUNG MYUNG HEE
16	김정동	KIM JOUNG DONG	42	서현욱	SEO HYUN UK	68	정석환	JUNG SUK HWAN
17	김정주	KIM JONG JOO	43	성우진	SUNG WOO JIN	69	지승희	JEE SEUNG HEE
18	김종일	KIM JONG IL	44	송기홍	SONG KI HONG	70	채지현	CHAE JI HYEON
19	김준식	KIM JOON SIK	45	송재호	SONG JAE HO	71	하영성	HA YONG SUNG
20	김지웅	KIM JI WOONG	46	송제이슨	SONG JASON	72	하재우	HA JAE WU
21	김진수	KIM JIN SU	47	신순덕	SHIN SOON DUK	73	한대호	HAN DAE HO
22	김창훈	KIM CHANG HUN	48	오미선	OH MI SUN	74	홍분식	HONG MOON SIK
23	김하은	KIM HA EUN	49	윤재학	YUON JAE HAK	75	홍민희	HONG MIN HEE
24	김현덕	KIM HYUN DEUK	50	이동윤	LEE DONG YUN	76	홍시명	HONG SI MYOUNG
25	김홍민	KIM HONG MIN	51	이동재	LEE DONG JAE			
26	남현우	NAM HYUN WOO	52	이리차드	LEE LICHARD			

● 블랙리스트에서 제외되거나 잘못된 경우가 있을 수 있다.
● 한글 이름이 다를 수 있으니 반드시 영문 이름을 체크한다.

02 필리핀 비자

필리핀 정부에서 발급해주는 비자는 여행과 단기 영어연수를 위한 관광 비자, 필리핀 내, 정규 유학을 위한 학생 비자, 선교를 위한 선교사 비자, 노동 비자, 개인 사업 및 주재원 또는 현지 채용으로 필리핀에서 일을 할 때 받는 워킹 비자, 은퇴 후 장기 휴식이나 이민을 위한 은퇴 비자 등이다.

필리핀에 어학연수나 여행을 위해 입국하는 방법에는 59일 비자를 받아 입국하는 방법, 비행기 표만 구입해서 무비자로 입국한 후 입국 심사장에서 21일 여행 비자를 받는 방법, 두 가지가 있다. 어학연수 학생들은 주로 항공권만 가지고 입국한 후 공항 입국 심사장에서 21일 관광 비자를 받고 학교에서 비자 연장을 신청한다. 단, 관광 비자로 입국하기 때문에 합법적인 연수를 하려면 이민성에서 SSP(연수 허가증)를 발급받아야 한다.

연수를 위해 필리핀에 입국할 때는 SSP를 발급받기 이전이므로 입국 심사대에서 방문 목적을 Study라고 말하고 증거자료를 요구하면 연수 학교의 입학허가서를 보여준다.

비자 연장

여권과 비자 연장비만 있으면 비자를 연장할 수 있는데, 수속 절차도 모르고 이민성을 여러 번 왔다 갔다 해야 하는 번거로움(비자 신청할 때, 여권 찾을 때) 때문에 어학연수 학생들은 주로 어학연수 학교나 여행사에 대행을 신청한다. 대행료는 여행사나 어학연수 학교마다 다소 차이가 있지만 보통 500페소(1만 원) 정도. 간혹 비자를 연장했다고 속이고 비자 신청비와 대행료를 챙기는 여행사들이 있으니 비자를 연장할 때 어학연수 학교나 인지도 높은 대행사를 찾아가도록 하자.

대행료를 아끼거나 경험을 쌓기 위해 직접 비자 연장을 신청할 생각이라면 마음을 느긋하게 먹고 가는 것이 좋다. 이민성 직원들이 일을 처리하는 속도가 많이 느리고, 심지어 어떤 경우에는 아침 일찍 가서 하루 종일 기다리거나 다음날 다시 오라는 말을 듣기도 하는 등 답답한 상황을 많이 접하게 되니 말이다.

★ 비자 연장비

★ 전에는 Ordinary(일반)와 Express(급행)의 비자 수속 기간에 차이가 있었으나 현재는 똑같이 1~2일 정도가 소요된다.

기간	비용	비고
1차 연장 (38일)	P 3,530	기존에 받은 21일+38일= 총 59일 머물 수 있음.
2차 연장 (30일)	P 4,800	21일+38일+30일= 89일 머물 수 있음.
3차 연장 (30일)	P 2,830	21일+38일+30일+30일= 119일 머물 수 있음.
4차 연장 (30일)	P 2,830	21일+38일+30일+30일+30일= 149일 머물 수 있음.
5차 연장 (30일)	P 2,830	21일+38일+30일+30일+30일+30일= 179일 머물 수 있음.

- 필리핀의 비자 연장비용은 지역에 따라 다르게 책정이 되며 비자대행 기관에 따라 다르게 책정한다.
- 2차 연장 비용이 비싼 이유는 ECC 비용이 합쳐졌기 때문이다.
- 비자 연장비는 현지 사정에 따라서 바뀔 수 있다.
- ECC(Emigration Clearance Certificate)는 출국을 허용하는 출국 허가증이다.
  1. ECC TAX : 59일까지 체류하고, 이후 59일 이상 비자를 연장할 때 비자 연장비에 ECC 비용이 자동으로 청구된다.
  2. Special ECC : 범죄 사실 확인서(필리핀에 거주하며 범죄를 저질렀는지 여부에 대한 확인서)로 6개월 이상 체류하고 필리핀을 출국할 때 필요하다. 6개월 이상 필리핀에 체류한 학생은 준비 서류와 함께(2×2 사진 2매, 여권 복사본, 2,000페소) 귀국 날짜를 정한 후 납부한다.

이민성

여권이 이민성에 묶여 있으면 여권을 들고 다닐 수 없으므로 비자는 되도록 급행으로 처리하는 것이 좋다. 일반으로 신청한 후 이민성에서 여권을 분실한 경우가 여러 번 있었다. 이런 경우 이민성의 책임이지만 보상이나 잘잘못을 따지기에는 절차가 복잡하다.

★ SSP(연수 허가증)

1) SSP란 무엇인가?
SSP는 Special Study Permit의 약자로 '공부할 수 있는 연수 허가증'이다. 정규 대학에 다니는 경우에만 학생 비자를 발급받을 수 있기 때문에 관광 비자로 입국한 후 단 하루라도 합법적으로 공부하기 위해서는 꼭 Special Study Permit을 이민성에 신청해 연수 허가를 받아야 한다.

2) SSP는 어떻게 받는가?
SSP는 필리핀 이민성에서 인정하는 교육 기관에 다닐 경우에만 발급받을 수 있다. 어학연수 학교에서 합법적으로 정식 절차를 밟아 학교 연수생을 위해 SSP 절차를 대행하고 있다.

3) SSP와 비자 연장의 차이점은 무엇인가?
SSP는 비자와는 별개의 개념으로 생각해야 하는데 비자는 필리핀에 체류할 수 있는 자격을 받는 것이고 SSP는 필리핀에서 합법적으로 공부할 수 있는 자격을 받는 것이다.

4) SSP 신청 절차와 비용은 어떻게 되는가?
어학연수 학교에서 SSP 발급과 비자 연장을 대행해준다.

SSP

* SSP 신청 서류
  _ 여권
  _ 사진 2장
  _ 신청비(5,800~6,500페소)
  _ 현지 은행 계좌 잔고 증명서(현지에서 US$1,000 이상 잔액으로, 본인 명의 페소 구좌를 개설해야 하며 학교에서 서류 절차를 대행하므로 학교 등록과 동시에 신청한다.)
  _ (영문) 주민등록등본(연수 학교에 따라 필요 없는 곳도 있음)

★ ACR I-CARD(외국인 등록증명카드)

SSP를 발급받고 공부하는 학생들 혹은 관광 목적을 가진 이들은 필리핀에 59일 이상 체류할 경우 ACR I-CARD(Alien Certificate of Registration Identity Card)를 신청해야 한다. 그리고 필리핀에서 출국할 때 공항에 반납해야 한다. 하지만 1년간 유효하기 때문에 차후 필리핀 방문 시에 납부했던 영수증을 지참하면 재차 발급 비용을 내지 않아도 된다. 만약 ACR I-CARD를 잃어버린 경우 신청 시 여권에 찍힌 증명도장으로도 대체할 수 있다.

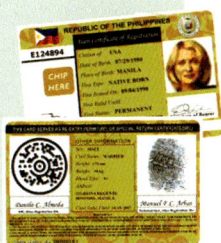

ACR I-CARD

* 신청절차와 서류
  − 여권
  − 신청비(US$60~65)
  − 어학연수 학교에서 ACR I-CARD 발급 신청을 대행해준다.

03 항공권 예약하기

★ 전자티켓e-ticket인 경우, 출력해서 가지고 다니거나 전자티켓에 있는 예약번호를 수첩에 적어두는 것이 좋다.

59일 비자로 입국하든, 무비자로 입국한 후 입국 심사대에서 21일 비자를 받든 필리핀을 떠날 수 있는 왕복 항공권이 있어야 필리핀에 입국할 수 있다. 만약 필리핀에 체류하다 호주나 캐나다 등 다른 나라로 갈 계획이라면 제3국에 어떤 비자로 입국하느냐에 따라 항공권 구입이 달라질 수 있다.

예를 들어 필리핀에서 3개월 정도 있다 호주에 워킹 홀리데이 비자로 갈 경우에는 필리핀 경유 호주 편도 항공권만 있어도 된다. 필리핀에 입국할 때는 필리핀을 떠날 항공권이 있으니 입국이 가능하고 호주에 입국할 때는 관광 비자가 아닌 워킹 홀리데이 비자이기 때문에 편도 입국이 가능하다. 단 호주 입국 전에 워킹 홀리데이 비자나 학생 비자가 없다면 마찬가지로 호주를 떠날 수 있는 항공권이 있어야 호주 입국이 가능하다. 캐나다의 경우, 관광 비자로 입국하는 경우가 많기 때문에 필리핀 경유 캐나다로 들어가서 캐나다에서 다시 필리핀에 왔다가 한국으로 돌아오는 항공권이 모두 있어야 필리핀이나 캐나다 입국이 가능하다.

★ 어떤 나라건 관광 비자로 입국할 경우에는 왕복 항공권이 있어야 한다.

항공권을 예약할 때는 여행 스케줄을 고려해서 입국하는 지역과 출국하는 지역을 결정하고 여러 여행사 사이트를 비교한 후 자기에게 맞는 스케줄을 찾아 예약을 한다. 7~8월이나 12~2월 같은 방학 시기에는 여유 좌석이 없어 예약이 어려우니 스케줄이 잡히면 일단 예약을 해두고, 출국이 확실하게 결정되었을 때 항공료를 지급하고 발권한다. 예약만 하고 취소했을 때는 수수료가 없지만 요금을 지급한 이후 취소할 경우에는 수수료를 내야 한다.

★ 항공료 비교 사이트
• 다음 파랑새의 꿈 카페 cafe.daum.net/tommyhan
• 인터파크 투어 항공 http://tour.interpark.com
• 투어익스프레스 항공 www.tourexpress.com
• 넥스투어 http://nextour.co.kr

항공편 분석

1. 캐세이패시픽 항공(홍콩 항공)

장점
- 귀국 시 홍콩에 무료로 스톱오버할 수 있다.
- 학생일 경우 요금이 저렴하다.
- 홍콩에서 경유할 때 연결 타임이 짧아 빠르게 수속할 수 있다.
- 서울, 부산 요금이 동일해 둘 중 선택 가능하다.

단점
- 학생일 경우 귀국 날짜 변경 시 매회 US$50를 지불해야 한다.

마닐라 63-02-757-0111
서울 02-1644-8003
부산 051-462-0332

2. JAL 항공(일본 항공)

장점
- 좌석 상황이 다른 항공에 비해 여유 있다.
- 일본 항공 마일리지 적립이 가능하다.
- 여정 중 1회 동경에 스톱오버할 수 있다. (5만 원 추가)

단점
- 귀국 날짜 변경 시 매회 US$100를 지급해야 한다.
- 공항세가 다른 항공에 비해 높다.(10~15만 원 정도)

마닐라 63-02-403-2763(Reservations)
서울 02-757-1711(Reservation)/02-3788-5700(Ticketing)
부산 051-469-1215

3. 대한항공(한국 항공)

장점
- 직항이라 비행시간이 짧으며 수속이 간편하다.
- 승무원들이 우리나라 사람들이라 심적으로 편안하다.
- 공항세가 저렴하다.

단점
- 요금이 비싸다.
- 취급수수료가 3~4만 원 정도 붙는다.

마닐라 63-02-789-3700
한국 1588-2001(대표번호)

4. 필리핀 에어라인 항공(필리핀 항공)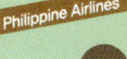

장점
- 직항으로 운항하는 대한항공에 비해 저렴하다.

단점
- 좌석 여유가 별로 없다.

마닐라 63-02-855-8888
한국 1544-1717(대표번호)

항공사별 대략적인 평균 요금(단위: 만 원)

항공사	기간			항공사	기간		
캐세이패시픽 항공(CX) (나이제한 없음)	비수기 8/19-9/20 9/27-9/30	성수기 7/16-8/18 9/21-9/26	최성수기	대한항공(KE) 서울출발기준 (만31세 나이제한)	비수기 9/1-10/31	성수기 7/1-7/18 8/5-8/31	최성수기 7/19-8/4
금액	46+tax	60+tax		금액	48+tax	58+tax	65+tax
JAL 항공(JL)	비수기 9/1-9/31	성수기 7/1-7/19 8/11-8/31	최성수기 7/19-8/4	필리핀 에어라인 항공(PR) 서울출발기준(만31세 나이제한)	비수기 9/11-9/29 10/1-10/31	성수기 7/1-7/14	최성수기 7/15-8/31 9/8-9/10
금액	48+tax	55+tax	57+tax	금액	52+tax	56+tax	64+tax

항공사마다 비수기와 성수기 기간 설정이 다르고 요금도 다르다. 각 항공사 홈페이지나 유학원, 여행사 홈페이지에서 확인할 수 있다.

04 준비물 챙기기

환전

필리핀에 갈 때는 페소나 여행자 수표보다 US$를 가져가는 것이 이익이다. 필리핀 사설 환전소에서 여행자 수표를 잘 환전해주지 않으려고 하고, 우리나라 돈을 페소로 환전하는 것보다 필리핀에서 US$를 페소로 환전하는 것이 더 낫기 때문이다.

일반적으로 소액권보다 US$100를 환전할 때 환율을 더 높게 쳐준다. 필리핀에 가져갈 돈은 모두 US$100짜리로 환전하도록 하고 환전하고 남은 돈은 필리핀에 처음 도착했을 때 쓸 수 있도록 소액권(US$5, US$10, US$50)으로 바꿔간다. 자신의 주거래 은행, 수속을 맡아 진행해온 유학원, 여행사의 주거래 은행에서 환전하면 좀 더 높은 환율을 적용받을 수 있다. 공항 환전소는 적용받는 환율이 낮아 환전할 때 상대적으로 손해를 보게 된다.

★ 환전 상식
1) 필리핀에서는 US$ 여행자 수표보다 US$ 현금 환율을 더 높게 쳐준다.
2) 필리핀에는 US$ 신권(1997년 이후 발행)을 가져가야 한다. 구권의 경우 환전을 안 해주거나 환율을 낮게 쳐서 환전해준다.
3) 훼손된(낙서, 찢어진 경우, 오물이 묻은 경우) 달러는 환전해주지 않는다.

★ 필리핀의 통화 단위
통화 단위: 1페소(PhP) = 100센타보(1P = 100c)
지폐: P1,000, P500, P200, P100, P50, P20, P10, P5
동전: 5c, 10c, 25c, P1, P5, P10

★ 100페소 = 약 2,700원 정도

생활비

필리핀은 빈부격차가 심한 나라다. 인건비나 대중교통비는 싸지만 부유층을 위한 여가비나 음식, 여행 경비 등은 비싸다. 또한 정찰제가 잘 적용되지 않기 때문에 현지 물가를 모르는 어학연수 학생이나 초기 정착민들은 비싼 값을 치를 때가 많다.

학생들은 보통 3~4개월 필리핀에 체류하는데 적응 기간 동안 페소에 대한 개념을 잡지 못하고 돈을 쓰다가 적응이 될 만할 때쯤 떠난다. 그래서 의외로 학생들이 돈을 많이 쓰는 경향이 있다. 1,000페소를 천 원이라고 생각하고 쓰지 않도록 돈을 쓸 때마다 머릿속으로 빨리 환율(페소×27 = 원)을 계산하는 연습을 하자.

학생들은 한 달에 약 20만 원 정도 쓰는데 많이 쓰는 경우에는 50~60만 원까지 쓰기도 한다. 필리핀에서 대학을 졸업한 필리피노의 초봉이 대략 20만 원, 가정부 월급이 8~10만 원 정도라는 걸 감안하면 20만 원이 결코 적은 돈은 아니다.

용돈을 많이 쓰는 학생들을 보면 남학생들은 여자 있는 술집을 다니고 여학생들은 쇼핑을 많이 다니는 경향이 있다. 또 친구나 선생님들과 함께 저녁이나 술을 먹고 '필리핀에서 이거 얼마나 나오겠어'라는 생각으로 한 턱 쏘는 경우가 많다.

'꼭 필요한 돈만 쓰자!'라는 생각을 버리고 '일주일에 얼마를 쓰겠다'라고 마음먹어야 규모 있게 돈을 사용할 수 있다.

용돈으로 많이 쓰는 품목(단위: 페소)

품목	가격	품목	가격	품목	가격
스니커즈 Snickers	39	지프니(시내버스)	8	샴푸	95
코카콜라 캔	20	트라이시클(오토바이)	40	비누	26
프링글스 Pringles 과자	104	택시 기본 요금	40	헤어젤	130
한국 라면	40~50	영화관	180	수건	190
식비	90~130	영화 DVD	130~230	우표(한국으로)	40
콘플레이크 한 상자	93	잡지 및 도서	260~1000	담배	45
피자헛 피자 2인용	160	볼링 한 게임	58		
현지 팥빙수(할로할로)	55	당구 한 시간	65		
맥도날드 햄버거 세트	125	휴시 4개	39		
생수 1ℓ	30	볼펜 1개	6		
전화비(국제전화 5분)	1,200	1.5V 건전지 4개	190		

2013년 기준

국제 직불 카드

요즘은 1년 이내 거주자들은 대부분 국제 직불 카드를 많이 사용하고 현금은 처음 정착할 때 사용할 돈만 환전해간다. 국제 직불 카드는 편리할 뿐만 아니라 분실 위험 및 환차손이 없고 원화로 한국 통장에 입금해둔 후 필리핀에서 페소로 인출할 수 있기 때문에(페소를 인출하면 자동으로 환율이 계산되어 원화 통장에서 돈이 빠져나간다) 편리하다.

국제 직불 카드 뒷면을 보면 Cirrus 마크나 Plus 마크가 있는데 이 마크가 표시되어 있는 ATM(Automated Teller Machine)에서 돈을 인출할 수 있다. 필리핀에는 Cirrus 마크가 표시된 ATM이 더 많고 한도액도 더 높기 때문에 Cirrus 마크가 있는 카드를 만들어 가면 편하다.

국제 직불 카드는 신분증을 가지고 자신이 주로 이용하는 은행에 가서 통장을 개설하고 신청하면 바로 발급받을 수 있다.

직불 카드의 마그네틱이 손상되면 돈을 인출할 수 없으니 한 통장에 직불 카드와 체크 카드를 하나씩 만들어 가면 좋다. 또는 은행 두 군데서 각각 국제 직불 카드를 만들어 가서, 원래 사용하던 카드에 문제가 생기거나 비밀번호 오류가 3번 이상 났을 때 인터넷 뱅킹으로 다른 은행 통장에 돈을 송금하고 그 국제 직불 카드를 사용한다.

의료 보험

필리핀은 의료비가 우리나라보다 비싸기 때문에 만약의 사고나 질병에 대비해 의료 보험에 가입하는 것이 좋다. 또한 어학연수 기관에서도 보험 가입을 필수로 요구하는 경우가 늘고 있어 어학연수를 할 예정이라면 의료보험은 필수 항목이라고 생각하자.

필리핀에서만 연수를 하거나 필리핀 이후 호주나 캐나다 등으로 연계연수를 가는 학생들은 유학생 보험(워킹 홀리데이 보험)에 가입하면 출국일

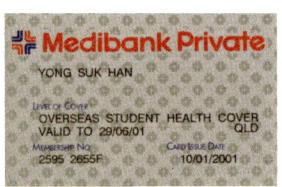
해외 유학생 보험 카드

을 기점으로 최대 1년간 보험에 가입되고 사고나 질병에 관한 모든 의료비 혜택을 받을 수 있다. 하지만 물건 분실에 대한 혜택은 받을 수 없다.

3개월 이하의 단기 필리핀 연수를 가는

경우에는 의료비와 휴대품 분실 시 보상받을 수 있는 여행자 보험에 가입한다.

의료비 혜택은 보험료에 따라 한도액이 달라지며 사고로 다쳤을 경우(외상)에만 전액 보상받을 수 있고 질병인 경우에는 자기가 10만 원을 부담하고 그 이상의 금액은 한도액까지 전액 보상받는다. 보험료는 1년에 약 13~30만 원 정도.

보험 모집 자격을 갖춘 여행사 또는 유학원을 통해 가입하도록 한다.

★ 학생들이 가장 많이 가입하는 보험으로는 LIG, CHUBB, ACE 등이 있다.

★ DAUM 파랑새의꿈 카페(의료보험 공동구매 게시판)에서도 여행자 보험 가입이 가능하다.

국제 운전면허증

호주나 캐나다 등으로 연계연수를 가는 사람들은 여권용 사진 1장과 여권 사본, 면허증, 수수료 7,000원을 가지고 가까운 면허 시험장에 가서 국제 운전면허증을 발급받도록 하자. 국제 유효기간은 발급일로부터 1년이니 너무 일찍 만들지 않는 것이 좋다.

필리핀에서는 차를 렌트할 때 2,000~3,000페소만 주면 운전사가 함께 오기 때문에 운전면허증이 그다지 필요치 않다. 사실 필리핀 사람들이 운전을 험악하게 하기 때문에 운전사를 함께 고용하는 편이 더 낫다.

장기 체류하면서 운전을 해야 할 사람들은 필리핀 내 한국 대사관에 한국 면허증을 가지고 가서 공증을 받은 후, LTO(교통정보국)에서 필리핀 운전면허증을 발급받는다. 공증 비용은 약 200페소 정도. 마닐라 퀘존 시티에 LTO가 있어 서류 접수(소변 검사 포함) 후 당일 발급이 가능하다.

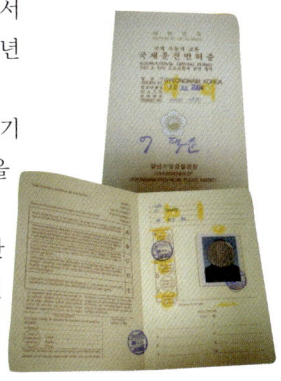

노트북

대부분 어학연수 학교 기숙사에는 인터넷을 사용할 수 있는 시설이 갖춰져 있다. 노트북으로 수업 주제와 관련해서 자료들을 찾아보거나 수업 때 사용하는 동영상이나 영화를 미리 빌려서 보면 더 흥미롭게 수업에 참여할 수 있다.

노트북이 있으면 필리핀에서 찍은 사진들을 저장하고 친구들, 가족들과 화상 채팅이나 인터넷 폰으로 연락하기도 쉬우니 가능하다면 가져가자.

필리핀에서 사용할 프로그램은 미리 설치해서 가고 새 노트북을 가지고 나갈 때는 입국 시 관세를 내야 할 수도 있으니 포장을 뜯어 사용하던 것처럼 가져간다.

인터넷 사용이 안 되는 기숙사도 있을 수 있으니 사전에 체크해보는 것도 잊지 말자.

05 짐 꾸리기

★ 운반하기 편하고 튼튼한, 바퀴 달린 캐리어를 준비한다.

★ 무기가 될 수 있는 물건(칼, 공구, 손톱깎이 등)은 비행기에 반입할 수 없으니 수화물 가방에 넣도록 한다.

필요한 물건들은 필리핀에서도 구입할 수 있다. 필리핀에 도착해서 바로 필요한 소모품과 필리핀에서 사는 것이 우리나라보다 비싸거나 구입하기 힘든 것들(여름 옷, 전자사전, 화장품, 디지털 카메라, MP3, 노트북, 안경 등)만 가져가도록 한다.

필리핀은 우리나라와 같은 220V 전기를 사용하는데 콘센트 모양이 110V처럼 생겼다. 만약 모양이 110V라고 110V 전자제품을 꽂으면 펑하는 소리와 함께 전자제품이 탄다. 110V 모양의 소켓을 구입

해서 꽂으면 우리나라 전자제품도 필리핀에서 사용할 수 있는데 소켓은 현지 마켓에서 25~40페소 정도에 구입할 수 있으며 우리나라 전파상이나 철물점에서도 판다.

수화물의 무게 규정은 항공사마다 다르지만 일반적으로 가방 개수에 상관없이 수화물 무게가 20kg을 넘지 않으면 된다. 이용할 항공사의 수화물 규정을 미리 확인한 후 짐을 싸도록 한다. 규정 무게가 넘으면 1kg당 10,000~15,000원 정도 추가 운임을 내야 한다.

기내용 가방은 가로(55)×세로(40)×높이(20)가 115cm 이상이 되면 비행기 좌석 선반에 넣을 수 없기 때문에 반드시 규정을 지켜야 한다. 가방 무게가 10kg 이상이면 추가 운임을 지급하는 것이 원칙이다.

우리나라 음식물은 필리핀에서도 살 수 있으며 어학연수 학교에서 대부분 한식으로 식사를 제공하기 때문에 따로 준비하지 않아도 된다.

모든 제품은 관세를 내지 않는다. 가끔 필리핀에 입국할 때 직원이 건수를 바라면서 잡을 때가 있다. 혹시 입국 때 관세를 내라고 하면 필리핀에서 사용할 물건이라고 분명히 말하면 된다. 단 우리나라에서 새 전자제품을 사서 가져갈 때는 포장을 뜯고 사용하던 것처럼 보여야 한다.

≫ 짐 싸는 요령

1. 압축팩 이용
압축팩을 이용하면(약 7,000원, 3매) 짐의 부피와 무게를 줄일 수 있어 짐이 단출해진다.
www.with09.net
http://cafe.daum.net/tommyhan/ 공동구매 게시판

2. 작고 무거운 건 기내용! 부피가 크고 가벼운 건 수화물!
수화물인 경우 100% 무게를 체크하지만 기내용 가방은 특별히 무거워 보이거나 가방이 크지 않으면 그냥 통과된다. 부피가 작고 무거운 물건은 기내용 가방에 넣어 가벼운 척 들고 탑승한다.

3. 짐은 무거운 것부터 가벼운 것 순으로
짐을 꾸릴 때는 무거운 것부터 넣어야 가방 중심이 잘 잡히고 짐을 정리하기가 편하다. 또 짐도 덜 꾸겨진다.

4. 여행 스타일에 맞는 가방 선택
외국 여행하면 대부분 배낭을 막연하게 떠올리지만 여행 스타일에 맞는 가방을 선택하는 것이 좋다. 배낭은 두 팔을 자유롭게 쓸 수 있고 비포장도로를 다닐 때 좋다. 하지만 짐을 꺼내거나 챙길 때 번거롭다는 단점이 있다. 그래서 자주 숙소를 이동할 경우에는 배낭보다 캐리어가 더 낫다. 캐리어에는 하드 케이스와 수트케이스가 있는데 하드 케이스는 고급스러워 보이고 케이스가 단단해서 안에 있는 물건들이 잘 상하지 않는 반면 가방 중량이 많이 나가고 깨질 우려가 있다. 수트케이스는 천으로 되어 있기 때문에 가볍고 짐을 싸고 풀기 좋으며 끌고 다니기에 좋다. 단 비포장도로에서는 끌고 다니기 어렵다.

5. 가방은 가볍게
필리핀에서 생활하다 보면 생필품 및 옷 구입으로 갈 때보다 짐이 많이 늘어난다. 돌아올 때를 생각해 가방을 여유 있게 싸도록 한다. 또 이 옷 저 옷 다 챙기지 말고 즐겨 입는 여름옷 위주로 챙겨서 짐 부피를 줄이도록 하자.

| 필수품 | 꼭 가지고 가야 하는 물품. 필리핀에서 구하지 못하는 것들이다.

왕복 항공권: 이것이 없으면 안 된다!!
혹시 편도 항공권을 가지고 가는 건 아니겠지!

여권사진: 항공권이나 여권을 분실했을 때를 대비해 여권사진 3매 정도, 3×5 사진 3매 정도.

영영, 영한, 한영사전: 3종류는 필수품이다.
영영은 필요 없을 것 같지만 실력이 늘면 정말 필수품이 된다.

문법책: 문법책은 1~2권 정도 들고 가자.

돈, 여권, 국제 운전면허증, 보험 증서, 여권 및 항공권 복사본

필기구: 우리나라 것이 좋다. 필리핀에도 한국 제품, 수입품 모두 팔지만 종류가 적다. 적당히 알아서 가지고 간다.

| 가져가면 좋은 것 | 있으면 가져가고, 없으면 말고~

신용카드, 국제직불카드(마스터나 비자카드): 현금 인출할 때 사용한다.

노트북: 단어 검색이나 기타 작업을 할 수 있다.
단 관리해야 한다는 심리적 부담이 있다는 거~!

선글라스: 햇빛을 차단시켜준다.

모자: 모자는 많이 가져간다.
햇볕이 따가워~

전자사전: 튜터와 수업할 때 단어 검색하는 시간을 단축시켜준다.

★ **기타 챙길 것**

우산: 우리나라 우산이 최고. 필리핀산은 쉽게 망가진다. 비 한 번 오면 또 사야 된다.

식염수: 필리핀에도 식염수는 판매하나 농도가 약간 찐하다. 그래서 한국 사람에게는 안 맞는 경우가 많다. 자기 눈에 맞는 식염수를 찾으려면 필리핀에 있는 온 안경점을 돌아다녀야 할 수도 있다.

손목시계: 있으면 가져가자.

각종 증: 국제학생증, 유스호스텔증, 국제면허증.
나는 다 가지고 갔는데 한 번도 사용 못했다. 아까비~~

수영복: 수영할 때 필요하다.
반드시 수영복을 입어야 출입되는 곳이 있다.

Baggage
짐 꾸리기

준필수품

필리핀에도 판다. 다만 우리나라에서 사용하던 것이 있으면 가져가자.

샌들(뒤꿈치 끈 달린 것): 우리나라 제품이 좋다. 필리핀에서도 팔지만 종류나 디자인 면에서 좋은 제품을 찾으려면 쇼핑몰을 돌아다녀야 한다.

MP3 혹은 카세트: 미니 카세트가 의외로 많이 필요하다.

자명종 시계: 현지에서 사면 100페소 정도

세면도구: 치약, 칫솔, 비누, 수건, 빗, 면도기, 드라이, 때밀이(부분용과 전신용) 등등

의복류: 반바지 2~4벌, 긴 바지 1~2벌, 반팔티셔츠 4~5벌, 긴 팔티셔츠 2~3벌, 속옷 5매 정도 가져간다. 현지에서도 살 수 있으니 집에 있는 옷들을 챙긴다.

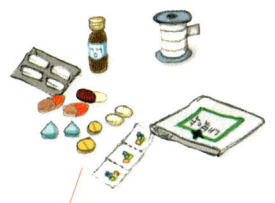
의약품: 소화제, 밴드, 회충약, 빨간약, 맨소래담, 무좀약, 감기약, 두통약, 진통제, 후시딘

카메라: 사진을 찍어야지!! 우리나라 카메라가 값이나 질적인 면에서 좋다.

화장품: 그냥 사용하던 것을 가지고 가면 된다. 필리핀에도 다양한 화장품들을 판다. 사실 필리핀에 가면 거의 화장을 안 한다.

전기 모기향: 기억하자!! 전압은 같은데 소켓이 다르다는 것!! 철물점에서 110V 소켓을 구입한다.

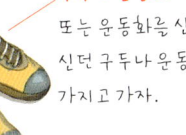
구두나 운동화: 나이트클럽 중에서 꼭 구두 또는 운동화를 신어야 하는 곳이 있다. 신던 구두나 운동화 한 켤레 정도 가지고 가자.

★**가져가보았자 짐만 되는 물건**
알아서 선택. 애국심 문제다.
휴지: 개인적으로 필리핀산 수입품이 더 좋았다.
생리대, 스타킹: 씰리핀에서 '수입품'을 산다. 우리나라에서 살 때와 가격이 비슷~~

안경 여분(콘택트렌즈): 현지에서 파는 안경은 약간 비싸다. 스노클링 때 콘택트렌즈는 필수.

2. 공항

01 출국하기

항공권을 탑승권과 바꾸고 보안 검색과 출국 심사대를 통과할 때 여유롭게 하려면 출발 시간보다 최소 2시간 전에는 공항에 도착해야 한다.

공항에 도착하면 예약한 항공사의 체크인 데스크로 가서 항공권을 주고 탑승권boarding pass을 발부받는다. 수화물을 부치고 수화물 보관증claim tag을 받으면, 탑승권에 적힌 비행기의 편명, 탑승 구gate 번호, 좌석 번호, 출발 시간 등을 확인하고 출국 심사장으로 들어간다.

★ 수화물 보관증 잘 챙기기!
수화물 보관증은 수화물의 주인을 확인하기 위해 주는 것인데 필리핀 공항에서 수화물을 찾아 공항 밖으로 나갈 때 공항 안전요원이 보관증을 보고 짐 주인이 맞는지 확인한다. 없으면 곤란하니 잘 챙기자!
수화물을 보낼 때 자기 가방에 이름표name tag를 붙이면 가방이 바뀌거나 분실할 위험을 줄일 수 있다. 이름표에 이름, 필리핀 주소(혹은 한국 주소), 연락처(어학연수 학교 연락처나 한국 연락처)를 영문으로 적는다.

출국 심사장 안으로 들어가면 보안 검색대를 먼저 통과하게 되는데 액체나 무기가 될 수 있는 물건이 있으면 압수당한다. 젤이나 화장품 등 액체는 모두 수화물로 보내고 간단한 옷가지와 책만 가지고 탑승하도록 하자. 보안 검색대를 통과하면 출국 심사대가 나오는데, 출국 심사대에서는 여권만 보여주면 통과된다. 탑승 시간boarding time까지 시간적인 여유가 있다면 면세점에서 쇼핑을 즐기거나 탑승구gate 앞에서 책을 보면서 탑승을 기다리자.

★ 수화물로 보낸 짐은 경유 항공이라 하더라도 스톱오버하지 않으면 바로 필리핀으로 보내진다.

★ **휴대 반입 가능**
용기 사이즈는 1개당 100ml 이하 액체류
1인당 1리터 규격의 zipper-lock 비닐봉투 1개
기내에서 사용할 의약품 및 유아용 음식

★ **반입 불가능 품목**
액체류: 술, 생수, 음료수, 김치 등
젤류: 샴푸, 린스, 치약, 선크림, 고추장 등
에어로졸류: 헤어스프레이 등 스프레이 용품

❶ 물품 보관함
❷❸ 체크인 데스크
❹ 보안 검색대
❺ 출국 심사대
❻ 면세점
❼ 탑승구

02 비행기 안에서

기내석

비행기 입구에서 승무원에게 탑승권을 보여주면 통로를 안내해준다. 비행기 통로는 좁고 사람들이 선반 overhead bin에 가방을 올리느라 북적이게 마련이다. 가볍게 미소 지으며 May I get through?(지나가도 될까요?)라고 말하면서 지나가는 센스를 발휘해보자. 좌석 번호가 있어 자리 찾기가 어렵지는 않겠지만 헷갈린다면 승무원에게 탑승권을 보여주며 Excuse me, where is my seat?(죄송하지만, 제 자리가 어디죠?)라고 말해본다.

승무원	May I see your boarding pass, please? 탑승권을 보여주시겠습니까?
용석	Yes, sure! 물론이죠!
승무원	Your seat is on the right aisle side. 오른쪽 통로 자리네요.

My seat Number is D-36. Where is it?

제 좌석번호가 D-36인데, 어디인가요?

Your seat is in front.

앞쪽 좌석입니다.

It's over there on the aisle.

저기 통로 쪽입니다.

Could you change seats?

자리 좀 바꿔주시겠습니까?

Could you please move your thing a little bit?

물건을 조금만 치워주실래요?

Could you help me to put my stuff in?

제 짐을 (선반에) 넣는 걸 좀 도와주시겠어요?

통로 쪽에 앉으면 창가에 앉은 사람이 화장실에 갈 때마다 일어나주어야 하고, 창가 쪽에 앉으면 화장실을 갈 때마다 옆 사람에게 Excuse me, May I get by?(실례지만 지나가도 될까요?)라고 말해야 한다. 비행시간이 길면 어느 자리에 앉건 불편하기는 마찬가지다. 다행히 필리핀까지는 직항 노선을 이용하면 4시간~4시간 30분 정도 걸리기 때문에 그런 불편함이 상대적으로 덜하다.

May I get through?

I need to go to the bathroom.

(옆 사람에게) 화장실에 가고 싶은데요. (좀 지나갈게요.)

Excuse me, this is my seat.

이곳은 제 좌석인 것 같은데요.

Please fasten your seat belt.

안전벨트를 착용해주십시오.

---

stuff 물건, 사물　bag 가방　seat belt 안전벨트　passenger 승객
call button 호출 버튼　carry a bag 가방을 들다
put in[into] a bag 가방에 넣다　take[get] out of a bag 가방에서 꺼내다

비행기 뒤쪽 좌석에 앉았을 때의 일이다. 그렇잖아도 좌석이 좁은데 뚱뚱한 유럽 아저씨가 옆 좌석에 앉아 움직이기가 불편하고 엔진소리도 너무 시끄러워 승무원flight attendant에게 사정을 얘기하고 비상구 바로 뒷좌석으로 옮겨달라고 요청했다. 비상구 뒷좌석은 앞자리가 없어서 상대적으로 다른 자리에 비해 공간이 넓기 때문이다. 마침 자리가 비어 있어서 비상구 뒷자리에 앉아 필리핀까지 두 다리 쭉 펴고 날아갈 수 있었다. 좌석이 비어 있는 경우에는 이렇게 요청에 따라 편의를 봐주기도 한다.

window seat 창가 좌석
aisle seat 통로 좌석
middle seat 중간 좌석
business class 비즈니스석
economy class 일반석
non-smoking seat 금연석

용석	Excuse me, Could you change seats for me, please?
	죄송합니다만, 자리 좀 바꿔주실 수 있습니까?
승무원	Yes, no problem. Would you like an aisle seat or a window seat?
	네, 가능합니다. 통로 쪽과 창문 쪽 중 어떤 좌석을 원하십니까?
용석	Window seat, please.
	창가면 좋겠습니다.

Can I move to a window seat?
창문 쪽 자리로 옮겨도 되겠습니까?

Could I move to an empty seat over there?
저기 빈자리로 좌석을 옮겨도 되겠습니까?

May I sit here?
여기에 앉아도 됩니까?

May I recline my seat?
(뒷사람에게) 의자를 눕혀도 괜찮을까요?

Would you bring up your seat?
의자를 앞으로 당겨주시겠어요?

stewardess는 우리에게 익숙한 단어지만 영어권에서는 PC(political correctness)라는 성차별 없는 단어를 받아들이는 견해가 확대되면서 flight attendant를 일반적으로 사용한다.

기내 서비스

비행기가 이륙하고 어느 정도 시간이 지나면 승무원들이 기내식을 나누어준다. 기내식은 항공사에 따라 맛이 다르지만 대체적으로 약간 비릿하고 맛이 없다. 그래서 나는 비행기를 탈 때 조그만 튜브 고추장을 준비해서 나름대로 맛난 항공식 밀찬을 즐긴다.

승무원이 밥을 나누어주기 전에 '비지 or 난비지'라고 묻는 경우가 있는데 Vegetable? or non vegetable?(채소 먹을래? 고기 먹을래?)라는 뜻이니 맛없는 기내식을 먹고 싶지 않다면 Non vegetable. 하고 대답하자~

맥주, 오렌지 주스, 물, 와인, 콜라, 애플 주스 등의 음료는 종이컵이나 작은 잔에 조금씩 따라준다. 나는 주로 콜라를 마시는데 아무래도 잔에 조금씩 따라 마시는 건 감칠맛이 나서 Can of coke, please.(캔으로 된 콜라 주세요)라고 말하고 캔을 받는다. 위스키도 주문하면 다른 음료처럼 작은 잔에 가져다준다.

What would you like, beef or chicken?
쇠고기와 닭고기 중 어느 것으로 하시겠어요?
Beef, please.
소고기로 주세요.
I don't feel like eating now. May I have it later?
지금은 먹고 싶지 않네요. 나중에 먹어도 되나요?
Can I have a meal now?
지금 식사할 수 있습니까?
What do you have for dinner?
저녁 메뉴는 뭐죠?

기내식

What kind of drinks do you have?
어떤 음료가 있죠?

Would you like coffee or tea?
커피나 차 좀 드시겠어요?

Can I have a beer?
맥주 주시겠어요?

Can I have another one?
한 잔 더 주실 수 있습니까?

Wine, please.
와인 주세요.

- newspaper 신문
- magazine 잡지
- wine 와인
- beer 맥주
- whiskey 위스키
- white wine 백포도주
- red wine 적포도주
- blanket 담요
- salt 소금
- sugar 설탕
- tray table 식사용 간이 테이블
- snack 스낵
- bread 빵
- beef 소고기
- pork 돼지고기
- chicken 닭고기
- chopsticks 젓가락
- orange juice 오렌지 주스
- beverage 음료
- coffee 커피
- tea 차
- green tea 녹차
- meal 식사
- ice 얼음
- dessert 디저트

비행기에서 제공하는 담요blanket를 가져가는 사람들이 많은데 담요는 반드시 기내에서만 쓰고 내릴 때는 놔두고 가도록 한다. 담요를 가지고 내리다가 세관에서 걸리면 국제적인 망신이고, 더욱이 어학연수 학교 기숙사나 여행자 숙소에서 담요를 제공하기 때문에 챙겨가도 별소용이 없다. 하지만 담요를 꼭 가져가고 싶은 사람은 승무원에게 Excuse me, Can I have this? I really need it.(죄송한데요, 이 담요를 가져가도 될까요? 담요가 너무 필요해서요)라고 살짝 물어보자.

Do you have any Korean newspapers or magazines?
한국어 신문이나 잡지 있나요?

Could you get me a blanket, please?
담요 한 장 좀 가져다주시겠어요?

I feel airsick.
비행기 멀미를 해요.

May I have some airsickness pills, please?
비행기 멀미약 하나만 주시겠어요?

★ 기내 화장실
보통 기내 화장실은 lavatory라 한다. 화장실 문에 vacant(비어 있음), occupied(사용 중) 표시가 있는데 사용 중이면 occupied에 불이 켜진다.

입국 신고서(세관 신고서)

필리핀에 도착할 때쯤 승무원들이 입국 신고서Disembarkation Card(세관 신고서Customs Declaration)를 나누어주는데, 미리 작성해두었다가 입국 심사대에서 여권을 보여줄 때 함께 제시한다. 입국 신고서는 비자 법에 맞게 작성해야 하기 때문에 영어로 된 입국 신고서가 잘 이해 안 되면 대충 적지 말고 승무원에 물어보거나 주변에 앉은 외국인에게 Please tell me how to fill in this card.(이 카드 작성법 좀 알려주세요)라고 도움을 요청해보자.

용석	Excuse me. Could you help me?	
	실례합니다. 좀 도와주실래요?	
외국인	Yes. What can I do for you?	
	예. 무엇을 도와드릴까요?	
용석	Would you please check my card?	
	제 입국 신고서를 좀 확인해주실래요?	
외국인	Sure.	
	좋아요.	

Do you have any Incoming Passenger Cards for Koreans?
한국어로 된 입국 신고서가 있습니까?

May I have one?
그걸 하나 주시겠습니까?

May I have another card? I have made some mistakes.
카드 한 장 더 주실래요? 잘못 작성했어요.

What should I write here?
여기에 뭘 써야 하나요?

Would you help me fill out this form?
서식 작성하는 것 좀 도와주시겠어요?

Can I get a pen?
펜 좀 얻을 수 있을까요?

Is it okay?
이렇게 작성하면 되나요?

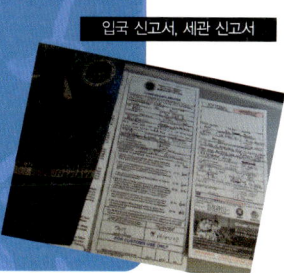

입국 신고서, 세관 신고서

SURNAME/FAMILY NAME: 성 예) HAN

FIRST NAME: 이름 예) YONG SEOK

COUNTRY OF BIRTH: 태어난 곳 예) SEOUL

BIRTHDAY: 생년월일 예) 15, JANUARY, 1997

MALE: 남성, **FEMALE:** 여성

CITIZENSHIP: 소속 나라 예) KOREA

OCCUPATION: 직업 예) STUDENT

ADDRESS ABROAD: 외국 거주지 주소 예) 한국 집 주소

PLACE OF ISSUE: 여권 발급지 예) SEOUL

ADDRESS IN THE PHILIPPINES: 필리핀 거주지 주소 예) MALIA HOTEL(현지 어학연수 학교 주소 가능)

DATE OF ISSUE: 여권 발급일 예) 28, DECEMBER, 2006

PASSPORT NUMBER: 여권번호 예) BS1234567

MAIN PURPOSE OF TRAVEL(CHECK APPROPRIATE BOX): 여행 목적(박스 안에 체크) 특별한 목적이 없는 한 HOLIDAY에 체크

주의) 연수를 목적으로 입국하더라도 관광 비자로 입국할 경우에는 HOLIDAY에 표시해야 한다.

NUMBER OF VISITS TO THE PHILIPPINES: 필리핀 방문 횟수 예) 1

SIGNATURE OF PASSENGER: 서명 예) 한용석(한글 이름을 써도 무방)

AIRPORT OF DESTINATION: 비행기 도착할 곳 예) MANILA

FLIGHT NO. 항공기 편명 예) PR 469

FOR PHILIPPINE OVERSEAS CONTRACT WORKERS/BALIKBAYAN USE ONLY 필리핀 해외 계약 노동자/ BALIKBAYAN만 기입

TRAVELLING ON PACKAGE TOUR? 패키지 투어를 하십니까? NO에 체크

GENERAL DECLARATIONS:

1. Are you bringing in the animals, plants, fishes and/or their products and by-produces?(if yes, please see a Customs Officer before proceeding to the Quarantine Office.)
동물, 식물, 어패류나 그것으로 만든 제품이 있습니까? (만약 있다면 검역신고를 하기 전에 세관원을 만나십시오.)

2. Are you carrying legal lender philippines notes and coins or check, money order and other bills of exchange drawn in pesos against banks operating in the philippines in expect of PHP10,000.00?
If yes, do you have the required Bangko Sentral ng Philipinas authority to carry the same?
합법적으로 필리핀 10,000페소가 넘는 지폐, 동전, 수표 및 우편환 또는 이에 상응하는 기타 화폐가 있습니까?
만약 그렇다면 필리핀 Bangko Sentral ng로부터 승인을 받으셨습니까?

3. Are you carrying foreign currency or other foreign exchange-denominated bearer negotiate monetary instruments(including travellers checks in excess of US$10,000.00 or its equivalent? (if yes, ask for and accomplish foreign Currency Declaration form at the Customs Desk at Arrival and departure areas.)

Incoming Passenger Card (Customs Declaration)
입국 신고서(세관 신고서)

NO. OF ACCOMPANYING MEMBERS OF THE FAMILY: 동행 가족 수 예) 1

NO. OF BAGGAGE: 수화물 개수

Checked-in: 체크인한 수화물 예) 2

Handcarried: 기내용 수화물 예) 1

* WARNING: DEATH TO DRUG TRAFFICKERS UNDER PHILIPPINE LAW(RA 7659) ➜ 마약 소지자 사형 경고문

미화 일 만 달러($10,000) 이상에 상응하는 외화 및 여행자수표 또는 그와 같은 가치를 지닌 화폐를 소지하고 계십니까? (만약 소지하고 계신 경우, 공항의 출입국심사대에 위치하고 있는 세관창구(Customs Desk)로 가셔서 신고하여주시기 바랍니다.)
4. Are you bringing in prohibited items(firearms ammunitions and part thereof, drugs, controlled chemicals) or regulated items (VCDs, DVDs, Communication devices, transceivers)?
반입이 금지된 물품(화약류, 마약, 금지된 약품) 혹은 규제된 아이템(VCD, 라디오, 통신기기, 송수신기)이 있습니까?
5. Are you bringing in jewelries, electronic goods, and commercial merchandise and/or samples purchased of acquired abroad?
외국에서 구매한 보석, 전자제품, 상업적 물건 또는 샘플이 있습니까?
ALL PERSONS AND BAGGAGE ARE SUBJECT TO SEARCH AT ANY TIME.
입국 심사받는 모든 사람과 소지한 물품은 불시에 수색받을 수 있다.
SIGNATURE OF PASSENGER: 서명 예) 한용석(한글 이름을 써도 무방)

03 국제선 환승하기

필리핀 항공이나 대한항공을 이용해 필리핀에 갈 때는 제3국을 경유하지 않고 바로 필리핀까지 가기 때문에 탑승권을 한 장만 받는다. 하지만 저렴한 홍콩 항공이나 일본 항공을 이용해 경유할 때는 우리나라 공항에서 탑승권을 두 장 받게 된다.
한 장은 우리나라에서 경유지까지 가는 표, 한 장은 경유지에서 필리핀으로 가는 표다. 그 중에서 경유지에서 필리핀으로 가는 탑승권에는 비행기를 타는 탑승구가 적혀있지 않기 때문에 경유지에 도착하면 전광판에서

> Excuse me. Where can I get a boarding card(boarding pass)?
> 실례합니다. 어디에서 탑승권을 받을 수 있나요?
>
> Do I have to check in again?
> 다시 수속을 밟아야 합니까?
>
> Where is the transit counter?
> 환승 데스크가 어디인가요?
>
> Where is the counter for making transfers?
> 갈아탈 비행기의 탑승 수속은 어디서 합니까?
>
> Can I see your flight ticket?
> 항공권 좀 보여주시겠어요?
>
> Where is the boarding gate for Cathay Pacific Airlines flight?
> 캐세이패시픽 항공 탑승구가 어디인가요?
>
> Which gate should I go to?
> 몇 번 탑승구로 가야 하나요?
>
> Where can I confirm my flight?
> 제가 탈 비행기 편은 어디서 확인할 수 있나요?

자신이 탈 비행기 편명과 출발시간으로 탑승구를 확인해야 한다. 만일 경유 항공을 이용하는데 우리나라 공항에서 탑승권을 한 장만 받았다면 경유지에서 다시 새 탑승권을 발급받도록 한다.

영어도 잘 못하고 해외 경험도 처음인 사람들은 우리나라를 떠나기 전부터 환승할 일이 걱정이다. 하지만 환승객 transit passengers 안내판만 잘 따라가면 환승, 별거 아니다. 설사 길을 못 찾고 헤매는 경우가 생기더라도 공항 직원에게 여권과 항공권을 보여주면서 한국말로 물어보면 이런 사람들을 상대한 경험이 많기 때문에 눈치껏 잘 알려준다. 못 알아듣는 것 같으면 탑승구까지 데려다 주는 친절한 공항 직원을 만날 수도 있다.

일본 공항은 그리 크지 않기 때문에 특별한 것이 없지만 홍콩 공항의 경

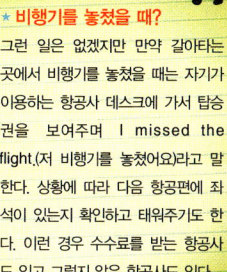

★ **비행기를 놓쳤을 때?**

그런 일은 없겠지만 만약 갈아타는 곳에서 비행기를 놓쳤을 때는 자기가 이용하는 항공사 데스크에 가서 탑승권을 보여주며 I missed the flight.(저 비행기를 놓쳤어요)라고 말한다. 상황에 따라 다음 항공편에 좌석이 있는지 확인하고 태워주기도 한다. 이런 경우 수수료를 받는 항공사도 있고 그렇지 않은 항공사도 있다.

Excuse me. Do you know where Gate number 15 here is?
실례합니다. 15번 탑승구가 어디인지 아세요?

Has boarding started yet?
탑승 수속이 시작됐나요?

What time is the boarding? 탑승은 몇 시부터입니까?

Where is the duty-free shop?
면세점은 어디에 있나요?

Can I go shopping at this airport?
이 공항에서 쇼핑할 수 있습니까?

Excuse me. I lost my boarding pass. What should I do?
실례합니다만, 제가 탑승권을 분실했거든요. 어떻게 하면 되나요?

I think I missed my flight.
비행기를 놓친 것 같습니다.

---

waiting room 대합실 destination 목적지 transfer 환승(중간에 다른 비행기로 바꿔 타고 가는 경우) transit 경유(출발할 때와 같은 비행기로 특정 지역에 잠시 대기했다가 목적지까지 가는 경우) departure 출발지 arrival 도착지 land 착륙하다 take off 이륙하다 connecting flight 갈아탈 비행기 transfer desk 환승 카운터 boarding time 탑승 시각

우, 크고 깨끗한 시설과 규모로 인정받고 있다.

홍콩 공항에는 탑승 안내 데스크가 총 4개 있다. 우리나라에서 타고 간 비행기와 갈아탈 비행기의 탑승구가 멀리 떨어져 있거나 경유 시간이 넉넉하다면 E2 안내 데스크에서 W2 안내 데스크까지 걸어가면서 면세점을 구경해보는 것도 재미있다. 하지만 경유 시간이 짧거나 걷기 싫을 때는 3분마다 운행하는 무료 이동 전철 APM(Automated People Mover)을 이용하자.

> 공항에서 파는 음식은 비싼 편이니 기다렸다가 비행기 기내식으로 끼니를 해결한다.

04 필리핀 공항 입국하기

입국 수속 순서

입국 심사대 ➡ 수화물 찾기 ➡ 세관 검사대 ➡ 짐 주인인지 확인 (➡ 국내선 환승)

입국 심사대

비행기에서 내려 앞에 가는 사람을 계속 따라가다 보면 입국 심사대 Passport Control가 나온다. 이민성 직원에게 여권, 입국 신고서, 왕복 항공권을 보여주면 일반적으로 그냥 통과되지만 몇 가지 질문을 하는 경우도 있다. 이때 비자 법에 어긋나는 말을 하면 문제가 될 수 있기 때문에 주의해서 대답해야 한다.

입국 목적을 물어볼 땐 자신의 비자 법에 맞게 대답하자!

이전에 필리핀에서 3개월 이상 체류한 경험이 있는 사람이 재입국할 때는 필리핀 이민국 직원이 까다롭게 질문하는 경우가 많다. 이때는 비즈니스 현지 조사나 여자 친구, 친지 방문 등이라고 대답해야 하며 공부나 일을 했었다고 대답하면 절대 안 된다.

입국 심사에서 물의를 일으키면 공격적인 행동을 했다는 이유로 귀국 조치되거나 블랙리스트에 등재될 수 있다. 그러니 입국 심사대에서 이민국 직원에게 너무 강하게 항의한다거나 동남아 사람이라고 무시하는 등의 불쾌감을 줄 수 있는 행동을 하지 않도록 조심한다.

> 중요해요!
> 꼭 기억하세요!

숙지해야 할 비자 법
1. 무비자나 59일 비자로 입국해서 연수를 받을 경우에는 입국 시 입학허가서가 있어야 하고 입국 목적을 물어볼 때 Study라고 해야 한다.
2. 입국 심사대에서 입학허가서를 요청하는 경우가 있으니 입국 시 지참하도록 한다.
3. 무비자로 입국해서 여행할 사람들은 2주 이하로 체류한다고 말하고, 항공권을 왜 1년짜리로 가지고 왔냐고 질문하면 선물이나 경품으로 받았다고 한다.

May I see your passport, please?

여권을 보여주시겠습니까?

What's the purpose of your visit?

방문 목적이 무엇입니까?

For a vacation. / For study. / Just traveling.

휴가로 왔습니다./ 공부하러 왔습니다./ 여행입니다.

I'm traveling by myself.

혼자서 여행 중입니다.

How long will you be staying in Philippine?

필리핀에서 얼마 동안 머물 예정이십니까?

I'll be here for 2 weeks.

여기서 2주 정도 지낼 예정입니다.

Where will you be staying?

어디에서 지낼 예정이신가요?

I'll be staying at a hostel in the city.

시티에 있는 호스텔에서 지낼 예정입니다.

How much money do you have with you?

돈을 얼마나 가지고 계시나요?

I have about nine hundred dollars.

900달러 정도 있습니다.

Do you have a return ticket to Korea?

한국으로 돌아갈 수 있는 비행기 표는 있나요?

What is your occupation?

직업이 무엇입니까?

Is this your first visit to the Philippines?

필리핀 방문이 처음이십니까?

Yes. This is my first visit.

네. 이번이 처음 방문입니다.

Okay. Have a nice trip.

좋습니다. 즐거운 여행되십시오.

입국이 허락되면 도장을 찍고 볼펜으로 21 days, 또는 59 days라고 적어 주는데 그 기간만큼 합법적으로 지낼 수 있으며 만료가 되기 전에 비자를 연장해야 한다.
59일 비자를 받고 입국한 경우에는 직원이 실수로 21일이라고 쓰면 그 자리에서 정정해야 하니 직원이 쓸 때 잘 확인하도록 하자.

There's wrong visa expiry date here. I've got the visitor visa for 59 days already.
여기 비자 만료일자가 잘못되었는데요. 전 이미 59일짜리 관광 비자를 받았습니다.

Does anyone here speak Korean?
여기에 한국어 할 수 있는 사람은 없나요?

Can I get a translator, please?
통역을 불러줄 수 있나요?

nationality 국적 immigration 입국관리 expected period of stay 예정 체류 기간
resident 거주자 non-resident 비거주자

★ 만 15세 미만의 미성년자

부모를 동반하지 않는 만 15세 미만의 미성년자가 필리핀에 입국하려면 부모 이외의 보호자가 인솔해야 하는데 서류를 몇 가지 준비해야 한다.

- 필요 서류
(1) 부모의 동의서(한글 동의서, 영문 동의서 모두 공증)
(2) 아이의 사진(2×2) 2장
(3) 주민등록등본 영문 1통
(4) 부모 여권(사진 나온 부분) 사본 1통씩
(5) 대사관에 비자 신청 시 동반 보호자 이름 필요
(6) 3,630페소(입국 시 공항 이민국 직원에게 지급)

입국 심사 시 입국 심사 직원에게 반드시 인솔자의 서류도 같이 제출한다.

★ 15세 미만 학생이 필리핀에 입국하는 경우

필리핀 이민법에 따르면 이민국장이 특별히 승인한 경우를 제외하고는 만 15세 미만의 미성년자는 부父 또는 모母를 동반하지 않으면 필리핀에 입국할 수 없다. 만약 아버지가 함께 입국할 경우에는 아버지의 성과 자녀의 성의 영문 표기가 같아야 하며 어머니와 입국할 경우에는 어머니의 여권에 남편의 성이 기재되어 있어야 한다(또는 영문 주민등록등본을 지참).

부모 미동반 자녀의 부모 동의서 작성 예
AFFIDAVIT OF SUPPORT AND CONSENT

I/We, Hong Kil-dong(Father) and Lee Young-hee(Mother) of legal age, Korean(s) citizen, presently residing in the Republic of Korea, after having been duly sworn to in accordance with law, hereby depose and say:

내(우리), 홍길동(아버지) 그리고 이영희(어머니), 는 현재 대한민국에 거주하고 있는 대한민국의 국민으로서 이어서 언급되어지는 법을 준수할 것을 선언한다.

That, I/we am/are the 부모(아버지/어머니: 한 사람만 생존 시) of 홍철수(자녀 이름):
내(우리)는, 홍철수의 부모다.

That I/we hereby give my/our consent for his/her travel to the Philippines with Mr./Ms. 김갑돌(동반보호자):
내(우리)는, 그(그녀)가 김갑돌(동반 보호자)과 함께 필리핀을 여행하는 것에 동의한다.

That I/we, the parent(s) of the aforesaid minor, give(s) this consent of my/our own free will and without any reservation:
내(우리), 즉 앞서 언급한 홍철수의 부모(들)는, 내(우리)의 추가적인 권리행사 없이 모두 양도하는 것에 동의한다.

That I/we will defray all his/her travel expenses, accommodations and allowances and other financial needs during the said trip:
내(우리)는, 언급된 여행 기간 동안 그(그녀)의 모든 여행 경비와 숙박, 용돈 그리고 다른 모든 경비를 부담할 것이다.

That I/we guarantee that he/she will not be a public charge against the Philippine Government:
내(우리)는, 그(그녀)가 필리핀 정부의 공공규범을 어기지 않을 것에 대해 확신한다.

That I/we, am/are executing this affidavit to attest to the veracity of the contents hereof and for all legal intents and purposes it may serve:
내(우리)는, 이 진술서에 언급된 항목의 진실성을 이해하고, 모든 법적 취지 그리고 그 목적을 성실히 이행할 것을 증언한다.

In Witness Whereof, I/we sign these presents on (날짜) day of (월), (년) in (공증 사무소 장소):
이에 대한 증명으로, 내(우리)는 ( )년 ( )월 ( )일에 (공증 사무소 장소)에서 서명한다.

(Signature of Father) (Signature of Mother)
아버지의 서명 어머니의 서명

영문으로 번역한 뒤 한글 서류, 영문 시류 모두 공증을 받아야 한다.
1. 법적 동반자는 만 20세 이상의 성인만 가능하다.
2. 공항에서 수수료를 지급할 때 영수증을 받은 후 출국 시 공항 직원에게 제출해야 한다.
3. 형제자매인 경우에는 위탁서를 1장만 작성해도 된다. (단 수수료는 별도 지급)
4. 인솔자가 인솔할 수 있는 미성년자 수는 제한이 없다.

수화물 찾기

입국 심사대를 지나면 수화물을 찾는 곳 Baggage Claim이 나오는데 레일이 여러 개 있고 그 레일 위에 항공 스케줄과 편명이 쓰여 있는 모니터나 안내판이 있다. 자기가 타고 온 항공기의 편명과 일치하는 레일에서 가방이 나오길 기다리자.

카트 사용 무료!
짐을 찾을 때 부담 없이 카트를 이용하자!

Where can I get my baggage? My flight number is CX 744.
제 가방을 어디에서 찾아야 할까요? 항공편은 CX 744입니다.

Please help me to find my baggage.
수화물 찾는 것 좀 도와주세요.

Your baggage hasn't arrived yet.
당신 짐이 아직 안 나왔네요.

This is my baggage claim tag.
제 수화물 보관증입니다.

I think it's mine.
그게 제 짐 같은데요.

This is my baggage.
이것이 제 짐입니다.

Where can I get a cart?
카트가 어디에 있습니까?

That brown backpack is mine.
저 갈색 여행자 가방이 제 거예요.

> Where can I get a cart?

우리나라에서 수화물을 보낼 때 간혹 실수로 가방이 다른 곳으로 보내지거나 아예 보내지지 않는 경우가 있다.
수화물 찾는 곳에 가방이 없으면 우리나라 공항에서 받은 수화물 보관증과 여권을 가

지고 분실물 창구에 가서 가방을 분실했다고 말한다. 가방 색깔, 내용물, 크기, 필리핀에서 지낼 주소, 연락처 등을 알려주면 수화물을 주소지로 보내준다. 분실된 수화물을 찾지 못한 경우에는 가방 무게를 환산해서 보상액이 정해지기 때문에 귀중품이나 현금을 기내용 가방에 보관해야 덜 후회한다.

> **Where is the lost and found desk?**
> 분실물 창구는 어디에 있습니까??

용석	Excuse me, I can't find my baggage. 실례합니다만 제 짐이 보이지 않습니다.
공항직원	May I see your claim tag? Can you tell me the features of your baggage? 수화물 보관증을 보여주세요. 가방의 특징을 알려주시겠습니까?
용석	The dark blue, large baggage with my name tag on it. 남색 큰 가방이고 가방에 제 이름표가 있습니다.
공항직원	Please wait for a moment while we are checking. (later) We may have lost some baggage. So we would like to make a lost baggage report. 짐을 찾는 동안 잠시 기다려주세요. (잠시 후) 짐이 분실된 것 같습니다. 분실물 보고서를 작성하는 게 좋겠습니다.
용석	How soon will I find it? 언제쯤 찾을 수 있을까요?
공항직원	I'm not sure. I'm sorry about that. 죄송하지만 정확하게 알 수 없습니다.
용석	Please deliver the baggage to this hostel as soon as you've located it. 짐을 찾는 대로 제가 지내는 숙소로 보내주세요.

I think I've lost my baggage.
짐을 잃어버린 것 같아요.
Could you please check it immediately?
즉시 확인해주시겠습니까?
How many pieces of baggage have you lost?
짐을 몇 개 분실하셨습니까?
Please call me at 123-456 when you find my baggage.
제 짐을 찾으시면 123-456으로 연락주세요.
My baggage has been damaged.
제 짐이 손상되었어요.
Please ask the baggage service centre.
수화물 서비스센터에 문의하세요.

세관 검사대

필리핀은 다른 나라에 비해 세관 규정이 까다롭지 않지만 신고할 물품이 있으면 솔직하게 신고해야 한다. 만약 신고하지 않고 통과하려다 세관 검사대Customs에서 적발되면 통과될 수 있는 물품이라도 압수당하고 벌금을 지급해야 한다.

수화물 찾는 곳을 지나면 세관 검사대가 나오는데, 입국 신고서의 세관 신고란에 모두 NO를 체크했다면 세관 직원이 입국 신고서와 여권을 확인하고 사인을 한 뒤 되돌려준다. 돌려받은 입국 신고서를 공항 출입구 쪽에 있는 직원에게 주면 필리핀 입국 수속 완료~

세관직원	Excuse me, do you have anything to declare? 실례합니다만 신고할 물건이 있습니까?
용석	No, nothing. Just the normal allowance. 아니요, 아무것도 없습니다. 정상적으로 통과될 수 있는 물건들입니다.
세관직원	Have you read the customs form? 세관 설명서를 읽어보셨나요?
용석	Yes, I have. 네, 읽어봤습니다.

I have nothing to declare.
신고할 것이 없습니다.
I have something to declare.
신고할 것이 있습니다.
Would you open the trunk?
트렁크를 열어주세요.
Do you have any other baggage?
다른 짐을 가지고 있는 건 없습니까?
These are all my personal goods.
모두 제 개인용품입니다.
Do I have to pay customs tax?
세금을 내야 하나요?
You have to pay duty on this.
이건 세금을 지불하셔야 합니다.
They are just gifts for my friends.
제 친구에게 줄 선물이에요.
Do you have any fruits or vegetables?
과일이나 채소를 가지고 있습니까?
May I have the receipt for it?
그 영수증을 저에게 주시겠습니까?
What's this for?
이것은 무엇입니까?
Is this all you have?
이것이 가지고 있는 전부입니까?
You're not allowed to bring that one.
저건 가지고 갈 수 없습니다.
Do you have any declaration form for this?
이 물건을 위한 어떤 확약서를 가지고 있습니까?

---

agricultural produce 농산품 proceed 절차가 진행되는
cooperation 협조 prohibited article 반입금지품 customs duty 관세법
medicine 약

가방을 훔치거나 다른 사람의 짐을 바꿔 들고 가는 일이 없도록, 공항 밖으로 나가기 전에 공항 직원이 수화물 보관증에 있는 번호와 가방에 붙은 번호를 확인한다. 이때 수화물 보관증을 어디에 뒀는지 못 찾으면 도둑으로 오해를 살 수도 있다.

> **May I see your claim tag?**
> 수화물 보관증을 보여주시겠습니까?

처음 필리핀에 갔을 때 외국은 담배 값이 비쌀 거라고 생각해서 우리나라에서 담배 3보루를 사서 입국했는데, 세관 검사대에서 2보루만 입국이 허용된다며 한 보루를 압수당했다. 그런데 나중에 생활하다 보니 필리핀 담배 값이 한국 면세점보다 더 싼 것이 아닌가. 그런 줄 알았으면 사 가지 않았을 텐데 정보 부족으로 괜히 아까운 담배 값만 날렸다.

★ 면세 범위
- 담배 2보루(20갑) 또는 시가 50개비
- 파이프용 담배 250g
- 술 2병(종류 불문)
- 개인물품
- 페소 반입과 반출은 10,000페소까지
- 미화 반입과 반출은 10,000달러까지

★ 반입 불가능 물품
- 무기류: 일반 사냥 총기류는 사전에 허가받아야 한다.
- 마약류: 마약 성분이 있는 의약품인 경우 사전에 현지 의학청에서 반입 허가를 받아야 한다.
- 유명 메이커 모조품: 상업용일 경우 해당 국가 본사로부터 수입 허가를 받으면 가능하다. (개인적인 사용이 목적일 경우 제외)
- 우유나 계란으로 가공된 식품(치즈, 마요네즈 등), 꿀
- 살아있는 식물 및 동물의 뼈와 가죽으로 가공된 제품
- 수입 절차 없이 반입되는 상업용 밀수품(신용을 바탕으로 하는 서류 통관이라는 점을 이용, 최근 상업용 물건을 이주화물로 위장해서 반입하다 적발되는 사례들이 발생하고 있다. 적발되면 추방 및 상당 액수의 벌금을 내야 한다.)

★ 반입주의 물품
- 술, 담배: 숨겨서 반입하다 발견되면 벌금을 많이 내야 할 뿐 아니라 당분간 본인 이름으로 수출입과 관련해서 큰 불이익을 당한다. 출입국에도 불이익이 있으므로 술과 담배에 대해서는 특별히 주의해야 한다.
- 등·대나무 가구: 깨끗이 청소해서 완전히 건조시킨다.
- 진공청소기: 먼지 주머니를 제거하고 같은 종류의 먼지 bag을 20개 정도 구입한다.
- 자전거, 낚싯대, 텐트, 골프채: 깨끗이 청소한다.
- 식품: 냄새가 밖으로 새지 않도록 진공 포장해야 하며 재배 가능한 씨앗 종류는 안 된다.
- 새 가구나 가전제품: 미리 포장 전에 배달시켜 비닐 포장과 스티커를 모두 제거한 후 사용하던 물건인 것처럼 포장한다.

★ 반입 가능한 한국 식품 및 비식품
- 된장과 고추장 각 1~2통
- 조선간장, 외간장 1~2말
- 고춧가루 10~15근: 장시간의 운항과 온도 변화로 부패될 수 있으니 반드시 밀폐 포장한다.
- 라면 3~4박스: 쇠고기 그림이 봉지에 없는 것으로 선택한다.
- 왕소금 1~2포대
- 티슈 2~3봉지
- 화장지 2~3박스(포장 시 빈 공간 채울 때 적당)
- 생리대 1박스 정도
- 빨래 비누 1박스
- 건어물(미역, 김, 오징어채, 멸치, 안주거리 등) 각 2박스 정도: 완전 건조되어 밀폐 포장된 것을 대형할인점 등에서 구입한다.
- 양말, 속옷
- 문구류(스케치북, 건전지, A4 용지 등)

필리핀 국내선 환승

필리핀 내 다른 지역으로 가는 경우에는 입국 수속을 마치고 국내선으로 갈아타는 수속을 다시 해야 한다. 세부 국제공항Cebu International Airport은 환승이 어렵지 않으나, 마닐라 공항은 국제 청사, 국내 청사를 합쳐 청사가 총 4곳이라 조금 복잡하게 느껴질 수 있다.

마닐라 공항의 국제선 공항 청사는 세 곳인데, 첫 번째는 Ninoy Aquino International Airport Terminal 1(일명 NAIA 1, Terminal 1)과 두 번째는 Ninoy Aquino International Airport Terminal 2(일명 NAIA 2, Centennial), 마지막으로 Ninoy Aquino International Airport Terminal 3(일명 NAIA 3, Terminal 3)이다. NAIA 1은 대한항공, 아시아나 항공, 캐세이패시픽 항공, 중화 항공 등 필리핀 항공Philippine Airline을 제외한 모든 항공사들이 이용하고 NAIA 2는 필리핀 항공 전용 공항 청사다. NAIA 3은 신공항으로 세부퍼시픽 항공 국제선, 국내선이 우선적으로 운항하고 앞으로 다른 항공사도 출항 예정이다.

★ **Ninoy Aquino International Airport Terminal 2**
필리핀 항공은 전용청사를 이용함으로써 필리핀 항공을 이용하는 모든 승객에게 좀 더 쾌적하고 편리한 서비스를 제공하고 있다.
www.philippineair.co.kr (한국어 사이트)에서 실시간 예약/발권을 비롯하여 웹 회원 특별이 서비스 등을 제공한다.

★ **Ninoy Aquino International Airport Terminal 3**
마닐라 제3 국제공항인 NAIA 3(Ninoy Aquino International Airport Terminal 3)은 지난 2002년 거의 완공되었으나 수년간 개항하지 못하다가 2008년 7월 22일 오픈했다. NAIA 3은 NAIA 2에 비해 두 배, NAIA 1에 비해 무려 3배의 규모를 자랑한다. 연간 1천 3백만 명의 이용객을 수용할 수 있는 규모이고 NAIA 1, 2를 합하면 모두 2천 5백만 명을 수용할 수 있다.

국제선과 국내선이 모두 필리핀 항공일 경우에는 국제선이 도착한 NAIA 2 안에 국내선 청사가 함께 있기 때문에 다른 청사로 옮기지 않고 같은 청사 내에서 국내선으로 바꿔 탈 수 있으며 세부퍼시픽 항공 역시 마찬가지로 NAIA 3에서 환승 가능하다. 하지만 필리핀 항공을 제외한 나머지 국내선 항공사들을 이용하는 사람들은 국내선 전용 청사인 Manila Domestic Airport(일명 Domestic Airport)로 이동해야 한다.

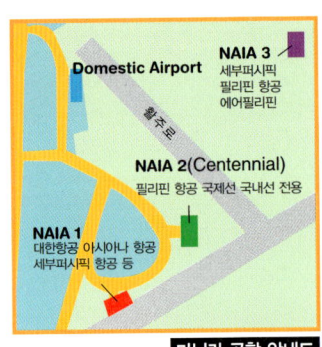

마닐라 공항 안내도

▶ NAIA 1에서 내려 국내선으로 환승할 때 – 필리핀 항공 국내선을 탈 경우, NAIA 2로 이동/ 필리핀 항공을 제외한 항공사의 국내선을 탈 경우, Domestic Airport로 이동
▶ NAIA 2에서 내려 국내선으로 환승할 때 – 필리핀 항공 국내선을 탈 경우, 이동하지 않는다./ 필리핀 항공을 제외한 항공사의 국내선을 탈 경우, Domestic Airport로 이동
▶ NAIA 3에서 내려 국내선으로 환승할 때 – 세부퍼시픽 항공 국내선을 탈 경우, 이동하지 않는다./ 세부퍼시픽 항공을 제외한 항공사의 국내선을 탈 경우, Domestic Airport로 이동(단, NAIA 3은 신공항으로 앞으로 다른 항공사가 취항할 수도 있기 때문에 확인이 필요하다.)

> I have to take a connecting flight.
>
> 저는 비행기를 갈아타야 합니다.
>
> How can I get to the Domestic Airport?
>
> 국내선 공항으로 가려면 어떻게 해야 하나요?

NAIA 1에서 Domestic Airport까지는 약 1.5km, NAIA 2까지는 약 700m 정도 거리다. 짐을 가지고 걸어가기에는 다소 먼 거리니 청사를 이동할 때는 쿠폰 택시를 이용하도록 하자. NAIA 2와 NAIA 3에서 Domestic Airport까지는 일반 택시로 50페소 정도, 쿠폰 택시로는 350페소 정도 한다. 자주 운행하지 않지만 무료 셔틀버스를 타려면 탑승 시간 전에 국내선 공항에 도착할 수 있는지 확인해야 한다.

★ 쿠폰 택시
65페이지 참고

> Where can I get a taxi(shuttle bus)?
>
> 어디서 택시(셔틀버스)를 탈 수 있나요?
>
> Domestic Airport, please.
>
> 국내선 공항으로 가주세요.
>
> Can you go there for 200 pesos?
>
> 거기까지 200페소로 가실 수 있나요?
>
> Could you make it 200 pesos?
>
> 200페소로 해주세요.

Domestic Airport에 도착해서 보안 검사대를 통과하면 항공사 데스크가 나온다. 여기에서 수화물을 부치고 탑승권을 발권받는다. 그리고 나서 공항 이용료 납부 카운터에 가서 국내선 공항 이용료 200페소를 지불하고 탑승 대합실로 들어가 탑승을 기다린다.

★ 필리핀은 우리나라처럼 공항 안에서 항공권을 구입할 수 없고 항공권이 없으면 공항 안에 들어가지 못한다. 공항에 가기 전에 미리 항공권을 사도록 한다.

공항 입구 경비원

★ 수화물 규정

국내선의 수화물 규정은 20kg, 휴대 수화물 규정은 7kg이다. 규정 무게가 넘으면 1kg당 약 30페소(약 810원)의 추가 비용을 지불해야 한다.

Where do I check in?

탑승 수속은 어디서 하면 되죠?

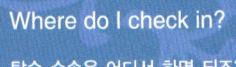

공항 이용료 영수증

★ 공항 이용료

국내선 공항 이용료는 페소만 받기 때문에 미리 준비해두어야 한다.

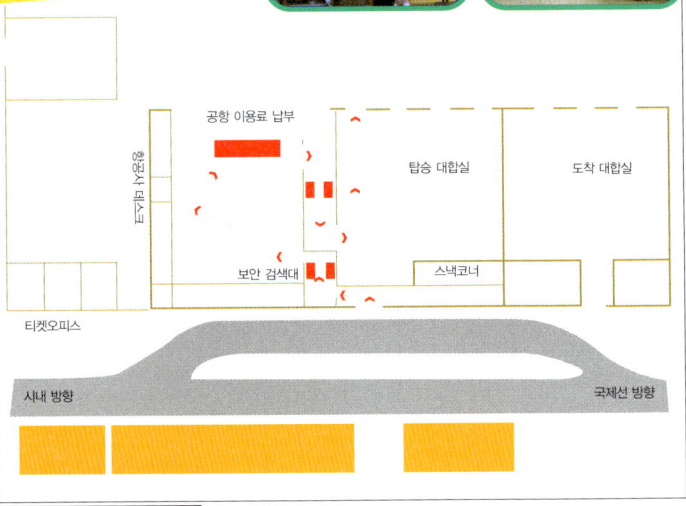

Domestic Airport 안내도

05 공항에서 숙소 가기

픽업을 신청했을 경우

NAIA 2와 NAIA 3, 그리고 다른 지방 도시 공항들은 세관 검사대를 통과하고 로비로 나오면 피켓을 들고 마중 나온 사람들이 있고 로비 밖에는 택시나 버스가 지나다닌다. 하지만 마닐라 구청사인 NAIA 1은 세관 신고를 마치고 로비에 나와도 기다리는 사람도, 공항 밖에 지나다니는 차도 볼 수 없다. 단지 쿠폰 택시 타는 곳만 있을 뿐이다.

처음 마닐라에 갔을 때 일이다. 친구가 공항으로 픽업을 나오기로 해서 수속을 마치고 공항 밖으로 나왔는데 친구는 보이지 않고 몇몇 사람들과 쿠폰 택시 기사들만 밖에서 서성이고 있었다. '나오지 못했나?' 하는 생각에 그냥 택시를 타고 친구 집으로 갔는데 친구는 나를 픽업하러 공항에 가고 없었다. 알고 보니 NAIA 1은 수속을 마치고 나오는 곳이 공항 청사 밖이 아니라 청사 2층이라는 사실.

Ninoy Aquino International Airport Terminal 1(NAIA 1) 마닐라 국제선 공항
필리핀 항공을 제외한 모든 항공사 이용(대한항공, 아시아나 항공, 세부퍼시픽 항공, 캐세이패시픽 항공 등등)

NAIA 1 청사 2층 / 안내데스크

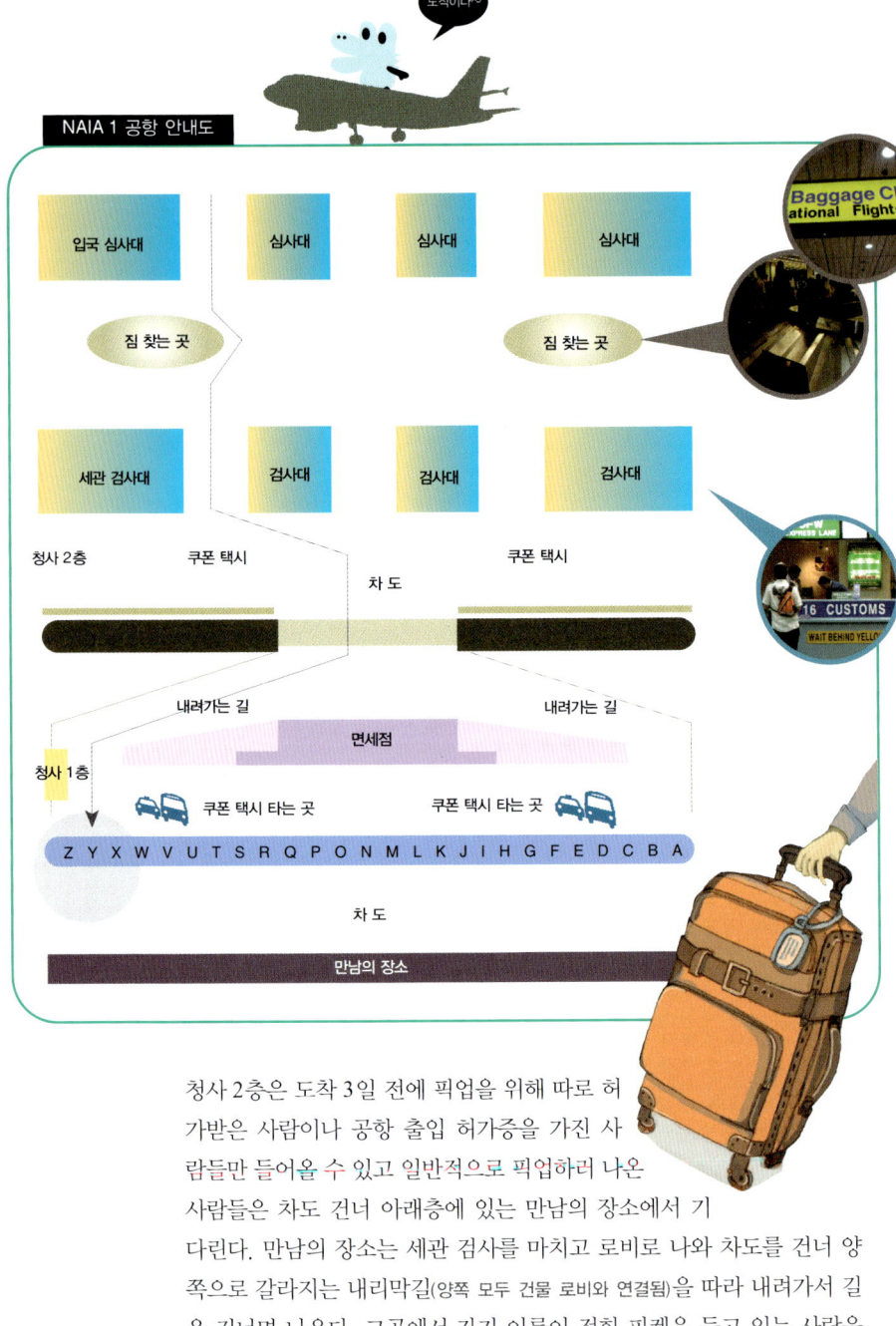

청사 2층은 도착 3일 전에 픽업을 위해 따로 허가받은 사람이나 공항 출입 허가증을 가진 사람들만 들어올 수 있고 일반적으로 픽업하러 나온 사람들은 차도 건너 아래층에 있는 만남의 장소에서 기다린다. 만남의 장소는 세관 검사를 마치고 로비로 나와 차도를 건너 양쪽으로 갈라지는 내리막길(양쪽 모두 건물 로비와 연결됨)을 따라 내려가서 길을 건너면 나온다. 그곳에서 자기 이름이 적힌 피켓을 들고 있는 사람을 찾으면 된다.

용석	Hi, I'm Yong-Seok Han from Korea. 안녕하세요? 한국에서 온 한용석입니다.
픽업자	Oh, Mr. Han. Nice meeting you and welcome to the Philippines. 오, 용석씨. 필리핀에 오신 걸 환영합니다.
용석	Thank you for your greetings. 환영해주셔서 감사합니다.
픽업자	I will take you to your school now. Please follow me, Mr. Han. 따라오시면 학교까지 데려다 드리겠습니다.

> Thank you for your greetings.

Where is the meeting point?
픽업하는 사람을 만나는 장소가 어딘가요?

I'm so glad to meet you.
뵙게 돼서 정말 반갑습니다.

Thank you for coming to meet me.
마중을 나와주셔서 고마워요.

How was your trip?
여행은 어땠어요?

It was very enjoyable.
많이 즐거웠습니다.

I'm a little tired.
조금 피곤합니다.

> I'm so glad to meet you.

내려가는 길 | 만남의 장소

필리핀 현지 사람이 픽업을 나오기로 했다면 필리핀 인사말을 한번 준비해보자. 우리도 외국 사람이 우리나라 말로 인사하면 좋아하듯이 그들도 예상치 못한 필리핀 인사를 들으면 더 좋아하고 친근감을 느낄 것이다.

How are you? I am Tommy. 안녕하십니까? 토미입니다.	**Kumusta ka? Ako ay si Tommy.** 꾸무스따 까? 아꼬 아이 시 토미.
What is your name? 당신의 이름은 무엇입니까?	**Ano ang inyong pangalan?** 아노 앙 인용 빠앙알란?
My name is Yong-seok Han. 제 이름은 한용석입니다.	**Si Han Yong-seok ako.** 시 한용석 아꼬.

★ 공중전화 사용 및 국제전화 거는 방법은 101, 102페이지를 참고할 것

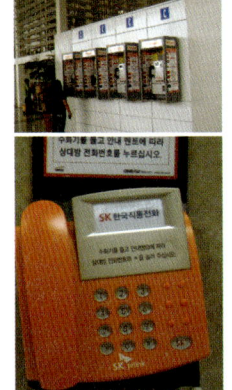

공중전화

만일 픽업하러 나온 사람을 만나지 못했다면 픽업자에게 공중전화로 전화해보거나 우리나라에 있는 유학원 담당자에게 연락해본다. 유학원 담당자는 이런 경우 학교나 픽업자에게 연락해서 문제를 해결해준다. 공중전화를 사용하는 것이 어려울 땐 다른 사람을 픽업하러 나온 우리나라 사람(타 학교 관계자나 여행 가이드들이 많다)에게 휴대폰을 빌려달라고 해보자.

픽업자를 만나지 못해 두리번거리고 있으면 굳이 와서 도와주겠다며 전화를 걸어주는 경비원들이 있다. 그러고서는 통화가 되면 500페소나 1,000페소를 요구하는데, 이때 달라는 대로 다 주지 말고 It's too much. I have only this amount.(그건 너무 비쌉니다. 저는 이 돈밖에 없습니다)라고 말하고 50페소 혹은 한화로 1,000원을 준다.

I'm looking for my friend, but I can't find him. 제 친구를 이 근처에서 만나기로 했는데 찾지 못하고 있어요. **Could you call my friend for me at this number?** 이 번호로 제 친구에게 전화해주실 수 있겠습니까? **How much do I have to pay for telephone fee?** 전화비로 얼마를 드려야 할까요?

픽업을 신청하지 않았을 경우

픽업을 신청하지 않았다면 택시를 이용해서 숙소로 이동한다. 공항에 있는 택시는 크게 두 가지인데 일반 택시와 쿠폰 택시라 불리는 공항 택시다. 공항 택시는 공항에서 승객의 안전과 편의를 위해 운영하는 택시로, 일반 택시보다 2배가량 비싸다. 하지만 안전하고 믿을 수 있어 처음 필리핀에 간 사람들은 일반 택시보다 공항 택시를 이용하는 것이 좋다.

로비로 나오면 쿠폰 택시 카운터가 있는데 카운터에 목적지를 말하면 공시 가격을 알려준다. 금액을 카운터에 지불하고 쿠폰을 받은 뒤 차례를 기다렸다 승차한다. 혹은 쿠폰 택시 호객꾼에게 쿠폰을 살 수도 있다. 이때는 호객꾼들과 택시비를 미리 흥정해서 정확한 금액을 정해야 한다. 100이라고 해서 탔는데 나중에 100달러를 달라고 요구할 수 있다. 택시에서 내릴 땐 팁으로 20페소를 주는 것이 에티켓.

★ NAIA 1을 이용할 경우, 만남의 장소까지 내려가지 않고 청사 2층 밖에서 쿠폰 택시를 타고 숙소로 이동한다.

★ 필리핀에 대해 잘 모르는 외국인들에게 운전기사들이 바가지를 씌우는 것은 기본이며 늦은 밤에는 택시 잡기가 쉽지 않다.

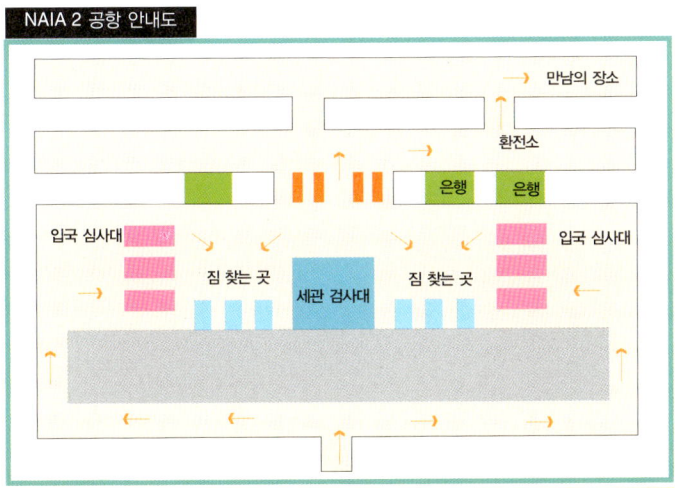

Ninoy Aquino International Airport Terminal 2(Centennial) 필리핀 항공 전용 공항
필리핀 항공 국제선, 국내선 전용

Where is the taxi stand?
택시 타는 곳은 어디입니까?

Saan ang hintayan ng taksi?
시안 앙 힌따얀 낭 딱시?

Please call me a taxi.
택시를 불러주세요.

Pakitawag ng taksi para sa akin.
빠끼따왁 낭 딱시 빠라 사 아낀.

To this address, please.
이 주소로 부탁합니다.

Dito nga ho sa lugar na ito.
디또 낭아 호 사 루갈 나 이또.

How long does it take?
얼마나 시간이 걸립니까?

Gaano katagal mula dito?
가아노 까따갈 몰라 디또?

How much is it?
요금은 얼마인가요?

Magkano?
막까노?

★ 택시 기본 요금은 40페소부터 시작하며, 추가 요금은 지역별로 약간씩 다를 수 있다. 10페소 단위로 잔돈을 거슬러주지 않는 경우가 종종 있다.

공항에서 일반 택시를 탔을 때의 일이다. 조금이라도 싸게 가려고 택시를 타고 미터기를 켜달라고 했는데 운전기사가 '미터기가 고장 났으니 그냥 600페소를 내라'고 했다. '너무 비싸다. 내가 듣기로는 일반 택시로 300페소 정도 나온다고 하더라' 며 따지고 들자 인적이 드물고 어두운 골목에 차를 세우고 '다른 택시를 타라'고 말하는 것이었다. 동네를 둘러보니 택시가 잘 다니지 않는 것 같아 어쩔 수 없이 You win.(당신이 이겼소. 당신 말대로 하겠다)라고 말하고 다시 그 택시를 탔다.

지역에 따라 택시 요금이 조금씩 다르지만 공항에서 보통 한국 사람들이 다니는 거리까지는 일반 택시로 약 200~400페소 정도 나온다.

★ 출발 전에 미터기를 켰는지 확인하고, 미터기 없이 얼마를 요구하면 흥정을 잘 하거나 내려서 다른 택시를 이용하도록 하자.

Could you give me a discount?

가격을 깎아주실 수 있어요?

Will you take less than that?

좀 더 싸게 해주세요.

Take me to this address, please.

이 주소로 가주세요.

Would you open the trunk?

트렁크를 열어주세요.

How much longer will it take?

앞으로 얼마나 걸리죠?

Keep the change.

잔돈은 가지세요.

Why is the fare different from the meter?

왜 요금이 미터기와 다르죠?

That's too much!

요금이 너무 비싸요!

택시를 탈 때 앞자리에 앉으면 꼭 안전벨트를 매야 하는데 경찰한테 걸리면 벌금은 운전기사가 낸다. 하지만 손님에게 벌금을 요구하는 경우도 있으니 앞좌석에 앉으면 알아서 안전벨트를 매도록 하자.

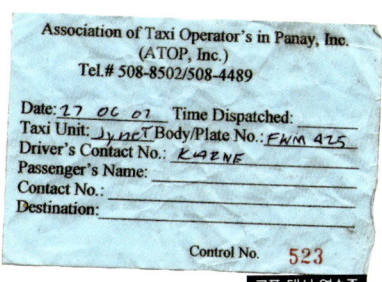

쿠폰 택시 영수증

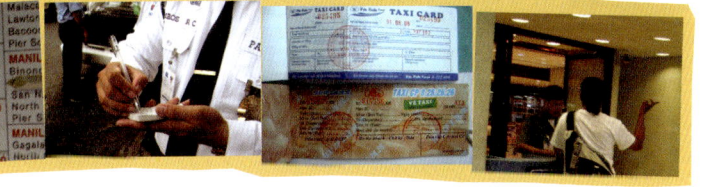

쿠폰 택시

3.숙소

01 기숙사

필리핀은 현지인 가정의 생활수준이 우리나라보다 낮고 집안에서 영어보다 필리핀어를 많이 사용하기 때문에 홈스테이를 하는 의미가 크지 않다. 영어 수준도 그다지 높지 않은 것이 사실이다. 그래서 어학연수 학교에서는 학생들의 만족을 위해 기숙사를 운영한다.

한 기숙사에 수십 명에서 많게는 수백 명의 학생들이 지내기 때문에 모든 학생들의 입맛에 맞는 식사를 제공할 수는 없지만 체계가 잡힌 학교일수록 음식에 가장 신경을 많이 쓰는 편이다.

요즘엔 호텔이나 리조트 건물을 개조하고 에어컨, 욕실, 침대, TV, 책상을 구비한 기숙사들도 생기고 있다. 하지만 아무리 호텔을 개조했다 해도 고급 호텔 수준을 기대하는 것은 무리. 일반적으로 기숙사에서 숙박뿐만 아니라 청소, 식사, 세탁까지 모두 해결해주기 때문에 학생들은 공부에만 전념할 수 있다.

기숙사 비용(학교에 따라 다름)

인실 \ 지역	마닐라	세부	바기오	기타 지역
1인실 한 달	780,000원	790,000원	750,000원	750,000원
2인실 한 달	640,000원	650,000원	650,000원	600,000원
3인실 한 달	550,000원	550,000원	550,000원	500,000원

기숙사 생활

독방을 쓸 수도 있고 4명이 같은 방을 사용할 수도 있다. 여러 학생들과 방을 같이 사용하면 다양한 친구를 사귈 수 있다는 장점도 있지만 서로 성격이 다르다 보니 그에 따른 불편함도 감수해야 한다. 하지만 양보하겠다는 마음과 자세만 있다면 큰 문제없이 잘 지낼 수 있다. 밤에 룸메이트는 자고 싶고 본인은 공부나 다른 걸 하고 싶을 때 룸메이트를 배려해서 기숙사 휴게실이나 도서실을 이용해보는 식으로 말이다.

시간이 지나고 기숙사 생활에 익숙해지면 밤에 친구 방에 놀러 가서 늦게까지 놀기도 하고 스터디 그룹을 만들어 함께 공부하기도 하는데 마음과 생활이 나태해지려고 할 때마다 왜 필리핀에 왔는지 늘 기억하며 시간을 알차게 사용하도록 하자.

용석	Hello~ Nice to meet you. My name's Yong-Seok Han. Call me Tommy, please. 안녕~ 만나서 반가워. 내 이름은 한용석이야. 토미라고 불러줘.
룸메이트	Nice to meet you too. I'm Keum-Ho. 나도 반가워. 금호라고 해.
용석	How would you like to divide the closet? 옷장은 어떻게 나눠 사용하니?
룸메이트	You use this half and I use the rest. 이쪽을 써. 나머지 반을 내가 쓸게.
용석	Do you mind if I take a shower at midnight? 밤늦게 샤워해도 괜찮아?
룸메이트	No, not at all. 그럼, 원한다면.

> Hello~ Nice to meet you.

Is it O.K. if I use this desk and bed?
이 침대와 책상을 써도 되나요?

Is hot water available all the time?
더운 물은 항상 나오나요?

Would you like to eat breakfast with me tomorrow?
내일 아침식사 같이 할래요?

When does the class start?
수업은 언제 시작하나요?

★ 일본 학생들이 생활하고 있는 기숙사도 일부 있지만 일본 학생들은 혼자 지내는 것을 좋아해서 대부분 독방을 사용한다. 그래도 외국인 친구와 2인 1실을 사용하고 싶다면 미리 학교 측에 요청해보자.

★ 기숙사 룸메이트는 당연 동성이다. 부부의 경우에만 같은 방을 사용한다.

어학연수 학교와 기숙사에 있는 학생들의 99%가 우리나라 학생들이다. 처음에는 우리나라 사람들과 영어로 대화하는 것이 쑥스럽겠지만 영어를 위해 필리핀에 갔다면 그 정도는 감수해야 하지 않겠는가. 할 수 있는 한 영어로 말하는 연습을 계속 하도록 노력하자.

> Where's my room?
> 제 방이 어디인가요?
> Could you tell me about the dormitory facilities?
> 기숙사 시설에 관해 알려주시겠습니까?
> Is there a shower in my room?
> 제 방에 샤워기가 있나요?
> Is hot water available all the time?
> 더운 물이 항상 나오나요?
> I would like to buy another electric fan.
> 선풍기를 하나 더 사고 싶어요.
> What do I have to buy for myself?
> 개인적으로 사야 할 게 뭔가요?

기숙사에는 침대, 이불, 책상, 의자, 옷장, TV, 에어컨이 기본으로 있고 무선 인터넷을 사용할 수 있는 곳도 많다. 냉장고나 DVD 플레이어가 있는 기숙사도 있다. 생활에 필요한 휴지, 세면도구, 필기구, 스탠드 등은 기숙사 근처에 있는 쇼핑센터에서 개인적으로 구입해야 한다.

 냉방병
열대 지역이다 보니 차가운 음료를 단시간에 많이 섭취하거나 잘 때 에어컨을 세게 틀어놓고 자는 경우가 많은데 이러면 냉방병에 걸려 설사를 하거나 어지러움을 느끼기 쉽다. 물은 너무 차갑지 않게 해서 마시고 에어컨은 약하게 틀거나 끄고 잔다.

기숙사 내에서 물건을 도난당하는 것만큼 불쾌한 경험도 없다. 고액의 현금이나 귀중품을 가지고 있다면 사고의 빌미를 제공하지 않도록 각자가 알아서 잘 보관하도록 하자. (은행에서 너무 많은 돈을 한 번에 인출하지 말 것.)

기숙사 내부

기숙사 규정

많은 학생들을 관리하기 위해 기숙사에는 자체적으로 정해놓은 규율이 있다. 기숙사를 원활하게 운영하기 위한 식사 시간, 세탁 날짜, 청소 규정, 전기세 납부 규정 등도 있지만 학생들의 안전을 위한 통금 시간, 금주 규정, 남녀 기숙사 방문 규정 등도 정해져 있다.

중요한 규정을 어기면 학교와 기숙사에서 환불도 받지 못하고 퇴학당할 수 있기 때문에 평소 규정을 잘 확인해두어야 한다. 실제로 통금 시간을 여러 번 어겨 퇴학을 당하거나 기숙사 내에서 음주를 하다 경고 조치 당하는 학생들을 여럿 보았다.

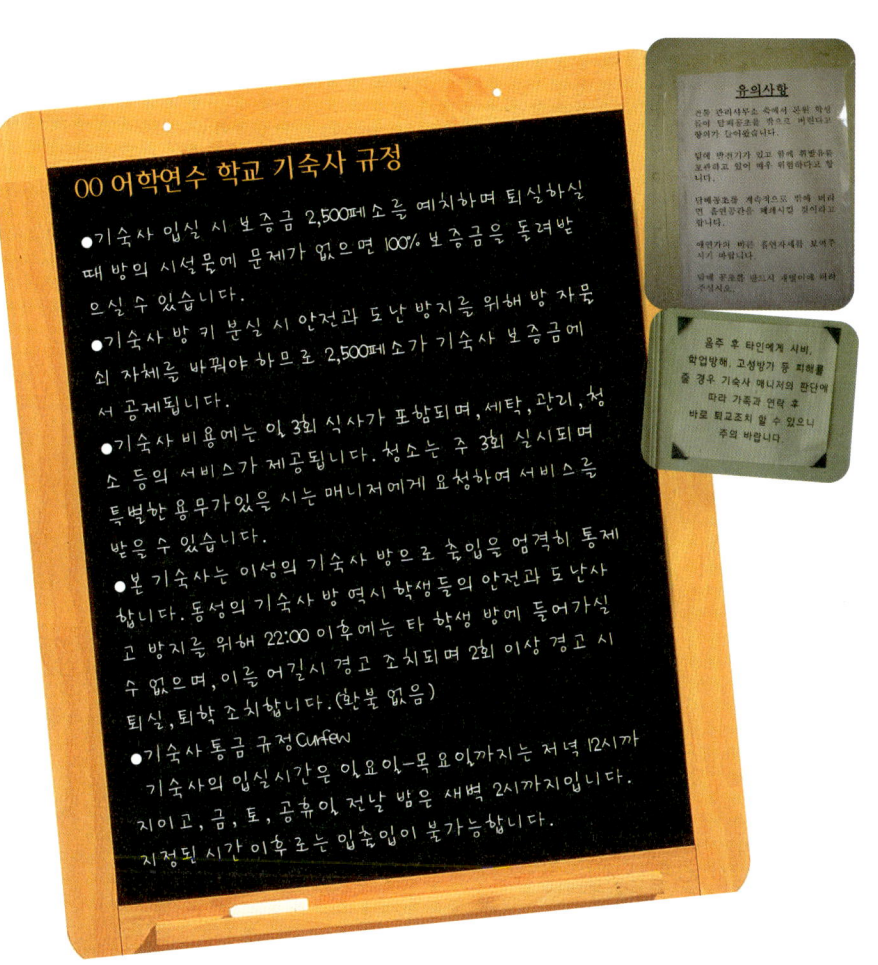

필리핀은 가로등 시설이 썩 좋지 않기 때문에 밤이 되면 길거리가 많이 어두워진다. 자기도 모르는 사이 위험한 상황에 노출될 수 있으니 되도록 밤늦은 시간에는 혼자 돌아다니지 않도록 한다.

예전에 친구들과 술을 마시고 새벽에 기숙사로 돌아가다가 흉기를 든 괴한에게 금품을 갈취당한 적이 있었다. 그때 용기(?)를 내서 You may take as much as you like.(얼마든지 가져도 좋다)라고 했더니 괴한은 지갑에서 돈만 꺼내고 고맙게도 나머지는 돌려주었다.

필리핀에서는 총기 소지가 합법이기 때문에 젊은 혈기로 괜히 반항했다가 험한 일을 당할 수 있다. 이런 사정 때문에 대부분 현지 어학연수 학교에서 기숙사 통금 시간을 정한 것이니 그 시간을 반드시 지키도록 하자.

용석	May I go out anytime? 외출은 아무 때나 해도 되나요?
기숙사 관리	Yes, you may. But the curfew is 12 midnight. 외출은 자유지만 밤 12시 안에는 돌아와야 해요.

계량기

식사, 숙박, 세탁 비용 등은 기숙사비에 포함되지만 전기 사용료는 방마다 계량기가 설치되어 있어 매달 따로 계산해서 지급해야 한다. 전기세는 에어컨 사용량에 따라 다르며 2인 1실인 경우 개인당 대략 한 달에 1,000~1,500페소 정도 낸다.

Could you tell me about the dormitory regulations?
기숙사 규정에 관해 알려주시겠습니까?

Where can I smoke?
어디에서 담배를 필 수 있나요?

May I bring in my friend to the dormitory?
친구를 기숙사에 데려와도 될까요?

Is there a set day for cleaning?
청소 날짜가 정해져 있나요?

Expelled. (You'll be expelled.)
퇴학입니다. (당신은 퇴학될 것입니다.)

한번은 옆방 친구가, 내 방에서 쓴 전력량을 계산해보면 전기세가 얼마 나와야 하는데 학교에서 얼마를 더 내라고 했다고 말해서, 다른 방 친구들과 함께 학교에 심하게 항의한 적이 있었다. 안타깝게도 그때 우리는 전기세에 누진세가 적용되어 일정 사용량 이상을 쓰면 전기세가 비싸진다는 것을 몰랐었던 거다. 처음에 문제를 제기한 그 친구는 학교에서 누진세에 대해 설명하면서 전기세 영수증을 공개하자 굉장히 난감해했다.

세탁실

소화기

The electric bill for this month is way more than expected.
이번 달 전기세가 생각보다 너무 많이 나왔어요.

Would you please show me the electricity bill?
에어컨 사용료 납부 영수증을 주시겠어요?

How do you charge electricity price for my room?
제 방의 전기세는 어떻게 계산하나요?

When's the due date for my electric bill?
전기세는 며칠까지 납부해야 하나요?

★ 식사 시간
월요일~금요일:
아침(7:00~8:30)
점심(12:00~1:30)
저녁(6:00~7:30)
토요일, 일요일, 공휴일:
아침(8:00~9:00)
점심(12:30~1:30)
저녁(6:00~7:30)

한국인이 대부분이다 보니 기숙사에서는 아침, 점심, 저녁, 모두 한식을 제공하고 가끔 특식으로 다른 나라 음식을 준다. 간단한 간식은 주변 쇼핑센터나 기숙사 내 매점에서 구입해 먹도록 되어 있다.

Where do I have meals?
식사는 어디서 합니까?

What time is the cafeteria open?
식당은 몇 시에 열어요?

Only take as much as you can eat.
먹을 만큼만 가져가세요.

Is there a kitchenette where I can cook by myself?
제가 요리할 수 있는 취사실이 있나요?

★ 기숙사 음식이
맛있기로 소문난 학교
마닐라: C21
세부: GV, PHILINTER,
SME
바기오: HELP, PINES
기타 지역: OK English,
English Drs,
E&G

옷 세탁은 기숙사 세탁 규정에 따라, 빨랫거리들을 모아 두었다가 세탁 날짜에 내어주면 깨끗하게 빨아 말려준다. 특별히 드라이클리닝을 해야 하는 옷은 세탁물을 내어줄 때 드라이클리닝을 해야 하는 옷이라는 말 하고 드라이클리닝 비용(보통 50~300페소)을 별도로 지급한다.

★ 필리핀에서는 직접 세탁을 하는 경우보다 세탁소나 기숙사 세탁 담당에게 맡기는 경우가 많다. 필리핀 세제는 우리나라 세제보다 강력해서 옷이 상할 우려가 있으니 너무 비싼 옷은 필리핀에 가져가지 말자.

washing machine 세탁기
suit 양복
underwear 속옷
pajamas 잠옷
expensive clothes 값비싼 옷
laundry soap 세탁비누
(dry) cleaner 세탁업자
mend clothes 옷을 수선하다

Where can I do the laundry?
세탁은 어디서 해야 하나요?
How can I do the laundry?
세탁은 어떻게 해야 하나요?
Can I do the laundry anytime?
세탁은 아무 때나 할 수 있나요?
When do you usually do the laundry?
세탁은 보통 언제 하나요?
This clothing is for dry cleaning.
이 옷은 드라이클리닝 해야 합니다.

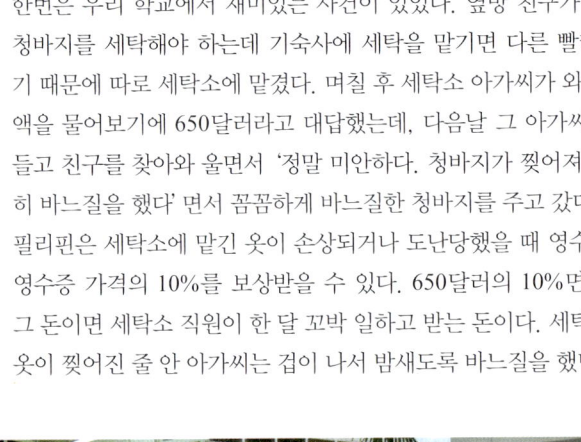

한번은 우리 학교에서 재미있는 사건이 있었다. 옆방 친구가 찢어진 구제 청바지를 세탁해야 하는데 기숙사에 세탁을 맡기면 다른 빨래와 같이 빨기 때문에 따로 세탁소에 맡겼다. 며칠 후 세탁소 아가씨가 와서 청바지 금액을 물어보기에 650달러라고 대답했는데, 다음날 그 아가씨가 청바지를 들고 친구를 찾아와 울면서 '정말 미안하다. 청바지가 찢어져서 밤새 열심히 바느질을 했다' 면서 꼼꼼하게 바느질한 청바지를 주고 갔다고 한다.
필리핀은 세탁소에 맡긴 옷이 손상되거나 도난당했을 때 영수증이 있으면 영수증 가격의 10%를 보상받을 수 있다. 650달러의 10%면 65달러인데 그 돈이면 세탁소 직원이 한 달 꼬박 일하고 받는 돈이다. 세탁을 잘못해서 옷이 찢어진 줄 안 아가씨는 겁이 나서 밤새도록 바느질을 했던 것이다.

02 홈스테이

홈스테이는 교포들이 운영하는 집과 현지인이 운영하는 집에서 할 수 있다. 식사, 세탁, 청소 등을 일괄적으로 대신해주기 때문에 편하게 생활할 수 있다는 장점이 있지만 여러 가지 문제점들도 있으니 홈스테이를 경험하고 싶다면 잘 따져보고 결정하도록 하자.

홈스테이 비용(1인실 기준)

지 역	마닐라	세부	기타 기역
한국인 홈스테이(한 달)	18,000~25,000페소	18,000~23,000페소	13,000~20,000페소
필리핀 홈스테이(한 달)	10,000~15,000페소	9,000~13,000페소	8,000~12,000페소

〈한국인 홈스테이는 서비스에 따라 요금이 더 비싸질 수 있음〉

교포들이 운영하는 홈스테이의 경우 한식을 제공하다 보니 음식은 우리 입맛에 맞지만 집에서 영어를 사용할 수 없고, 교포들이 생활비를 조금이라도 덜어보자는 취지에서 운영하기 때문에 한 집에 한국 학생들이 여러 명 지내는 경우가 많다. 홈스테이 비용도 약간 비싼 편이다.

필리핀 사람이 운영하는 홈스테이는 주인이 주로 사업가이거나 변호사, 교수, 의사 등인데, 부유하지 않은 의사나 변호사도 많아 생활수준은 중류층 정도라고 보면 된다.

한국 학생들에게 맞춰주기 위해 김치도 만들고 필리핀 음식에 고춧가루를 뿌려주면서 나름대로 노력하지만 그래도 음식이나 문화가 너무 달라 적응하는 데 힘들어하는 학생들이 많다. 그리고 의외로 영어를 잘 못하는 필리핀 사람들도 꽤 있다.

홈스테이 가족을 처음 만났을 때

홈스테이 가족을 만나면 너무 긴장하지 말고 밝게 웃으면서 인사하도록 하자. 한국을 상징하는 기념품이나 휴대폰 액세서리(필리핀 사람들도 휴대폰을 좋아한다) 등을 선물하면 좀 더 쉽게 친해질 수 있다.

용석	Hi! Nice to meet you. My name is Yong Seok Han. 안녕하세요! 만나서 반갑습니다. 전 한용석이라고 해요.
홈스테이	I'm very glad to see you. Let me introduce you to my family. My wife, Arroyo, My daughter, Romulo, and My son Hose . 만나서 정말 반가워요. 우리 가족을 소개해줄게요. 이쪽은 제 부인 아로요고 이쪽은 제 딸 로무로, 이쪽은 제 아들 호세에요.
용석	How do you do? I'm from Seoul. I'm going to stay with you for three months. Here's a gift for you from Korea. I hope you'll like it. 처음 뵙겠습니다. 전 서울에서 왔어요. 3달 동안 당신들과 지낼 거에요. 한국에서 가져온 선물이에요. 마음에 들었으면 좋겠는데.
홈스테이	Thank you very much! 정말 고마워요!

Hi! Nice to meet you.

Have you ever been to Korea?
한국을 방문해본 적이 있습니까?

I hope you can come someday. I'll show you around.
언젠가 꼭 오십시오, 제가 안내해드릴게요.

Seoul is the capital city of Korea and its population is over 10 million.
서울은 한국의 수도고 인구가 1,000만 명이 넘어요.

Busan is the second largest city in Korea.
부산은 한국에서 두 번째로 큰 도시입니다.

There are four members in our family, my parents, an older sister and me.
우리 가족은 부모님과 누나와 저, 이렇게 네 명이에요.

This is my first trip to Manila.
마닐라에 온 건 처음이에요.

인사를 하고 나면 앞으로 지낼 방을 안내해주고 홈스테이 집 규정을 설명해주는데, 영어 수준이 낮은 학생들을 많이 만나보았기 때문인지 영어를 잘 못하는 사람들도 알아들을 수 있게 쉽게 잘 설명해준다.

★ 인사
Good morning?
Magandang umaga?
(마간당 우마가?)
Good afternoon?
Magandang hapon?
(마간당 하뽄?)
Good evening?
Magandang gabi?
(마간당 가비?)

홈스테이	Would you like a guided tour of the house? 집 안을 둘러보겠어요?
용석	Yes, please. 예, 좋지요.
홈스테이	We have a kitchen, a dining room, and a living room on the first floor. On the second floor, there are four bedrooms, and 2 bathrooms. 1층에는 부엌과 식당, 거실이 있고 2층에는 방이 4개, 화장실이 2개 있어요.
용석	What a nice house! This is the exact kind of house I have always wanted to live in. 정말 멋진 집이네요! 제가 살고 싶어 하던, 그런 집이에요.
홈스테이	Is that right? I'm glad you like it. 그래요? 마음에 들어 하니 저도 기분이 좋네요.

> I really like it here.
> 여기 너무 마음에 들어요.
> Now I like the Philippines even more.
> 이곳에 와서 필리핀이 한층 좋아졌어요.
> Wow, is this my room? This room is cute.
> 와, 이 방이 제 방인가요? 귀여운 방이군요.
> Could you tell me the name again?
> 이름을 한 번 더 말씀해주시겠어요?

★ 필리핀 이름들
Blas Opl, Alberto G. Romulo,
Jose Isidoro N., Camacho,
Jose Lina, Eduardo Ermita,
Simeon A. Datumanong,
Emmy Boncodin,
Edilberto C. de Jesus, Luis P.
Lorenzo Jr., Roberto M.
Pagdanganan, Patricia Tomas,
Richard Gordon, Romulo L. Neri,
Corazon

필리핀 사람들의 이름은 영어 이름처럼 익숙하지 않아 발음하기가 쉽지 않다. 가족들이 자기 이름을 소개하면 Please write your name down here?(이름을 여기에 적어주시겠어요?)라고 말하고 따로 메모해두도록 한다. 이름을 부르면서 이야기하다 보면 더 빨리 친밀해진다.

홈스테이 생활

필리핀의 생활수준은 우리나라의 60~70년대 수준이다. 집에서 생쥐나 바퀴벌레가 튀어나오기 예사고 주인이 해주는 한국 음식이나 필리핀 음식은 우리 입맛에 잘 맞지 않는다. 깨끗한 숙소를 원하거나 입맛이 까다로운 사람, 호주나 캐나다에서 이미 홈스테이를 해본 경험이 있는 사람들은 실망만 하고 기숙사로 돌아갈 가능성이 크다. 필리핀 사람이 하는 홈스테이 집에서 지낼 생각이라면 일단 기대를 버리고 현지 체험에 더 초점을 맞추도록 하자.

필리핀 가정에서 홈스테이를 할 때 가족들과 가까워지고 싶다면 필리핀 문화와 생활방식을 이해하려는 태도가 중요하다. 그들의 생활방식을 그대로 따라갈 필요는 없지만 우리와 다른 생활방식을 경험했을 때 이상하거나 틀리다고 여기지 않았으면 좋겠다.

한번은 홈스테이 주인의 친척이 놀러 와서 함께 저녁을 먹었는데 그 사람이 밥과 반찬을 손으로 먹는 걸 보고 놀란 적이 있었다. 필리핀은 빈부 격차가 심한 편이라 하류층 사람 중에는 아직까지 손으로 음식을 먹는 사람들이 있다.

식사 시간은 미리 알아둔 뒤 지키도록 하고 늦을 때는 미리 주인에게 알린다. 그리고 밤에 직접 요리를 한다고 냉장고나 주방을 뒤지는 행동은 주인아주머니 입장에선 매우 불쾌할 수 있으니 간단한 컵 라면으로 요기를 해결하거나 야식을 미리 준비해둔다. 또는 주인아주머니에게 어떤 음식을 먹고 싶다고 말하면 요리해주기도 한다.

What time do you usually eat breakfast?
보통 아침식사는 몇 시에 먹나요?

May I cook at night?
밤에 요리를 좀 해도 될까요?

Today's meal might be delayed.
오늘 식사 시간에 늦을 것 같아요.

What's the menu for tonight's dinner?
오늘 저녁 메뉴는 뭔가요?

Would you help set the table?
식탁 차리는 것 좀 도와줄래요?

It's delicious. What are the ingredients?
참 맛있네요. 뭘로 만드신 거에요?

Thank you. I am full.
고마워요. 배가 부르네요.

Salamat po. Busog na ako.
살라맛 뽀. 부속 나 아꼬.

집 밖으로 외출하면서 돌아올 때를 대비한다고 전기 등이나 에어컨을 켜놓는 행동은 아주 예의에 어긋난 행동이다. 또 친구를 데려올 때는 미리 집 주인에게 양해를 구하도록 한다.

How can I turn off the air conditioner?
에어킨은 이떻게 끄나요?

May I bring my friend at home?
집에 친구를 데려와도 될까요?

세탁은 대부분 홈스테이 주인이나 가정부가 해주는데 일주일에 1~2회 정도 세탁기를 돌리기 때문에 세탁 바구니에 모아두었다가 세탁하는 날 가정부나 주인에게 주면 된다. 이렇게 청소나 세탁 서비스를 받을 수는 있지만 자기가 할 수 있는 최소한의 일(침대 정돈, 속옷 세탁)은 스스로 하도록 하자.

용석 Excuse me, I have some laundry. Can I use the washing machine?
실례하지만, 제가 세탁물을 가지고 있는데, 세탁기를 좀 사용할 수 있을까요?

홈스테이 Please put your laundry in that basket. We usually use the washing machine every weekend.
세탁 바구니 안에 넣어주세요. 우리는 보통 주말에 세탁기를 사용하거든요.

> Please leave this clothing at the laundry shop.
> 이 옷은 세탁소에 맡겨주세요.
>
> Please be careful with this clothing (when you do the laundry) because it's expensive.
> 비싼 옷이니까 세탁할 때 주의해주세요.
>
> I'll do my own laundry.
> 제 빨래는 제가 할게요.

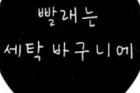

빨래는 세탁 바구니에

★ **주의사항**
- 가족 규율에 따라 집 안에서는 금연하고 집 밖에서 흡연한다.
- 반찬 투정을 하지 않는다. 필리핀에서 한국식으로 먹으려면 돈이 더 많이 든다.
- 단란주점이나 가요주점 등은 어학연수 최대의 적임을 잊지 말자.
- 남자든 여자든 밤늦게 혼자 돌아다니는 것은 위험하다.

03 렌트 하우스

집을 렌트하려면 보증금deposit과 선금advance으로 최소 3개월 이상의 비용을 일시에 지급해야 하며, 최소 6개월~1년 이상 계약을 해야 하기 때문에 단기 연수생들은 집을 렌트하지 않는 것이 좋다. 아이의 조기 유학으로 부모가 따라가거나 은퇴 이민을 간 경우라면 집을 렌트한다.

렌트 하우스 구하기

집을 구할 때는 우선 우범 지역인지 아닌지 먼저 파악하고 우기에 침수되는 지역인지 여부도 파악한다. 또한 필리핀은 공사할 때 예정 기간보다 훨씬 오래 걸리기 때문에 집 주변에 도로 공사나 큰 건물 공사를 하고 있는지도 잘 살펴보자. 물론 교통이 편리한지, 편의 시설이 있는지 등도 고려 사항에 넣어야 한다.

★ 수압이 낮은 집들이 많기 때문에 집을 보러 갈 때는 출퇴근 시간처럼 물을 많이 사용하는 시간에 가서 수도꼭지를 틀어 수압을 체크해 보는 것이 좋다.

★ 소음 공해가 심각한 곳이 많다. 조용한 곳을 찾을 때는 트라이시클(필리핀에서 오토바이를 개조해서 만든 삼륜 자동차)이 다니지 못하는 지역을 선택하도록 한다. 닭을 키우는 집들도 많아 아침마다 시끄럽다.

용석	Excuse me. I'm looking for a house to rent. Can I have a look at the house? 실례합니다. 렌트 하우스를 찾고 있어요. 집을 좀 볼 수 있을까요?
부동산	Of course, you can. What type of house are you looking for? 물론이지요. 어떤 타입의 렌트 하우스를 찾고 있나요?
용석	I'm looking for a two-bedroom house to rent. Do you have anything available? 방 두 개짜리 임대할 집을 찾고 있는데 혹시 임대 가능한 집이 있습니까?
부동산	I like this house. 이 집이 좋을 것 같은데요.
용석	Could you show me other choices? 다른 집은 더 없나요?

렌트 하우스 내부

Are utilities(electricity/water) included in the rent?
공공요금(전기 요금/수도 요금)은 포함되어 있나요?
Is this area safe for women?
이 지역은 여자들이 살기에 안전한가요?
Is the apartment furnished?
가구가 딸린 아파트입니까?
What's the rent?
임대료가 얼마인가요?
When is this house available?
언제부터 이 집을 사용할 수 있죠?
Could you show me other apartments?
다른 아파트도 좀 볼 수 있습니까?

★ 렌트 하우스 종류 및 비용

우리나라도 강남과 강북의 집값이 3배 이상 차이 나듯, 필리핀도 지역에 따라 비용 차이가 크다. 우리나라 사람들이 사는 지역은 주로 비싼 편. 아래 금액은 평균적인 금액이다.

〈콘도미니엄 형식〉
● STUDIO TYPE 원룸 형식으로 방, 거실, 부엌(작은 화장실 겸 샤워장 포함)의 구분이 따로 없다. 월 10,000페소
● ONE BED ROOM 방 하나와 거실. 거실은 부엌(작은 화장실 겸 샤워장 포함)과 겸용이다. 월 15,000페소
● TWO BED ROOM 방이 두 개고 안방에 화장실이 하나 더 있는 경우가 있다. 거실과 부엌이 겸용. 월 30,000페소
● THREE BED ROOM 방 세 개와 거실이 하나 있고 화장실이 2개다. 가정부가 쓰는 작은 방이 따로 마련되어 있는 집도 있다. 월 45,000페소

〈하우스 형식〉
집이 크고 평균 방이 3개 정도 있으며 집값은 월 60,000페소 정도다.
● 타운 하우스 대부분 빌리지 안에 있으며 2층에 방이 3개 정도, 1층에 거실과 부엌이 있다. 화장실은 2개 정도 있으며 가정부 방이 있는 경우가 많다.
● 방갈로 형식 똑같은 구조로 여러 채가 지어져 큰 단지를 이루는 집이다. 보통 한 집에 방이 3개 정도 있다.
● HOUSE & LOT 정원이 딸린 개인 주택이다.

필리핀에서 외국인이 소유할 수 있는 집 형태는 콘도미니엄이다. 타운 하우스의 경우에도 등기부에 C.C.T(Condominium Certificate of Title)라고 명시되어 있으면 콘도미니엄으로 등록된 집이기 때문에 구매할 수 있다. 하지만 T.C.T(Transfer Certificate of Title)일 때는 구매가 불가능하다.

부동산 광고의 약어

필리핀에서 집을 렌트하거나 구매하기 위해 알아보다 보면 이상한 약어들이 많다. 약어를 모르면 어떤 스타일의 집인지 알기 힘들기 때문에 필히 약어를 숙지해두도록 하자.

- ◆ deposit '한국의 보증금' 개념으로 이사 나올 때 돌려받을 수 있는 돈
- ◆ advance 입주 시 지급하는 '선불금'으로 보통 2개월치 임대료를 미리 지급
- ◆ T thousand의 약자로 1,000단위를 말함
- ◆ FA Floor Area의 약자로 건물의 크기를 말함(주로 콘도)
- ◆ LA Land Area의 약자로 대지의 크기를 말함(주로 빌리지 주택)
- ◆ br bedroom 방의 개수라는 뜻
- ◆ furnished 가구가 배치되어 있다는 뜻
- ◆ Semi-furnished 옷장이나 에어컨, 식탁 등 기본적인 가구만 있는 집
- ◆ Fully furnished 모든 가구와 전자제품이 구비되어 있는 집
- ◆ unfurnished 아무런 가구가 없는 집
- ◆ bare 처음 건물을 지어 전등이나 싱크대 등 전혀 꾸며지지 않은 집
- ◆ inclusive of dues '관리비가 포함된 집'으로 W/dues, plus dues라고도 쓰임
- ◆ /MO 한 달에(month)
- ◆ sq.m squremeter의 약자로 건물이나 대지의 넓이 계산 방법
  (가로 1m×세로 1m 크기를 1sq.m라고 한다. 1평 = 3.3sq.m)
- ◆ t & b toilet & bathroom으로 화장실(욕실)의 개수를 뜻함
- ◆ neg negotiable의 약자로 가격 조정이 가능함
- ◆ garage 주차할 수 있는 공간(차고)
- ◆ comml commercial의 약자로 '사무실용 건물'이라는 뜻
- ◆ resdl residential의 약자로 '주거용 건물'이라는 뜻
- ◆ nr near의 약자로 어디 근처에 있다는 뜻
- ◆ studio 원룸 형태의 집
- ◆ renovated 깨끗하게 정리해둔 집
- ◆ also avbl available, '무엇도 있다'는 뜻으로, 방 한 개를 매물로 내놓으면서, 두 개짜리도 '있음' 할 때 사용
- ◆ nice view 전망이 좋음
- ◆ w/ A/C with air conditioner의 약자로 에어컨 보유
- ◆ stry story의 약자로 건물의 '층'을 말함
- ◆ accepts short term 단기간 계약 가능
- ◆ strong H2O 필리핀은 수압이 약한 집이 많다. '물이 잘 나온다'라는 뜻
- ◆ accessible 교통이나 생활환경 등 '위치가 좋은 집'이란 뜻
- ◆ higher flr '고층 집'이라는 뜻
- ◆ FA 110sq.m up '매물이 건평 110sq.m부터 더 큰 것까지 있다'는 뜻

렌트 하우스 계약하기

세계적으로 전세의 개념을 가지고 있는 곳은 우리나라밖에 없다. 외국은 거의 월세 개념으로 집을 렌트하는데 필리핀도 역시 전세는 거의 없고 2달치 정도의 보증금과 2달치 임대료를 선지급하고 집을 렌트한다. 하지만 지역에 따라 1년 임대료를 한 번에 지급해야 하는 집도 있다.

계약 시 Advance 2, Deposit 2라고 되어 있으면, 2달치 임대료와 보증금 2달치를 먼저 내라는 뜻이다. 그런데 여기서 주의할 것은 Advance로 지급하는 2달치가 입주할 때의 2달치 임대료인지 임대 만료 시점의 2달치 임대료인지 확인해보아야 한다는 것.

만약 임대 만료 시점의 2달치로 인정되는 것이라면 입주할 때 첫 2달 임대료와 Advance 2달치, Deposit 2달치를 지급해야 하고 입주 시 2달로 인정되면 Advance 2달치와 Deposit 2달치만 납부하고 입주할 수 있다. 계약하기 전에 이 점을 명확히 확인하도록 한다.

> Is the 2-month fee requirement for advance payment of the first 2 months, or deposit for the first and last months?
> 2달치 선불은 입주 시 선불인가요, 만료 시점 시 선불인가요?

용석	I'll take it. 여기로 하겠습니다.
부동산	I see. Please read this agreement carefully, then. 알겠습니다. 그럼 이 계약서를 잘 읽어보세요.
용석	Thanks. Well, I'd like to have a six-month lease for it first. And what happens if I cancel during the contract period? 감사합니다. 우선 6개월을 먼저 계약하고 싶어요. 그런데 계약 기간 내 취소하면 어떻게 되지요?
부동산	You can check it in this agreement. 이 계약서에서 그 내용을 확인할 수 있답니다.
부동산	I don't understand this part of the agreement. What does this mean? 계약서의 이 부분이 잘 이해가 안 갑니다. 무슨 뜻인가요?

집을 계약할 때 계약서에 집 수리비 내용도 잘 체크해두어야 한다. 보통 큰 공사(지붕 보수, 천정 공사, 수도배관 공사, 집 전체 도배 등)는 집 주인이 책임지지만 약 5,000페소 이하의 작은 공사인 경우에는 본인이 부담하게 될 수도 있다. 주의해야 할 것은 5,000페소 이하의 작은 공사를 본인이 부담한다고 할 경우, 예를 들어 공사비가 20,000페소일 때 5,000페소를 본인이 부담하고 나머지를 주인이 부담하는지, 혹은 20,000페소 전액을 집 주인이 부담하는지, 처음부터 얼마가 본인이 부담해야 하는 금액인지 명백하게 집고 넘어가야 한다는 것이다.

> How do I extend the contract?
> 계약을 연장하려면 어떻게 해야 하죠?
> How shall I pay the rent?
> 집세를 어떻게 내야 합니까?

★ 교민 잡지나 사이트에서 만난 한국인 브로커에게 문의를 하여 집을 구할 때도 임차인은 수수료를 내지 않는다. 또, 콘도의 경우 콘도 오피스에 임대문의를 하면 쉽게 임대정보를 얻을 수 있다.

필리핀에서 부동산 거래 시 중개수수료는 매도인(집을 파는 사람) 또는 임대인(집을 임대해주는 사람)이 지급하는데, 임대의 경우 임대 계약의 1달 임대료 정도를 지급하고 매매계약인 경우 계약 금액의 3~5% 정도를 지급한다.

04 호텔

필리핀의 호텔은 다른 나라의 호텔에 비해 숙박료가 저렴하기 때문에 많은 사람들이 쉽게 이용하고 있다. 호텔은 미리 예약해야 저렴하게 이용할 수 있으며 직원들은 모두 영어를 사용하고 친절하다.

호텔 예약

호텔 요금은 호텔 등급과 위치, 시설, 조식 포함, 인테리어 등에 따라 다르다. 하루에 US$40~US$200(2,000페소~10,000페소)로, 선택의 폭이 넓으며 호텔 수준도 다양하다. 어떤 호텔들이 있는지 호텔 예약 사이트에서 찾아보고 원하는 수준의 호텔을 선택한다.

호텔을 예약할 때 호텔에 직접 예약하는 것은 사실상 그다지 좋은 방법이 아니다. 호텔에서 공개하는 요금은 개인적으로 여행하는 사람들에게 적용되는 가장 비싼 정규 요금이기 때문이다.

호텔 체인의 한국 사무실이나 호텔 영업 판매를 대행하는 회사, 여행사 등을 통하면 저렴하게 예약할 수 있다. 예약을 하고 호텔 요금을 선지급하면 호텔 쿠폰을 주는데 이 쿠폰으로 호텔을 이용한다.

★ **호텔 요금**
- 체계가 복잡해서 같은 날 같은 객실을 예약하더라도 어떤 방식으로 예약하느냐에 따라 요금이 다르게 책정된다.
- 호텔 요금은 반드시 미리 지급해야 한다.

용석	I'd like to make a reservation at an economy hotel in Cebu next Saturday. 다음 주 토요일자로 세부에 있는 저렴한 호텔을 예약하고 싶어요.	★ 필리핀 전 지역 호텔 예약 가능 사이트 • 필리핀 호텔 http:// philippineshotels.net • 아시아 여행 www.asia-travel.com
여행사	How about the Cebu Hotel? It charges 1,300 pesos per night. 세부 호텔은 어떤가요? 하루에 1,300페소에요.	
용석	Yes. It will be great. Please reserve this one. 좋습니다. 그걸로 해주세요.	
여행사	What kind of room would you like? 어떤 방을 원하시죠?	
용석	I'd like a room with a bath. 욕실이 있는 방이었으면 좋겠는데요.	
여행사	Okay. How many nights will you be staying? 알겠습니다. 얼마나 묵으실 거죠?	
용석	I'll be staying for two nights. I would like to pay by credit card. 2박 할 것이고 결제는 신용 카드로 해주세요.	
여행사	You have to tell me your credit card number for your booking. 예약하려면 신용 카드 번호를 말씀해주셔야 합니다.	★ 예약 시스템을 이용할 때는 신용 카드로만 결제할 수 있다.

I'll pay by check card.
체크 카드로 결제하겠습니다.

I'm going to stay for a week.
일주일 동안 머물 예정입니다.

Do you have any vacancy?
방이 있습니까?

What's the room rate?
방값은 얼마입니까?

Is there anything cheaper?
좀 더 싼 방은 없나요?

호텔 체크인

보통 호텔 체크인은 오후 2시부터 시작된다. 도착하는 시간이 저녁 6시 이후가 될 경우에는 사전에 미리 예상 도착 시간을 호텔에 연락해두지 않으면 예약이 취소될 수 있다. 체크인할 때는 여권과 예약 번호를 프론트 데스크에 제출하고 흡연 여부에 따라 방을 선택한다. Smoking Room과 Non-Smoking Room이 있는데 Non-Smoking Room에서 흡연을 하다 적발되면 벌금을 지불해야 한다. 만약 방을 배정받고 마음에 들지 않으면 방 변경을 요청할 수 있다. 체크아웃은 12시까지.

> I want to change the room.
> (I want to move to another room).
> 방을 바꾸고 싶어요.
>
> I'd like a room with a bathroom.
> 목욕탕이 있는 방을 주세요.
>
> Please give me a hotel calling card.
> 이 호텔 명함을 주세요.

용석	My name is Yong-seok Han. I have a reservation here for tonight. I'd like to check in, please. 한용석입니다. 오늘밤으로 예약했어요. 체크인 부탁합니다.
직원	Do you have a confirmation number? 예약 확인번호를 알고 계시나요?
용석	This is my confirmation paper. 이게 제 예약 확인서에요.
직원	What type of room would you like? 어떤 방을 원하시나요?
용석	I'd like a room with a nice view. 전망이 좋은 방으로 해주세요.

★ **호텔 또는 여행자 숙소 방 종류**
- **도미토리 룸** dormitory room 6~8개의 침대가 있어 여러 사람이 함께 지내는 방
- **싱글 룸** single room 1인이 머물 수 있는, 싱글 침대가 하나 있는 방
- **더블 룸** double room 2인이 더블 침대 하나에서 머물 수 있는 방
- **트윈 룸** twin room 침대 두 개가 있는 방
- **스위트 룸** suite room 거실과 침실로 구성되어 고급 호텔이나 리조트에 많이 있음

호텔 서비스

개인 물품을 분실했을 때 보상받을 수 있는 방법이 없기 때문에 귀중품을 객실에 두고 다니기 불안할 때는 프론트 데스크에 I would like to put some valuables in the safety-deposit box.(금고에 제 귀중품을 맡기고 싶습니다)라고 말하고 맡긴다. 금고 사용은 무료다. 여권이나 현금, 수표, 항공권 등을 금고에 넣고 그날그날 사용할 현금만 가지고 다니는 것이 좋다.

금고 서비스 이외에도 아침식사, 세탁, 모닝콜, 식사 배달, 여행지 정보, 여행코스 예약, 공항 픽업, 인터넷 등 다양한 서비스를 무료 또는 유료로 제공받을 수 있다.

★ 호텔에서 인터넷을 사용하면 대부분 사용료를 지급해야 한다. 아침식사 제공 여부는 호텔에 따라 다르다.

I'd like a wake-up call.

용석	I'd like a wake-up call. 모닝콜을 부탁하고 싶어요.
직원	What time would you like me to wake you up? 몇 시에 깨워드릴까요?
용석	Wake me up at 7 in the morning, please. What time does breakfast start? 아침 7시에 깨워주세요. 아침식사는 몇 시부터 하나요?
직원	It starts at 7 o'clock. 7시부터 시작합니다.

There's no hot water.
온수가 나오지 않는데요.

What time is the bar Close?
바는 언제까지 여나요?

Do you have laundry service?
세탁 서비스가 있나요?

When will my laundry be ready?
세탁물은 언제 받을 수 있죠?

Can I make a call to Korea from my room?
제 방에서 한국으로 전화할 수 있나요?

What kind of facilities are there in the hotel?
호텔에 어떤 시설들이 있어요?

Can I exchange some money here?
여기서 환전할 수 있나요?

★ 체크아웃할 때 US$1나 50페소 정도 팁을 테이블 위에 두는 것이 기본적인 에티켓!

객실마다 Please do not disturb와 Make up this room이라고 표시된 카드가 있다. 아침에 하우스 키퍼house keeper가 방을 정리하기 위해 노크를 하는데 방해받지 않고 오래 자고 싶거나 방 청소를 원하지 않을 때 문고리에 Please do not disturb 카드를 걸어두면 그냥 지나간다. 청소를 원할 때는 Make up this room 카드를 걸어둔다.

05 여행자 숙소

단기 연수를 간 학생들은 연수가 끝나면 대부분 귀국 전에 필리핀을 여행하는데, 이렇게 연수 이후 여행할 때는 필리핀에서 생활한 경험도 있고 필리핀 물가에도 적응되었기 때문에 저렴하게 지낼 수 있는 여행자 숙소를 많이 이용한다.

여러 사람이 같은 방을 사용하는 도미토리에서 지내면 물건을 분실할 우려가 있어서 보통 2인실을 많이 사용하는 편이다. 필리핀은 음식 값이 저렴해서 유럽처럼 음식을 해먹을 수 있는 취사 시설이 없는 숙소들이 대부분이다.

여행자 숙소 체크인

중상급 이상의 좋은 호텔인 경우 호텔 예약 시스템을 이용해 미리 예약을 하고 가기 때문에 큰 걱정이 없지만 여행자 숙소는 예약 시스템에서 볼 수 없는 소규모가 많아서 개인적으로 여행자 숙소 정보를 알지 않는 이상 직접 찾아가서 바로 체크인을 해야 한다.

2인실은 하루에 700~1,400페소 정도 하며 침대와 에어컨, 샤워 시설, 화장실, TV 등이 갖추어져 있다. 도미토리는 하루에 200~300페소 정도로 저렴하지만 한 방에서 6~8명이 함께 지내고 화장실과 세면장이 공용이며 선풍기만 있다.

★ 식사가 제공되지 않는 여행자 숙소가 많다.

★ 프론트 데스크에 가보면 시티 지도가 비치되어 있고 주변 여행지, 패키지 등 여행 정보를 얻을 수 있다.

★ 컴퓨터가 2~4대 정도 설치되어 있는 숙소들은 있지만 무선 인터넷이나 LAN선이 설치 되어 있는 경우는 별로 없다.

★ 여행자 숙소는 호텔과는 달리 체크인할 때 요금을 좀 깎아달라고 하면 깎아 주기도 한다.

체크인할 때 빈방이나 침대가 있으면 오전에도 체크인할 수 있지만 여유 방이 없는 경우에는 보통 2시 이후부터 체크인할 수 있으며 체크아웃은 12시까지 해야 한다.

Will you take less than that?
좀 더 싸게 해주실 수 있어요?

Do you have a less expensive room?
좀 더 싼 방이 있나요?

Does it include tax?
세금이 포함되어 있나요?

The air conditioner doesn't work in my room.
제 방 에어컨이 고장 났어요.

I want to check my e-mail.
메일을 확인하고 싶은데요.

숙소를 예약하지 않고 밤에 도착한 경우에는 일단 택시를 잡아타자! 택시를 타고 여행자 숙소나 호텔에 가서 택시 기사에게 잠시 기다려달라고 말한 뒤 방이 있는지 체크하고 방이 없으면 다시 택시를 타고 근처 다른 호텔로 간다. 그러다 보면 내 한 몸 뉘일 수 있는 숙소를 반드시 만나게 된다. 이때 기사에게 팁으로 100페소 정도 주는 것도 잊지 말자.

여행자 숙소 생활

여행자 숙소에서 지낼 때는 소지품 관리에 특히 주의를 기울여야 한다. 싱글 룸을 사용하면 개인적으로 방 열쇠를 가지고 다니지만 중요한 소지품은 프론트 데스크에 맡기는 것이 좋다. 여러 사람이 한 방을 사용하는 도미토리에서는 비싼 옷이나 신발 등을 도난당하기 쉬우니 외출할 때 반드시 물건들을 가방에 넣고 자물쇠를 채우도록 한다. 가방을 보면 지퍼가 2개씩 달려 있는데 가방 2개에 달린 지퍼 4개를 한꺼번에 자물쇠로 채우면 가방

자물쇠 채우기

을 열지도 못하고 잘 훔쳐가지도 못한다.

여행자 숙소에 휴게실이나 술집이 딸려 있으면 여러 나라에서 온 다양한 여행자들을 쉽게 만날 수 있고 좋은 여행 정보도 얻을 수 있다. 여행지에서 얻은 정보는 실제로 여행자들이 경험하며 쌓은 정보들이기 때문에 그 어떤 정보보다 유용하고 요긴하다.

★ 방에 돈을 두고 나왔다면 그 돈은 한 번에 없어지지 않고 조금씩 없어질 것이다. 필리핀 사람들은 나누어 쓰는 관습이 있기 때문에 별로 죄책감을 느끼지 않고 다른 사람의 돈을 쓰는 경향이 있다. 한 예로 담배 한 갑을 사면 주위 사람들이 너도 나도 한 개비만 달라고 하기 때문에 필리핀 노동자들은 담배를 살 때 한 개비씩만 산다.

용석	Hi~ I'm Tommy from Korea. Nice to meet you.
	안녕~ 난 한국에서 온 토미라고 해. 만나서 반가워.
여행자	Oh! Hi. I'm Rinda. I'm from Spain. Nice to meet you too.
	오! 안녕. 난 린다라고 해. 스페인에서 왔어. 만나서 반가워.
용석	Actually, I just arrived in Manila. So this place is still new to me.
	마닐라에 온 지 얼마 되지 않아서 아직 많이 낯설어.
여행자	Oh, yeah? I've been traveling in Manila for two weeks.
	아, 그래? 난 마닐라에 온 지 2주 됐어.
용석	Do you have any plans for tonight?
	오늘 저녁에 뭐 특별한 계획 있니?
여행자	No, nothing. Why?
	아니, 없어. 왜?
용석	How about going to the pub with me?
	괜찮으면 나랑 펍에 갈래?
여행자	Alright. Sounds good.
	그래. 좋아.

처음 필리핀으로 여행을 갔을 때 나는 예상과는 달리, 서울과 똑같은 분위기의 번잡한 마닐라를 보고 실망을 했다. 별 기대 없이 아시아에서 가장 큰 파이프 오르간이 있다는 마닐라 대성당Manila Cathedral, 리잘 기념관Rizal Shrine이 있는 산티아고 요새Fort Santiago, 마르코스 대통령 추방극의 무대가 된 말라카냥 궁전Malacanang Palace 등을 구경하고 다른 지역으로 이동하려고 할 때 여행자 숙소에서 만난 일본 친구로부터 우연히 마닐라에서 반나절이면 다녀올 수 있는 팍상한Pagsanjan 강 급류 타기 투어와 코레히도르 섬Corregidor Island

마닐라 시내

투어에 대한 정보를 듣게 되었다. 그리고 이 투어 경험은 너무나 즐거운, 그래서 평생 잊지 못할 좋은 추억이 되었다. 아마 일본인 친구가 준 정보가 없었다면 마닐라 투어는 그냥 그렇고 그런 관광으로 그쳤을지도 모르겠

마닐라 대성당　　리잘 기념관　　말라카냥 궁전　　산티아고 요새

여행지에서 친구를 만나고 사귀는 것은 여행자만이 누릴 수 있는 특권이요 즐거움이다. 좋은 여행 정보를 얻을 수 있다는 것은 말할 것도 없다. 하지만 가만 살펴보면 여행자들은 가만있는 사람에게 친한 척 하지 않는다. 내가 처음 보는 사람 앞에서 창피해하고 친해져야 할 필요성을 느끼지 못하는 것처럼 다른 여행자들도 마찬가지일 수 있다.

★ 필리핀은 미국 제도의 영향을 많이 받아서 펍이라는 말을 많이 사용하고 클럽이나 카페라는 말도 사용한다.

다른 여행자와 친해지려면 우선 내가 먼저 마음을 열고 가볍게 여행 정보를 교환한다는 생각으로 말을 걸 수 있는 자세가 필요하다. 여행자들은 누구나 외롭고 좋은 여행 정보를 갈구한다.
편하게 다가가 내가 알고 있는 여행 정보를 먼저 나누고 인사하면 좋은 여행 친구도 사귈 수 있고 평소 관심이 없었던 또 다른 멋진 여행 정보도 얻을 수 있을 것이다.

Accommodation

지역별 저렴한 추천 숙소

메트로 마닐라

1. Pension Natividad - 말라테 지역

마닐라에서 유명한 마닐라 다이아몬드 호텔 대각선 블록에 있으며 저렴한 숙박을 원할 경우 도미토리를 이용한다.
주변에 한국 식당과 관광객이 많이 있어서 정보를 얻기 좋고 객실에는 에어컨과 샤워 시설이 있다. 원하는 스타일의 방을 선택할 수 있다.

- 주소 1690 M. H. del Pilar St. Malate, Manila
- 전화 02-521-0524
- 팩스 02-522-3759
- 숙박료 Dorm Room P400, Rooms with Fan(outside bath) P1,000, Rooms with Fan(inside bath) P1,100, A/C Room(inside bath, two twin beds) P1,400

2. Malate Pensionne - 말라테 지역

레메디오스 광장Remedios Circle 옆에 있는 스타벅스 커피숍 옆 건물. 개장한 지 오래되지 않아 시설이 깨끗하며 여행 데스크와 바 등이 있어 다양한 외국 여행자를 사귀기 좋은 곳이다. 저렴한 도미토리에서 가격대가 높은 방까지 선택의 폭이 넓다.

- 주소 1771 M. Adriatico St. Malate, Manila
- 전화 02-523-8304~6
- 팩스 02-522-6626
- 홈페이지 www.mpensionne.com
- 숙박료 Family Room(4인) P2,680, Family Room(3인) P2,150, Executive Room P1,900, Deluxe Room P1,900, Premium Room P1,600, Budget Room P1,200, Economy Room(3인) P1,425, Economy Room(2인) P950

3. Kabayan Hotel - 파사이 지역

에드사 역Edusa Sta. 교차로에 위치해 있으며 주변에 주요 장거리 버스 터미널도 있어 저녁에 도착하거나 아침 일찍 다른 지역으로 이동할 경우 편리하다. 투숙자가 아니라면 출입을 엄격하게 통제하고 있기 때문에 안전한 편이다.

- 주소 2879 P. Zamora St. Corner Edsa, Rotonda, Pasay City
- 전화 02-702-2700~4
- 홈페이지 www.kabayanhotel.com.ph
- 숙박료 Family(Quad sharing) P4,850, Deluxe(Twin sharing) P4,100, Premium(Twin sharing) P3,600, Superior(Twin sharing) P3,000, Pad Twin(Twin sharing) P2,250, Pad Single(Single) P1,550, Flat Twin(Twin sharing) P1,800, Flat Single(Single) P1,250, Dormitory(Sextuple sharing) P950 per person, Extra Person P950

4. YMCA International Hostel - 마카티 지역

마닐라의 압구정이라 할 수 있는 마카티에 있는 YMCA는 호스텔 내 수영장과 레스토랑, 선물 용품점 등이 있으며 객실은 4인실 도미토리와 싱글 룸 등이 있다. 호텔을 찾기가 조금 어려우니 택시를 이용하도록 한다.

- 주소 No. 7 Sacred Heart Plaza St. San Antonio Village, Makati
- 전화 02-899-6103
- 팩스 02-899-6105
- 홈페이지 www.ymcamanila.com
- 숙박료 P950~P4,500

5. Sunriser Suites - 퀘존 지역

지배인이 일본어가 가능하고 일본 여행자들이 많이 이용하는 곳이라 일본 친구를 사귀기 좋다. 시설이 깨끗하고 분위기가 가족적이라 장기 투숙자들이 있는데 장기 투숙할 경우에는 30%(10일 이상) 정도 할인받을 수 있다.

- 주소 231 Ermin Garcia St. Quezon City
- 전화 02-911-5066~70
- 팩스 02-912-5037
- 숙박료 Studio Single P780, Studio Double/Twin P950, Deluxe P1,100, Superior P1,400, Extra bed P200

바기오

1. Ridgewood Residence

호텔 타입과 아파트형 객실을 총 51객실 보유하고 있으며 욕실, TV, 커피/티메이커 등이 구비되어 있다. 또 가족실과 아파트형 객실에는 미니바도 비치되어 있다. 리지우드는 종업원들의 훌륭한 서비스를 자랑으로 삼고 있다.

- 주소 #17 Julian Felipe St, Brgy. Lualhati, Baguio City
- 전화 074-446-6295
- 팩스 044-794-4439
- 홈페이지 www.ridgewoodhotel.com
- 숙박료 P2,800~P5,000

2. Microtel Inn and Suites

바기오의 접근성과 편안함을 중요시여기는 관광객들에게는 마이크로텔 인 앤 스위트를 추천한다. 빅토리 라이너 버스 스테이션(Victrory Liner Bus Station)위치해 있다.

- 주소 Upper Session Road, Baguio City, Philippines
- 전화 074-619-3333
- 팩스 074-619-3344
- 홈페이지 www.microtel-baguio.com
- 숙박료 P3,500~P6,000

세부

1. Shamrock Pension House

세부 신도시 쪽에 위치해 있는 깨끗한 시설의 호텔. 모든 객실에 욕조, 에어컨, TV, 전화기가 구비되어 있으며 주변에 레스토랑들과 백화점들이 있어 편의 시설을 이용하기 좋다.

- 주소 Fuente Osmena Rotunda, Cebu City
- 전화 032-255-2999. 032-255-2900
- 팩스 032-253-5239
- 홈페이지 www.shamrockotap.com/pension-house
- 숙박료 Studio P851, Standard P1134, Deluxe P1,702

2. Jasmine Pension House

푸엔테 오스메냐Fuente Osmena에서 5분 거리. 직원들이 친절하며 온수 샤워 시설이 잘 되어 있다.

- 주소 Don Gil Gareia St, Cebu City
- 전화 032-253-3757,032-254-2686
- 팩스 032-254-2686
- 홈페이지 www.jasminepensionhouse.com
- 숙박료 P650~P810

3. Golden Valley Inn

다운타운에 있으며 객실이 깨끗하고 청결해서 비즈니스 호텔과 분위기가 비슷하다. 일주일 이상 장기 체류할 경우 20% 할인받을 수 있다. 다운타운은 치안이 별로 좋지 않으니 남자건 여자건 밤늦게 혼자 돌아다니는 행동은 자제하자.

- 주소 155-A Pelaez St. Cebu City
- 전화 032-253-8660
- 팩스 032-253-8482
- 홈페이지 www.goldenvalleyhotel.net
- 숙박료 Studio(A) P795, Studio(B) P850, Standard P1,320, Superior P1,440, Family P1,860, Deluxe P1,960, Executive P2,380, Extra Person P400

바콜로드

1. Hotel Alhambra

유럽식 쁘띠 호텔로 식민지 풍의 분위기가 물씬 느껴지는 호텔이다. 카페와 로비의 인테리어가 멋지게 유럽식으로 되어 있어 유럽 여행객들도 좋아하는 곳이다.

- 주소 Cor. Locsin-Galo St. Bacolod City
- 전화 034-433-4022
- 팩스 034-434-5173
- 숙박료 Suite Room P1,395, Deluxe Double P1,195, Holiday Room P895, Single Room P795, Extra Person P250

2. Bacolod Pension Plaza

다운타운 한가운데 있는 비즈니스 호텔. 교통이 편리해 주변 여행지를 다니며 지내기 좋은, 현대적 느낌의 숙소다. 숙박료에 비해 시설이 깨끗하며 비즈니스 출장을 가는 사람들이 저렴하게 잘 이용한다.

- 주소 Cuadra St. 6100 Bacolod City
- 전화 034-433-4547~50
- 팩스 034-433-2203
- 숙박료 Superior P888, Deluxe Room 990, Sunday Room P800, Extra Bed P300

3. Bascon Hotel

바콜로드에서 유서 깊은 호텔로, 시장 옆에 있으며 레스토랑과 카페가 호텔 안에 있어 여행자들과 쉽게 만나 어울릴 수 있는 곳이다. 오래된 유서에 비해 비교적 시설이 깨끗하다.

- 주소 Gonzaga St. Bacolod City
- 전화 034-435-4071
- 팩스 034-433-1393
- 홈페이지 www.bacolodcity.gov.ph/hotels_pension_houses.htm
- 숙박료 Suite P1,100, Family Room P970, Matrimonial P750, Double Room P750, Single Room P650, Single NAC P500

보라카이

1. JJ Resort

세계 3대 비치 중 하나인 보라카이 내에서, 한국인이 운영하는 리조트 중 가격 대비 만족도가 가장 높은 곳이다. 메인비치(Station 2)에 위치해 있으며, 리조트 내의 Room Type은 수영장과 바로 연결되는 1층(Pool Access)과 2층(Suite) 두 가지이다. 각 방마다 무료로 무선인터넷을 사용할 수 있고, 홈페이지에서 룸 예약 시 공항 픽업 신청 및 항공권 예약도 가능하다. 또한 호핑투어, 체험다이빙, 바나나보트 등 다양한 즐길 거리를 저렴하게 이용할 수 있고, 한국인 매니저가 항시 동행하기 때문에 여행 내내 안전하게 즐길 수 있다.

- 주소 Station 2, Boracay Island Malay Aklan, Philippines
- 전화 070-8267-7033, 070-7568-7033
- 홈페이지 www.jjresort.co.kr
- 네이버카페 http://cafe.naver.com/stage777
- 숙박료(조식포함) Pool Access Room $100, Suite Room $120

다바오

1. Davao Imperial Hotel

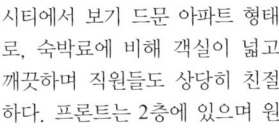

시티에서 보기 드문 아파트 형태로, 숙박료에 비해 객실이 넓고 깨끗하며 직원들도 상당히 친절하다. 프론트는 2층에 있으며 원하는 손님들에게 관광 정보를 안내해주기도 한다.

- 주소 Claro M. Recto Ave. Davao City
- 전화 082-222-4930
- 팩스 082-221-2127
- 홈페이지 http://davaoimperialhotel.com
- 숙박료 Executive Suite P900, Double Deluxe P800, Single P600, Extra Bed/person P200

2. Bagobo House Hotel

젊은이들에게 인기 있는 쇼핑 지역에 위치해 있으며 외관이 근사하다. 1층에는 카페와 수공예품 숍이 있다. 다운타운에서 조금 떨어져 있어 교통이 불편하다는 단점이 있다.

- 주소 Gov. Dauterte St. Davao City
- 전화 082-222-4444~9
- 팩스 082-222-4440
- 홈페이지 www.davaobagobohousehotel.com
- 숙박료 Standard Twin P1,300, Fimily Room P2,500, Deluxe Twin P1,400, Super Deluxe P1,500, Standard Single P1,100

01 전화하기

★ SMART
www.smart.com.ph

★ GLOBE
www.globe.com.ph

휴대폰

필리핀에서 3~6개월 정도 단기 연수하는 학생들의 경우, 거의 모든 시간을 학교와 기숙사에서 보내는데 굳이 휴대폰mobile phone이 필요할까라는 의문을 가질 수도 있겠다. 하지만 필리핀에서 사귄 친구들, 한국에 있는 가족, 친구들과 연락을 주고받으려면 휴대폰은 필수다.

★ 휴대폰 품질
• Original
휴대폰과 배터리, 충전기 모두 오리지널 본 제품
• Brand New
휴대폰, 배터리, 충전기는 오리지널이지만 배터리나 충전기 등이 비품으로 교체한 것이기 때문에 가격이 좀 더 낮은 편
• Recondition
Bland New와 같이 비품으로 교체한 것이지만 제품에 문제가 있어 상점에서 수리해서 판매하는 제품
• Second Hand
누군가 사용했던 중고품

여러 통신회사가 있는데, 지역에 따라 어떤 통신회사 휴대폰은 잘 터지고 어떤 통신 휴대폰은 잘 안 터질 수 있기 때문에 자신이 거주하는 지역에서 통화가 잘 되는 통신회사를 선택해서 구입한다. 대표적인 통신회사로는 SMART와 GLOBE가 있다. 이 두 통신회사의 제품은 대체적으로 필리핀 전 지역에서 잘 터지는 편이다.

신분증과 돈만 있으면 휴대폰을 구입할 수 있는데 동일한 제품이라도 상점마다 가격 차이가 있기 때문에 여러 상점을 돌아보고 결정하는 것이 좋다. 동일한 제품인데 가격이 다른 이유는 휴대폰의 품질이 네 가지(Original, Brand New, Recondition, Second Hand) 종류로 나눠지기 때문이다. 각 제품마다 Original, Brand New, Recondition 중 어떤 것이냐에 따라 300~400페소 정도 가격 차이가 난다.

용석	Excuse me. Can I buy an Original mobile phone here? 실례합니다. 여기서 정품 휴대폰을 구매할 수 있나요?
직원	Yeah, what sort of mobile phone do you want? 네, 어떤 종류의 휴대폰을 원하시는지요?
용석	I want to get a SMART pre-paid mobile phone. The cheap one, please. 저렴한 걸로, 스마트 프리페이드 휴대폰이면 좋겠네요.
직원	Okay, here it is. This package includes the mobile phone, battery, charger, and SIM card. 알겠습니다. 여기 있습니다. (저렴하게 나온) 패키지 상품인데 휴대폰 기기와 배터리, 휴대폰 충전기, 심 카드(칩)가 포함되어 있답니다.
용석	Can I use this mobile phone in Australia as well? Actually, I will be in Australia around 5 months later. 제가 5개월 후에 호주로 가는데 호주에서 사용 가능한가요?
직원	Yep. This is a Tri-Band model, so you can use this one in Australia. 네, 트라이밴드 모델이기 때문에 호주에서도 사용할 수 있어요.

Do you have one lower than 3,000 pesos?
3,000페소 이하의 물건은 없나요?

Do you have something less expensive?
좀 더 싼 게 있나요?

★ 심 카드
손톱 정도 크기의 심 카드는 전화번호, 전화 요금, 문자 등 각종 중요 정보를 저장하는 휴대폰의 핵심 저장 칩chip이다.

필리핀에서 연수를 마치고 호주나 미국, 캐나다 등으로 연계연수를 가는 사람들은 나중에 연계해서 가는 나라에서도 사용할 수 있는 휴대폰 기종을 구입하도록 하자. 그 나라에 가서 심 카드만 사면 바로 사용할 수 있다.
같은 GSM 방식이더라도 휴대폰의 주파수에 따라 다른 나라에서의 사용 가능 여부가 결정된다. 주파수는 3가지로 나눌 수 있는데, 싱글밴드 Single-Band를 사면 필리핀에서만 사용할 수 있고 듀얼밴드Dual-Band를 사면 호주나 유럽에서도 사용할 수 있다. 트라이밴드Tri-Band를 구입하면 호주뿐 아니라 캐나다, 유럽 등에서도 사용할 수 있다. 단 휴대폰이 트라이

★ GSM
Global System Mobile Telecommunication
종합정보 통신망과 연결되어 모뎀을 사용하지 않고도 전화 단말기와 팩시밀리 등에 직접 접속해서 이동데이터 서비스를 받을 수 있는 유럽식 디지털 이동통신 방식

★ 선불카드를 구입하러 가기 힘들 때는 동네 작은 구멍가게에서 E-Load라고 불리는 휴대폰 충전을 5~500페소로 할 수 있다. 가게 주인에게 휴대폰 번호를 적어주고 원하는 충전 금액을 말하면 충전해 주는데 할인이 안 되고 무료 문자 서비스도 없으니 급한 경우가 아니라면 선불카드로 충전하자.

밴드라도 각 통신회사의 휴대폰 매장에서 구입하는 휴대폰은 자사의 심카드만 인식해 다른 나라에서 사용할 수 없는 경우가 있다. 통신회사의 휴대폰 매장에서 트라이밴드 모델을 구입할 때는 다른 나라에서 사용할 수 있는 휴대폰인지 확인해보도록 하자.

필리핀 휴대폰은 선불카드(프리페이드 리차지 카드)를 구입한 후 충전한 요금만큼 사용하는 선불제 방식이다. 충전 방법은 선불카드 뒷면에 자세하게 나와 있으며, 선불카드는 300페소, 500페소, 1,000페소짜리 등이 있다. 통화료는 시간대별로 다르게 책정되지만 1분에 약 12페소 정도. 밤 10시부터 오전 7시까지, 일요일은 최대 50%까지 통화료가 할인되기도 한다. 현지인들은 비싼 통화료를 내야 하는 전화 통화 대신 일반적으로 1건에 1페소 드는 문자 메시지를 많이 이용한다. SMART 회사는 300페소 선불카드를 구매하면 33건, 500페소는 83건, 1,000페소는 250건의 무료 문자 서비스를 제공한다.

★ 선불카드(프리페이드 리차지 카드 Pre-paid Recharge Card)
대형 매장에서 구입하면 일반 상점보다 보통 5~10% 정도 싸게 살 수 있다.

I want to have an E-Load worth 300 pesos, please.
300페소만 E-Load(요금 충전)해주세요.

Where can I buy a SMART recharge card?
어디에서 스마트 선불카드를 살 수 있나요?

Can you explain how I can recharge my card?
선불카드 충전시키는 것 좀 설명해주시겠어요?

> Where can I buy a SMART recharge card?

★ 휴대폰에 있는 LOAD(사용 가능 금액) 체크하기
Globe의 경우 문자를 보낼 때 222번으로 'BAR'라고 보낸다.
SMART의 경우 1515로 전화를 하고 끊으면 사용 가능한 LOAD 금액이 문자로 온다.

★ 자기 휴대폰의 남은 LOAD를 다른 사람에게 전송시켜줄 수 있다.
• SMART(0927-828-8888 번호로 50페소를 전송할 때)
  1. 휴대폰 문자 메시지에 상대방 전화번호를 누르고 스페이스한 뒤 충전 금액을 넣는다. 예) 09278288888 50
  2. 전송할 때 메시지 받는 번호를 808번으로 하면 전송 완료
• GLOBE(0927-828-8888 번호로 50페소를 전송할 때)
  1. 메시지에 전송할 금액을 적는다. 예) 50
  2. 핸드폰 번호 앞에 0을 빼고 2를 넣은 후 전송한다.
     예) 09278288888 → 29278288888
  3. Globe에서는 다양한 프로모션을 진행한다. 다이얼 *143# 을 누르고 통화 버튼을 눌러 진행중인 프로모션을 선택하면 전화 요금을 절약할 수 있다.

공중전화

우리나라에는 한국통신에서 보급한 공중전화기만 있기 때문에 공중전화 카드가 한 종류지만 필리핀에는 각기 다른 통신회사들이 서로 다른 스타일의 공중전화기를 보급하기 때문에 해당 통신회사의 공중전화기에서 사용할 수 있는 전화 카드(100페소)가 따로 있다. 대표적인 통신회사는 PSDT, BAYAN, SMART 등인데 그 중 PSDT 회사의 공중전화기가 가장 많이 보급되어 있다.

편의점이나 길가에 위치한 가판대에서 전화카드를 구입할 수 있으며, 4페소에 약 1분 정도 통화할 수 있다. 간혹 동전 전화기도 있는데, 동전 전화기도 동일하게 4페소에 약 1분 정도 통화 가능하다. 휴대폰은 8페소에 1분 정도 통화 가능하다.

★ **필리핀 지역번호**
메트로 마닐라 02, 세부 032, 바기오 074, 일로일로 033, 다스마 046, 바콜로드 034, 다바오 082, 수빅 047, 딸락 045
같은 지역에서 전화할 때는 지역번호를 누르지 않는다.

Where is a telephone booth?
전화 부스는 어디에 있나요?

Nasaan ba ang telephone booth dito?
나싸안 바 앙 텔레폰 부스 디또?

How much should I put in?
얼마를 넣어야 하나요?

Magkano bang ilalagay ko?
막까노 방 일라라가이 꼬?

I'm Rinda's friend. Can I talk to her?
린다 친군데요. 린다와 통화할 수 있을까요?

Can I talk to someone who speaks Korean?
한국어를 할 수 있는 사람과 통화할 수 있나요?

Please tell him to call me back.
저한테 전화해달라고 그 사람한테 말씀해주세요.

I'll call you back.
나중에 다시 전화할게요.

Could you take a message?
메모 좀 남겨주세요.

Would you please repeat that?
다시 말씀해주시겠어요?

Would you speak a little more slowly?
조금만 더 천천히 말씀해주세요.

★ 휴대폰으로 국제전화를 할 경우에는 1분에 40페소 정도 든다.

★ 한국으로 국제전화를 할 경우 가장 저렴하게 사용할 수 있는 선불카드는 PLDT 카드다.

국제전화

국제전화를 거는 방법에는 공중전화, 휴대폰, 인터넷폰, 국제전화 선불카드, 국제전화 후불카드 사용하기 등이 있다. 이 중에서 공중전화나 휴대폰은 요금이 조금 비싸다는 단점이 있지만 필리핀에 도착하자마자 손쉽게 국제전화를 걸 수 있는 방법이라 학생들이 가장 흔히 사용한다.

인터넷폰은 금액은 가장 저렴하지만 컴퓨터를 이용하기 때문에 통화 품질이 떨어지고 컴퓨터, 마이크, 이어폰 등의 장비가 필요하다.

휴대폰도 없고 인터넷폰도 사용할 수 없을 땐 국제전화 선불 또는 후불카드를 사용해서 국제전화를 걸어보자. 국제전화 선불카드는 주변에 있는 상점에서 구입할 수 있다. 요금이 저렴한 카드 중에는 통화 품질이 떨어지거나 아예 한국으로 전화가 걸리지 않는 카드도 있으니 주의하도록. 싸다고 다 좋은 것은 아니다.

★ **국제전화 거는 방법**
00(국제전화호출번호)+82(한국코드)+2(서울일 경우)+전화번호
- 일반 전화기로 전화할 경우
(722-6787)
00-82-2-722-6787
- 휴대폰에 전화할 경우
(011-9576-0577)
00-82-11-9576-0577

또 스마트폰을 이용하는 사람이라면 무료 메시지 서비스나 다양한 어플을 통해 국제전화를 이용할 수도 있다.

I'd like to make an international call to Korea.
한국에 국제전화를 걸고 싶어요.

Could you tell me how to use the telephone?
전화 사용하는 방법 좀 알려주세요.

I'd like to make a collect call to Korea.
수신자부담으로 한국에 전화를 걸고 싶어요.

---

operator 교환원 area code 지역번호 connect 연결하다 charge 요금
hold the line 끊지 않고 기다리다 cut off 끊다

한번은 돈을 아끼려고 친구들에게 콜렉트콜(수신자부담 전화)로 전화를 걸어 별 생각 없이 20~30분씩 통화를 했다. 얼마 후 그 친구들이 전화를 해서 전화 요금이 30,000~50,000원 정도 나왔다며, 다시 한 번 콜렉트콜로 전화하면 쥑~인다고 말했다.

알고 보니 콜렉트콜 요금은 통신회사마다 조금씩 다르지만 1분에 약 1,200~1,800원이었다. 콜렉트콜은 될 수 있으면 응급 상황에서만 사용하도록 하자. ^^

★ **콜렉트콜 거는 방법**
수화기를 들고 10-587(데이콤), 105-82(한국통신), 105-823(온세통신), 105-872(PLDT, SMART) 또는 1237-84(Bayantel)를 누르고 안내음성에 따라 한국 전화번호를 누른 뒤 별표를 누른다.

02 환전하기

★ 공항 환전소는 환율이 가장 낮으므로 당장 돈이 필요한 경우가 아니라면 이용하지 않는 편이 낫다.

필리핀처럼 여행자들이 많은 나라에는 사설 환전소가 많은데, 사설 환전소가 은행보다 환율을 더 높게 쳐주기 때문에 특별한 경우가 아니라면 은행보다 사설 환전소를 이용한다.

★ 필리핀에는 Money Exchange 외에 Money Transfer라고 써진 곳도 있다.

사설 환전소에서는 신분증 없이 환전할 돈(달러)만 주면 환전해준다. 사설 환전소는 사람이 많이 다니는 길거리나 쇼핑센터에 있는데 Money Exchange라고 쓰여 있다. 환전소마다 차이가 있지만 대체적으로 길거리에 있는 사설 환전소가 쇼핑센터에 있는 환전소보다 환율을 좀 더 높게 쳐주는 편이다. 하지만 연수생들이나 여행자들은 안전 때문에 쇼핑센터 환전소를 좀 더 많이 이용한다.

Is there a money exchange counter near here?
근처에 환전소가 있나요?

Meron bang palitan ng pera dito?
메론 방 빠릿딴 낭 뻬라 디또?

용석	Can I exchange some money here?
	여기서 환전할 수 있나요?
환전소	Yeah, sure. How much would you like to exchange?
	예, 가능합니다. 얼마를 바꾸길 원하시나요?
용석	I want to change US$ into pesos. Do you have change for a hundred dollars?
	미국 달러를 페소로 바꾸고 싶어요. 100달러를 바꿔주실 수 있나요?
환전소	Yep. Would you like it in five hundred peso bills?
	넵. 500페소짜리로 드릴까요?
용석	May I have some small change, too?
	잔돈도 섞어주세요.
환전소	Yeah~ sure.
	예~ 알겠습니다.

길거리 환전소는 보통 아침 9시에 문을 열어 새벽 2~3시까지 영업을 하고 쇼핑센터에 있는 환전소는 7~9시까지 영업을 한다. 환전하러 갈 때는 현금이 많다는 것을 의미하기 때문에 될 수 있으면 친구와 같이 가고 환전하고 나서는 바로 돈을 쓰러 다니지 말고 우선 숙소로 돌아가서 당장 쓸 돈만 가지고 나오자.

사설 환전소에서 500달러를 환전할 때였다. 일반적으로 환전소는 철창과 강화유리로 막혀 있지만 투명 유리로 되어 있기 때문에 안이 잘 보인다. 내가 환전할 돈을 환전소 직원에게 주자 직원은 열심히 계산기를 두드리면서 환율이 얼마나 얼마로 환전해주겠다며 계산기를 보여주었다. 그리고 내 앞에서 500페소짜리 42장을(그 당시 환율로 500달러면 약 21,000페소가 조금 넘기 때문에 500페소 42장과 소액 지폐 몇 장) 한 장 한 장 테이블에 내려놓으면서 2번 직접 확인시켜주었다. 그리고서 100페소짜리 한 장과 50페소와 잔돈을 합쳐 주었는데, 눈앞에서 돈 세는 것을 2번이나 확인했기 때문에 나는 누가 볼세라 돈을 받자마자 주머니에 넣고 숙소로 갔다.
그런데 숙소에서 돈을 확인해보니 500페소 지폐가 40장밖에 없는 거다. 바로 눈앞에서 돈 세는 것을 확인했는데 어떻게 두 장이나 부족할 수 있

> ★ **환전할 때 주의사항**
> 큰돈을 한 번에 바꾸지 말고 대략 100달러 정도씩 환전하고, 필요하다면 다시 추가로 환전하도록 하자. 돈이 너무 많으면 확인해볼 때 헷갈리기 쉽고, 소매치기 당할 위험도 있다.
> 환전은 500페소로 받는 게 가장 무난하다. 1,000페소짜리는 거스름돈이 없다는 이유로 가게주인들이 종종 받지 않으려 한다.

I want to exchange some money.

I want to exchange some money.
환전해주세요.

What's the exchange rate?
환율이 어떻게 되죠?

How would you like it changed?
어떻게 바꿔드릴까요?

Please change one hundred US$ dollars into pesos.
미화 100달러를 페소로 바꿔주세요.

Could you change this bill to coins?
이 지폐를 동전으로 바꿔주시겠어요?

I don't think these figures add up.
계산이 맞지 않는 것 같은데요.

cash 현금 check 수표 coin 동전 banknote 지폐 small change 잔돈 large bill 고액권 exchange rate 환율

돈을 받으면 보는 앞에서 꼭 확인하세요!

는지, 정말 신기하고 이상해서 학교 매니저에게 말을 했더니, '그 사람들 돈 빼돌리는 솜씨가 장난이 아니야' 라며, 환전할 때는 돈을 받고 환전소 직원이 보는 앞에서 다시 한 번 확인해야 한다고 말했다. 일단 돈을 받고 나가면 더 이상 따질 수 없다고….

환전할 때 환전소 직원 앞에서 다시 돈을 세어 확인해보는 것, 절대 잊지 말도록 하자! 그나저나 돈 빼돌리는 기술은 배워두면 친구들과 고스톱 칠 때 요긴하게 써먹을 수 있을 텐데 아쉽다 ^^;

03 은행 이용하기

현금을 너무 많이 가지고 갔거나 장기 체류할 계획이라면 계좌를 개설해서 예금한 뒤 필요할 때마다 조금씩 찾아 사용하는 것이 안전하다. 은행의 예금 이자는 높지 않은 편이다. 통장은 필리핀 현지 화폐인 페소를 사용하는 통장과 US$를 사용하는 통장, 이렇게 두 종류가 있는데 자신이 어떤 돈을 사용할 것인지 고려해서 계좌를 개설한다.

US$ 통장을 이용할 경우, 은행에서 보유하고 있는 달러가 많지 않기 때문에 US$500 이상 인출할 때는 미리 은행에 연락하고 가는 것이 좋다. 돈을 자주 입·출금할 것 같으면 호텔 세이프티 박스safety box에 넣어두거나 학생이라면 학교에 맡겨두는 것이 오히려 좋을 수 있다. 여행자 수표는 입금 후 보름에서 한 달 정도 후에 현금으로 출금할 수 있기 때문에 지출 여유를 두고 입금한다.

필리핀에는 은행 강도가 많은 편이다. 몇 년 전에는 마닐라 마카티 지역에 있는 한 은행에 수십 명의 괴한이 총을 들고 들어와 은행을 점령하고 돈을 털어 갔다. 재미있는 것은 2,000년이 되기 전, 한 해 평균 100회 이상이던 은행 강도 발생건수가 교통 체증이 심각해지면서 강도들의 도주로가 차단되어 줄어들고 있다고 한다. 2,000년에는 은행 연합회에서 한 해 은행 강도 발생건수 100건 이하를 기념해 자축 파티를 열었다. 이후 지금까지 한

★ **세이프티 박스**
Safety Box
Safety-Deposit Box라고도 한다. 호텔 객실에 투숙하는 고객의 귀중품을 보관해주는 금고로, 프론트 데스크에서 근무하는 프론트 캐시어front cashier가 관리한다. 사용대장에 사용인의 이름을 기록하면 무료로 보관함을 이용할 수 있다. 보관함은 종업원의 키와 의뢰인의 키를 사용해야 열린다.

★ 어학연수 학생들이나 여행자들은 일반적으로 필리핀에서 계좌를 개설하기보다 우리나라에서 해외 사용 가능한 신용 카드 또는 직불 카드를 만들어 간다. 필리핀에서 6개월 이상 장기 체류하는 사람들은 필리핀 현지 은행에서 은행 카드를 발급받아 사용하는 것이 훨씬 편리하다.

해 은행 강도 발생건수는 평균 10% 정도 비율로 감소하고 있다.

계좌 개설

★ BANCO DE ORO 은행에서 계좌를 개설하면 달러, 페소 통장 모두 만들 수 있고 통장과 현금 카드도 같이 받을 수 있다.

★ 필리핀 은행법 상, 일반 관광 비자를 소지한 외국인은 필리핀 현지 은행에서 통장을 개설할 수 없다. 하지만 필리핀에서는 불가능한 일도 가능한 경우가 많다.

현지인이 계좌를 개설하려면 신분증 2개, 증명사진 2매, 집 주소, 전화번호가 필요하지만 외국인의 경우 신분증이 보통 여권밖에 없기 때문에 여권과 증명사진(안경을 끼고 찍지 않은 것) 2매만 가져가도 계좌를 개설해준다. 혹시 여권 이외에 다른 신분증을 요구할 때는 학교 학생증, ACR(Alien Certificate of Registration: 외국인 등록증), 주민등록증 등을 제시하면 된다.

필리핀에는 은행이 꽤 많은데 망하는 은행도 가끔 있다. 자본이 튼튼한 은행이 어디인지 잘 알아보고 거래할 은행을 결정하는 것이 중요하다. 나는 우리나라에 지점이 2개 있는 메트로 은행을 이용했었는데 수수료도 저렴하고 친절해서 만족스러웠다.

신규 계좌를 개설하는 것을 open an account라고 한다. 은행 입구에 있는 직원에게 open an account라고 말하면 신규 계좌를 만드는 창구로 안내해준다.

★ 필리핀 주요 은행 소개

1) Bank of Philippine Islands(BPI)
부동산 재벌 아얄라 그룹이 대주주고 필리핀에서 자산 기준 1위 은행이다.
www.bpi.com.ph

2) Metro Bank
필리핀에 500개 이상의 지점이 있고 서울과 부산에도 지점이 있다. 필리핀 2위 은행으로 송금 수수료가 저렴한 편이다.
서울지점:서울특별시 중구 남대문로 5가 120 ☎ 02-779-2751
부산지점:부산광역시 동구 초량1동 1205-22 ☎ 051-462-1091
www.metrobank.com.ph

3) Banco De Oro (BDO)
SM 몰에는 ATM 기기가 하나씩 있어서 주말에도 이용이 가능하다. BPI 다음으로 ATM 기기가 많아 유용하다.
www.bdo.com.ph

용석	I would like to open my bank account here.
	은행 계좌를 개설하고 싶습니다.
직원	What's your name?
	이름이 뭐죠?
용석	My family name is Han and given name is Yongseok.
	성은 한이고 이름은 용석입니다.
직원	Would you please sit down here? Our staff will help you soon.
	자리에 앉으시면 곧 직원이 도와줄 겁니다.

페소 계좌를 개설하고 싶다고 하면 신청서를 두 장 주는데, 한 장은 현금 카느(AIM 카트) 신성서, 나믄 한 장은 계좌 개설 신청서 Saving Account Signature Card다. 사인하는 란에 여권 사인과 동일한 사인으로 기입한 후 창구 직원에게 여권과 증명사진을 함께 준다.

I would like to open my bank account in pesos.
페소 계좌를 만들고 싶어요.

Can I see your passport, please?
여권을 좀 보여주시겠어요?

Can you help me how to fill out this form?
이 서류를 어떻게 작성해야 하는지 도와주실 수 있나요?

How much would you like to deposit?
예금은 얼마나 하시겠어요?

Nine hundred pesos.
900페소를 저축하고 싶습니다.

Fill out this deposit slip and give it to the teller with the money, please.
이 입금 전표를 작성하신 다음 돈과 함께 창구에 제출해주세요.

우리나라 은행은 계좌를 개설하면 통장과 현금 카드를 같이 주는데 필리핀 은행들은 대부분 둘 중 하나만 제공한다. 현금 카드를 발급받으면 주말이나 공휴일에 ATM(현금자동지급기)에서 현금을 인출할 수 있고 큰 상점에서 직불 결제를 할 수 있어 좋다.

★ 보통 학생들이 사용하는 은행 계좌는 SAVING(일반 저축예금)이며 간혹 CURRENT(수표계좌나 정기예금, 적금 등)를 사용하는 경우도 있다.

상점에서 물건을 구매하고 직불 결제하는 방법은 우리나라와 동일하다. 상점 직원에게 카드를 주면 SAVING 계좌인지 CURRENT 계좌인지 물어보고 비밀번호를 누르라고 한다. 결제 수수료는 없다.

I would like to get a bank card for ATM.
통장보다 현금 카드를 받고 싶어요.

When can I get my bank card?
카드는 언제 받을 수 있을까요?

Can I get a bank card and a bankbook here?
카드와 통장을 모두 받을 수 있나요?

★ 은행에서 관련 서류나 영수증을 받으면 잘 보관해 두도록 하자.

신규 계좌를 개설하는 창구와 돈을 입금하는 창구가 분리되어 있기 때문에 신규 계좌를 개설한 후 돈을 입금하려면 Deposit slip이라는 서류를 작성해 Deposit 창구로 가서 돈을 입금해야 한다. 입금한 후에는 만약의 경우를 대비해 꼭 입금 영수증을 챙겨두도록 하자.

★ 카드를 받으려면 비밀번호 4자리를 눌러야 하기 때문에 우편으로 받을 수 없다.

은행 카드를 신청하면 4~5일 정도 후에 발급되는데 카드를 받으려면 여권을 가지고 다시 은행에 찾아가야 한다. 은행 카드를 찾기 전에 돈을 인출할 경우에는 여권과 신규 계좌를 만들 때 받은 서류 및 영수증을 가지고 은행에 찾아간다.

> Can you give me the deposit receipt?
> 입금 영수증을 주시겠어요?
> I would like to get my bank card here.
> 은행 카드를 찾으러 왔어요.

우리나라 은행은 통장에 돈을 보관하면 보관 수수료를 지불하지 않고 오히려 소액일지라도 그 금액에 대한 이자가 발생한다. 하지만 필리핀 은행은 저축 금액이 1,000페소 또는 500페소 이하면 service charge(계좌 사용료)로 매월 50~100페소씩 통장에서 빠져나가고 2,000페소 이상인 경우에는 이자가 3% 정도 발생한다(은행에 따라 조금씩 다름). 예를 들어 매월 service charge로 100페소를 내야 하는 은행에 500페소가 입금된 통장을 가지고 있으면 5개월 후에 잔액이 0원이 되고, 2,000페소가 들어 있는 통장을 가지고 있으면 1년 후에 약 2,060페소가 된다. 그러니 반드시 수수료가 나가지 않는 계좌 최저 저축액을 확인하고 항상 그 이상으로 잔액을 보유하도록 하자.

> How much money do I save in my bank account If I don't pay any service charge?
> 얼마 이상 저금해야 계좌 사용료를 지불하지 않나요?
> Can you explain the service charge for my bank account?
> 계좌 사용료에 대해 설명해주실 수 있나요?

ATM이 카드를 먹는다?!

필리핀에서도 사람들은 돈을 인출할 때 ATM을 이용하는데, 비밀번호 PIN number를 3번 이상 잘못 누르거나 ATM이 고장 나면 카드가 나오지 않는다. 이럴 땐 ATM에 써진 전화번호로 은행 직원security에게 전화를 걸어 그 자리에서 카드를 돌려받거나 또는 카드 종류와 이름, 연락처, 집 주소 또는 학교 주소를 남겨두고 나중에 돌려받는다.

카드 사용이 발달한 필리핀에서는 주 5일제 근무가 기본이라 금요일 저녁이 되면 돈을 찾기 위해 ATM 앞에 길게 줄지어 서 있는 사람들을 쉽게 볼 수 있다.

직원	Hello? How can I help you? 여보세요? 무엇을 도와드릴까요?
용석	I can't retrieve my bank card from the ATM machine. What should I do now? ATM에서 카드가 나오지 않아요. 어떻게 하면 되죠?
직원	Okay, I will be there soon. Please wait for me a few minutes. 잠시만 기다려주시면 곧 그곳으로 가겠습니다.
용석	Okay. Thank you very much. (later) Excuse me? Right here! 알겠습니다. 감사합니다. (잠시 후) 저기요? 여기입니다!
직원	Okay, let me check. Well, can you tell me your name, address, phone number first and then what kind of card you have? 알겠습니다. 체크 좀 해볼게요. 음, 우선 이름과 주소, 전화번호, 그리고 카드 종류를 알려주시겠습니까?
용석	My name is Yongseok Han and my phone number is 9320-2929. My address is 239 Guijo Street, Makati and I have got a Metro bank card. 제 이름은 한용석이고 전화번호는 9320-2929, 주소는 마카티 구이조 스트리트 239입니다. 그리고 카드는 메트로 은행 카드에요.
직원	Alright, I will check your card in the ATM then I will send your card right away. 알겠습니다. 카드를 확인하는 대로 바로 주소지로 보내드릴게요.

balance 잔고
blank 공란
deposit 예금
withdrawal 출금
withdrawal slip 출금 전표
savings passbook 저축통장
bankbook or passbook 은행 통장
cash 현금
check 수표
branch 지점
remittance 송금

ATM 사용법

ATM에서 돈을 뽑아보자.

1. 카드를 삽입하고

2. English / Tagalish 메뉴에서 English를 선택한다

3. PIN Personal Identification Number
   즉, 비밀번호를 입력한다.(네 자리)

4. 다음 메뉴에서 Withdraw인출을 누른다.

5. 다음 메뉴에서 Saving예금을 누른다.

6. 인출할 돈의 액수를 직접 입력한다.

7. 영수증 발권 여부를 묻는다.(잔액조회는 안 됨)

8. 진행중이라는 표시

9. 다 되면 카드를 뽑고,

10. 현금cash를 받으면

11. 인출 완료

★ 한국에서 만든 국제 직불 카드로 ATM 사용시 주의사항

1) 금요일 오후부터 ATM에서 돈을 인출하는 사람들이 많아 금요일 밤늦은 시간이나 토요일에는 간혹 잔액 부족으로 돈이 나오지 않는다. 이때 돈이 인출되지 않았으면서도 계좌에서 돈이 빠져나가는 경우가 있으니 TRANSACTION CANCELLED라는 메시지가 나오면 영수증을 꼭 챙겨둔다.

2) 비밀번호 오류가 하루 3회 이상 발생되면 한국 거래 은행에 본인이 직접 가서 풀어야 한다. 오류가 2번 나면 다음날 다시 시도하도록 하자.

04 인터넷 이용하기

전 세계적으로 우리나라처럼 인터넷이 발달한 나라가 없다. 필리핀의 인터넷 시설은 우리나라의 10년 전을 생각하면 될 정도로 낙후되어 있어 속도가 상당히 느리다. 마카티 지역이나 퀘존 지역 일부에 전용선이 깔려 있는 곳도 있지만 역시 속도가 많이 느리고 다른 지역들에서는 여전히 모뎀을 사용한다.

인터넷 신청

6개월 이상 장기 체류하는 사람들은 주로 인터넷을 신청해서 사용하는데 여러 회사들 중에서 대표 통신회사인 PLDT나 Bayantel, 혹은 케이블 TV 회사인 Destiny를 많이 이용한다.

전용선은 속도에 따라 요금이 다르고, 모뎀을 이용해서 인터넷에 접속할 때는 전화요금 체계가 일정 금액을 지불하면 무제한 시내 통화할 수 있는 정액제이기 때문에, 마켓이나 통신회사에서 인터넷 카드를 구입하면 시내 전화비 걱정 없이 인터넷을 사용할 수 있다. 전화를 신청한 이후 3개월 동안 전화 요금을 연체하지 않고 충실히 납부해야만 인터넷을 신청할 수 있다.
모뎀 방식이 아니라 케이블 TV 회사의 전용선 방식을 원한다면 Destiny 측으로 신청한다. Destiny는 인터넷을 포함해 KSBN Movie, YTN NEWS, 아리랑 TV 등 여러 TV 채널을 제공한다.

★ 케이블 회사들은 지역마다 연락처가 다르기 때문에 주변 사람들에게 묻거나 지역 교민 잡지, 필리핀 포털 사이트에서 찾아보면 된다.
• 필리핀 대표 포털사이트
  www.yehey.com
• 필리핀 인터넷 방송
  www.eradioportal.com

★ 인터넷 카페
인터넷 카페 사용료는 시간당 25~35페소

인터넷 카페

★인터넷 종류

•PLDT 인터넷
필리핀의 대표적인 통신회사로 인터넷 속도는
1.5Mbps (999페소),
3Mbps(1,995페소),
5Mbps(3,000페소),
10Mbps(4,000페소)가 있다.
www.mydsl.pldthome.com

•Bayantel 인터넷
필리핀에서 두 번째로 큰 통신회사로 인터넷 속도는
768Kbps(899페소),
1Mbps(999페소),
2Mbps 이상(1,999페소)이 있다.
www.bayan.com.ph

•Destiny 케이블 TV 인터넷
전화 라인과 상관없이 신청할 수 있으며 케이블 TV도 함께 신청할 수 있다. 요금은 채널 종류와 인터넷 속도에 따라 달라지며 인터넷과 케이블 TV 패키지 상품으로 1.5Mbps 기준 1,830페소 정도다.
www.mysky.com.ph

용석	Actually, I want to set up the internet line in my house now. 인터넷을 신청하고 싶은데요.
직원	What kind of telephone line do you have? 어떤 전화선을 사용하고 있나요?
용석	PLDT line. PLDT 라인을 사용하고 있는데요.
직원	Can you tell me your telephone number first? 전화번호를 먼저 알려주시겠습니까?
용석	My telephone number is 9923-3229. 9923-3229에요.
직원	Okay. You have already used your telephone line for around 4 months, so you can use the internet line as well. 전화 신청한 지 4개월이 되었기 때문에 가능합니다.
용석	Oh, yeah? When can I use the internet in my house? 네, 언제 인터넷을 사용할 수 있을까요?
직원	One of our staff members will go to your house next Wednesday and set up the internet line directly. 다음 주 수요일에 직원이 방문해서 인터넷 선을 설치해드리도록 하겠습니다.
용석	Okay. Thank you very much. 알겠습니다. 감사합니다.

인터넷 카드

학교나 기숙사에서 지낼 때는 인터넷이 되는 컴퓨터나 무선 인터넷 시설이 갖춰져 있기 때문에 상관없지만 만약 인터넷 전용선이 없는 홈스테이

With which computer can I use the Korean Language?
한글을 사용할 수 있는 컴퓨터가 어떤 건가요?

Can I use the Korean Language with this computer?
이 컴퓨터에서 한글을 사용할 수 있나요?

Can I use the wireless internet here?
이곳에서 무선 인터넷 사용이 가능한가요?

How much is the rate per hour?
1시간 PC 사용료가 얼마에요?

나 렌트 하우스에서 모뎀으로 인터넷에 접속하려면 개인적으로 인터넷 카드를 구입해야 한다.

내가 사용해본 것 중 가장 인터넷 속도가 빠르고 연결이 안정적이며 가격이 저렴한 인터넷 카드는 BLAST 인터넷 카드(100페소 9시간)와 ZOOM 인터넷 카드(100페소 4시간) 정도였다. BLAST 카드, ZOOM 카드를 사용하면 인터넷 카페 사용료의 절반 정도가 든다.

★ **인터넷 카드**

카드 뒷면에 있는 인터넷 연결 번호로 모뎀을 사용해 인터넷을 연결하고 카드 뒷면에 있는 ID와 비밀번호를 입력하면 사용할 수 있다. BLAST 인터넷 회사 www.blast.ph

Can you give me a BLAST Internet Card?
BLAST 인터넷 카드 하나 주세요.

Could you explain how I can use this card?
카드 사용 방법 좀 알려주세요.

Which Internet card gives the highest speed for the internet?
어떤 인터넷 카드 속도가 가장 빠른가요?

한글 사용 방법

외국에서 인터넷을 사용할 때 한글 프로그램을 다운받으면 한글을 입력할 수 있다. 어떤 윈도우를 사용하느냐에 따라 다운로드 받는 주소와 프로그램이 달라지므로 한글 프로그램을 다운받기 전에 컴퓨터 윈도우 버전을 먼저 확인해보자. 내 경우 거의 80% 정도의 컴퓨터에서 komondo. exe 프로그램을 사용할 수 있었던 것 같다.

1) 윈도우 98일 경우
(1) www.timest.co.kr/img/komondo.exe를 주소창에 쓰고 바로 실행시킨다.

(2) 프로그램이 다 설치되면 화면 오른쪽 아래 부분 시계 옆에, 하얀색 바탕의 파란색 글씨로 A라는 아이콘이 생긴다. 인터넷 창을 띄우고 글자를 쓸 때 A 아이콘 위에서 마우스 오른쪽 버튼을 누르면 사용자가 쓸 수 있는 언어가 나온다. Korean을 선택하고 한글을 쓴다.

2) 윈도우 XP의 경우
http://www.microsoft.com/en-us/download/search.aspx?q=windows xplanguage에서 프로그램을 다운로드 받아 설치한다.

05 대중교통 이용하기

필리핀은 교통체증이 상당히 심한 편이다. 차가 많지 않은 시골 지역은 도로가 제대로 보수되어 있지 않아 차들이 속도를 내기 어렵고 큰 도시 같은 경우에는 차가 너무 많고 교통법규를 잘 지키지 않아 교통체증이 심각하다. 때문에 이동할 때는 시간을 넉넉하게 잡고 출발하는 것이 좋다.

지프니

버스, 지프니Jeepney, 기차, 택시, 트라이시클Tricycle 등이 필리핀의 대중교통 수단이다. 어학연수 학생들은 대부분 택시를 많이 이용하지만 항상 다니는 곳이나 가까운 거리를 갈 때는 지프니나 트라이시클도 이용한다.

지프니

지프니는 미군이 남긴 지프차나 트럭을 개조해 만든 필리핀의 멋진 대중교통 수단 중 하나로, 요란하게 장식하고 색칠해서 새롭게 디자인한 미니버스다.

★ 지프니에서 소매치기를 주의하라
우리는 대수롭지 않게 여길 수 있는 금 목걸이가 필리핀 하류층 사람들의 2~3달치 월급과 맞먹는다. 그러다 보니 이런 액세서리를 한 사람들은 밤길을 혼자 다닐 때나 지프니처럼 많은 사람이 좁은 공간에 모여 있는 곳에서 항상 주의해야 한다. 필리핀 사람들도 밤에는 팔찌나 목걸이를 잘 하고 다니지 않는다. 지프니를 탈 때는 특히 가방에 넣은 지갑과 뒷주머니에 넣은 지갑을 주의한다. 그리고 될 수 있으면 지갑을 가지고 다니지 말고 돈을 분산시켜 앞주머니에 넣고 다니자.

지프니의 앞, 옆을 보면 목적지가 쓰여 있고, 정류장은 따로 없으며 지프니가 지나갈 때 손을 들면 어디서든 태워준다. 내릴 때는 지프니 지붕을 치거나 Stop스톱 또는 Para빠라(정지)라고 외친다. 요금은 7~8페소 정도 하는데 지프니 기사 근처에 앉으면 기사에

게 직접 지불하고 멀리 떨어져 앉았을 땐 안쪽에 앉은 사람에게 bayad ko 바얏코(요금입니다)라며 돈을 줘서 지프니 기사에게 전달한다. 50페소 미만의 돈을 주면 잔돈도 서로 전달해주는 방식으로 거슬러 받을 수 있다. 노선 거리가 우리나라 마을버스 노선처럼 짧아 장거리보다 단거리를 이동할 때 주로 이용한다. 출퇴근 시간인 러시아워 때나 소나기가 갑작스레 내린 직후에는 차 뒤편이나 지붕에 가까스로 매달려 가는 사람들을 종종 볼 수 있다.

Does this jeepney go to Hilton Hotel?
이 지프니, 힐튼 호텔로 가나요?

Pumupunta ba ang jeep na 'to sa Hilton Hotel?
뿌무뿐따 바 앙 집 나 또 싸 힐튼 호텔?

How much is the fare to Hilton Hotel?
힐튼 호텔까지 얼마에요?

Magkano ang pamasahe papuntang Hilton Hotel?
막까노 앙 빠마싸헤 빠뿐땅 힐튼 호텔?

Please let me know when you arrive at Quezon City.
퀘존 시티에 도착하면 알려주세요.

Ipaalam mo sakin pag nakarating ka na sa Lungsod ng Quezon.
이빠아람 모 싸킨 빡 나까라팅 까 나 싸 룽소드 낭 퀘존.

I'll get off here.
여기서 내리겠어요.

Bababa ako dito.
바바바 아꼬 디또.

Do I have to transfer?
갈아타야 합니까?

Kailangan ko bang lumipat?
까일라앙 꼬 방 루미팟?

한번은 근처에 사는 친구 집에 가려고 기숙사 앞에 서 있는 지프니를 탄 적이 있었다. 빈 차였는데 내가 갈 곳을 말하니 그곳에 간다고 타라고 했다. 내릴 때가 되자 지프니 기사가 300페소를 달라고 말했다. 평소에 지프니를 타면 10페소 정도 나왔었기 때문에 너무 놀라 '왜 300페소를 달라고 하는 거냐' 라고 물으니 오면서 다른 사람도 안 태웠고 내가 가자고 한 곳까지 바로 왔으니 300페소를 내야 한다고 성질을 내는 것이다. 어처구니 없기는 했지만 외국인이라는 약자의 입장인지라 300페소를 줄 수밖에 없었다.

트라이시클

트라이시클은 바퀴가 세 개 달린 오토바이 또는 자전거다. 오토바이 옆에 사람이 탈 수 있도록 사이드카를 장착시키고 배기가스를 내뿜으며 요란하게 달리는데 엔진소리가 워낙 커서 멀리서도 지나가는 소리를 들을 수 있다.

★ 트라이시클을 이용할 때 주의사항
- 마닐라나 세부의 특정 지역 또는 부촌 지역의 경우, 트라이시클이 운행할 수 없는 지역들이 있다. 이 지역에 갈 때는 택시를 이용한다.
- 늦은 시간에 여자 혼자 타면 간혹 다른 곳으로 갈 수 있으니, 늦은 시간에는 항상 일행과 함께 다닌다.
- 운전자 이외에 이미 다른 사람이 타고 있는 트라이시클은 피하자. 중간에 강도로 돌변할 수 있다.
- 타기 전에 운전자에게 갈 곳을 먼저 말하고 요금을 확인한다.

가까운 거리만 운행하고 주소를 알면 목적지까지 태워주는데, 타기 전에 반드시 목적지까지 요금이 얼마인지 정확하게 물어봐야 한다. 여러 사람이 탈 때는 3~5페소 정도로 저렴하지만 다른 사람이 탈 때까지 기다려야 하고, 모르는 사람과 함께 타면 소매치기를 당하거나 밤에는 강도로 돌변할 수 있기 때문에 한국 사람들은 대부분 스페셜로 혼자나 아는 일행하고만 탄다. 스페셜 요금은 보통 기본 요금이 50페소 정도인데, 관광지에서 관광객을 상대할 때는 주로 100~150페소를 받는다.

만약 트라이시클을 타고 시내를 둘러보고 싶으면 1시간에 100페소 정도 주고 트라이시클을 대여할 수 있다. 시내를 돌아다니기 전에 먼저 트라이시클 운전자와 가격을 흥정해놓는 것이 중요하며 목적지에 도착하면 Stop!이라고 외치고 차비를 준다.

para
빠라(정지)

운전자	Where do you want to go? 어디까지 가십니까?	
용석	How much is the fare to Uptown? 업 타운까지 얼마인가요?	
운전자	150 pesos. 150페소입니다.	
용석	What? No, kidding. I live here. 20 pesos. 장난해요? 나 여기 사는 사람이에요. 20페소에 갑시다.	
운전자	Oh yeah? Okay. 그래요? 그럼 그렇게 하죠.	

Are there any interesting places around the town?
시내 주변에 가볼 만한 곳이 있나요?

Could you tell me some interesting places in this town?
시내에 가볼 만한 곳을 알려주세요.

How long does it take to get there and back?
그곳까지 왕복하는 데 시간이 얼마나 걸리나요?

How much money do I pay if I want a city tour?
한 시간 동안 시티투어 하는 데 얼마에요?

★ 필리핀 택시 기본 요금은 40페소로 250m마다 3.5페소가 추가된다.

택시

유학생들이나 교민들이 가장 많이 이용하는 교통수단은 택시다. 택시 타는 요령을 정확하게 알고 있으면 바가지요금을 지불하는 등의 불이익을 당하지 않을 수 있다.

택시를 탈 때는 우리나라에서처럼 지나가는 택시를 향해 손을 흔들어 세우고, 목적지는 영어나 따갈로그어로 말하면 된다.

★ 'SM 쇼핑몰'로 갈 경우 '싸 SM 쇼핑몰 따요' 라고 말한다. '싸'는 '~로', '따요'는 '가자'라는 뜻.

Where is the taxi stand?   Saan ang hintayan ng taksi?
택시 타는 곳이 어디인가요?   싸안 앙 힌따얀 낭 딱시?

합승을 하는 경우는 거의 없지만 미터기를 켜지 않고 달리는 경우는 많다. 택시를 탔는데 미터기를 켜지 않았다면 Meter, please~! 혹은 Metro lang po미터 뽀!(미터로 갑시다!)라고 말한다. 많은 기사들이 미터기가 고장 났다고 하거나 알아듣기 힘든 영어와 따갈로어를 섞어 대답하는데 이럴 때는 요금을 흥정해보고 마음에 들지 않으면 Stop 혹은 Para라고 말하고 그 자리에서 내린다.

★ 열린 창문이나 택시 문을 열고 가방 날치기…!

택시를 탄 상태에서 간혹 신호 대기에 걸려 있을 때 누군가 갑작스럽게 택시 문을 열고 또는 열린 창문으로 물건을 가져가기도 한다. 옆에 서 있던 오토바이 운전자가 창문으로 손을 넣어 가방을 뺏어 가는 경우도 있고 거지들이 달려들어 구걸을 할 때도 있다. 만약 에어컨이 작동되지 않는 차를 탔을 경우에는 자기가 앉은 좌석 반대편 창문을 열어두는 것이 좋다.

★HOW'S MY DRIVING과 전화번호

필리핀의 대중 교통수단인 택시나 지프니 뒤쪽에 쓰여 있는 HOW'S MY DRIVING(제 운전 어떻습니까?)은, 고객 만족 마케팅의 하나로 난폭운전, 불친절 등을 신고할 수 있는 '고객 소리함' 정도로 이해하면 된다. 옆에 있는 전화번호는 운전사가 아닌 차주인 전화번호이다.

기사	Where can I take you?	
	어디까지 가십니까?	
용석	Please take me to this address. And meter please.	
	이 주소로 가주세요. 그리고 미터기를 켜주세요.	
기사	Yes, Sure.	
	예, 그러지요.	
용석	Please, drop me off at the corner.	
	저 코너에서 내려주세요.	
기사	Here we are.	
	다 왔습니다.	
용석	Here you go.	
	여기 돈 받으세요.	
기사	I have no change.	
	잔돈이 없습니다.	
용석	Keep the change.	
	잔돈은 가지세요.	
기사	Thank you.	
	고마워요.	

sukli ko! 잔돈 줘!

★잔돈이 없어요~

바가지요금을 씌우는 경우의 90%는 잔돈을 잘 돌려주지 않는 것이다. 다시 말해 요금이 50페소가 나왔는데 100페소짜리 지폐를 주면 잔돈이 없다고 잘 돌려주지 않는 것이 일반적이라는 이야기. 택시를 탈 때는 꼭 1페소, 5페소 동전과 10페소, 20페소, 50페소 지폐를 미리 준비하도록 하자.

기본 요금은 40페소고, 거리+시간으로 요금이 계산되는데 시간으로는 금액이 많이 올라가지 않기 때문에 교통체증이 심한 지역은 기사들이 잘 가지 않으려고 한다. 이럴 때는 *Dalawampung pisong dagdag sa metro.* 달라와뿡 피송 다그닥 사 메트로 (미터요금에서 20페소 더 줄게요)라고 말하면 별 문제없이 갈 수 있다.

★마닐라의 경우는 2분에 2.5페소 정도씩 요금이 올라간다고 생각하면 된다.

목적지에 도착해서 요금을 계산할 때 택시 기사가 잔돈이 없다고 안 주려고 하면 *Sukli ko!* 쑥리 꼬!(잔돈 줘!)라고 한번 말해보자. 필리핀을 잘 아는 사람인가 보다 하고 조금은 돌려줄지 모르겠다.

택시 안

Stop here, please. / Paki hinto rito.	여기 세워주세요. / 빠끼 힌또 리또.
How much does it cost to the airport? / Magkano hanggang airport?	공항까지 얼마나 나옵니까? / 막까노 한강 에어폴트?
How long does it take to get there? / Gaano katagal papunta dun?	거기까지 얼마나 걸리나요? / 가아노 까따갈 바뿐따 돈?
Could you turn on the air-conditioning? / Pwede mo bang buksan ang aircon?	에어컨을 켜주시겠습니까? / 뿌웨데 모 방 북산 앙 에어컨.
The fare is different from the meter. / Magkaiba ang pamasahe sa metro.	요금이 미터기와 다르네요. / 마까이바 앙 빠바사헤 싸 메트로.
Please call me a taxi. / Pakitawag ng taksi para sa akin.	택시를 불러주세요. / 빠끼따왁 낭 딱시 빠라 싸 아낀.

하지만 가장 좋은 방법은 택시를 타기 전에 미리 잔돈을 준비하고, 택시 기사가 잔돈을 돌려주지 않으려고 할 때도 무리하게 받으려고 하지 않는 것이다. 어떤 상황이 벌어질지 알 수 없기 때문이다. 타지에서는 뭐니뭐니해도 안전이 최고! 부당하다고 느끼는 경우에도 참을 줄 알아야 한다.

★ 택시 강도

연말이나 연초, 특별 행사가 있는 시기에 종종 나타나는 택시 강도를 주의해야 한다. 택시 차량 번호판이 없거나 너무 오래 돼서 낡은 택시는 문제 있는 차량일 수 있으니 피하는 것이 좋다. 택시를 타고 가는데 여러 가지 이유를 대며 외진 길로 가거나 평소 다니지 않는 길로 가는 경우, 운전 중에 계속해서 문자메시지를 보내는 경우에도 문제가 있는 택시일 가능성이 많다. 또 지나치게 과장된 친절을 보이는 기사도 조심해야 한다.

★ 택시가 갑자기 주유소로~!!

택시를 타고 가다보면, 택시 기사가 갑자기 기름을 넣기 위해 주유소로 가는 경우가 많다. 아무런 말도 없이 어찌나 자연스럽게 주유소를 향하는지…. 택시 요금은 계속 올라가겠지만, 어쩔 수 없다. 탈 때, 주유판을 보고 기름이 빵빵한 넘으로다가 골라 타는 수밖에…. ^^ 이런 황당 시추에이션은 택시뿐 아니라 지프니를 탔을 때도 자주 있는 일이라 마음 편하게 받아들이는 것이 좋다.

버스

짧은 거리를 이동할 때는 대부분 지프니나 트라이시클, 택시 등을 이용하고, 보통 2시간 이상 장거리를 갈 때는 버스를 이용한다. 버스는 서민들의 대중교통 수단으로, 요금이 상당히 저렴하지만 우리나라 사람들은 자주 이용하지 않는다. 버스를 타고 이동할 만한 곳으로 여행을 갈 때는 친구들과 돈을 모아 기사 딸린 밴을 빌려 편하게 여행하는 편이다.

★ 장거리 버스 여행 중 잠을 자거나 휴게실에서 잠깐 자리를 비울 때, 좀도둑들이 물건을 훔쳐 가는 경우가 종종 있으니 자기 물건은 항상 자기가 잘 보관할 것.

★ 지방에서 버스를 탈 때는, 버스 안에 먼지가 많아 목이 아플 수 있으니 사탕을 준비하거나 마스크를 준비하도록 하자.

버스는 에어컨이 나오는 에어컨 익스프레스 버스와 일반 버스로 나눌 수 있는데 에어컨 버스는 창문이 모두 닫혀 있고 버스 앞에 Air Conditioned이라고 쓰여 있다. 에어컨 익스프레스 버스는 비교적 승차감이 좋고 시설이 잘 되어 있으며 장거리를 이동할 때 DVD를 보여주기도 한다. 에어컨도 추울 정도로 잘 틀어주기 때문에 에어컨 버스를 타고 장거리를 이동할 때는 긴팔 티를 하나 준비하는 것이 좋다.

일반 버스는 필리핀 서민들의 대중적인 교통수단으로, 버스비가 에어컨 버스에 비해 절반 이하로 저렴하고 버스들이 대부분 오래되어 에어컨이 없고 의자가 불편하며 창문이 없는 버스도 많다. 간혹 의자가 절반밖에 없는 경우도 있다. 정차하는 역이 정해져 있지만 손님이 원하면 아무 곳에서나 서고 정거장에서 손님을 기다린답시고 10분 이상 서 있기도 한다.

★ 마닐라 주요 버스 회사
- JAM 트랜스포트
  02-831-8264
- Philtranco
  02-851-8078
- Victory Liner
  02-833-5019
- Philippine Rabbit
  02-735-9836
- Five Star
  02-833-4772

한번은 버스비도 저렴하고 좋은 경험도 되겠다 싶어 일반 버스를 타봤다. 여기저기 빙빙 돌다가 정거장이 나오면 한참씩 서서 손님을 기다렸다가 출발하고 그러기를 거듭하더니 결국 택시로 30분 걸릴 거리를 1시간 30분이 걸려 도착했다. 딱딱한 의자며 풀풀 날리는 먼지며, 경험도 좋지만 몸이 너무 고생이었다. 그때부터 나는 장거리 이동이 아닌 경우에는 절대 버스를 타지 않았다.

★ 버스비는 2km에 1페소 정도다. 버스 평균 속도기 50km/h 정도이기 때문에 200km 정도 되는 거리를 갈 때는 약 100페소에 4시간 정도 걸린다고 보면 된다. 에어컨 버스는 20% 정도 더 비싸다.

장거리 버스표를 예약할 땐 터미널에 가서 직접 예약하도록 한다. 행선지와 원하는 날짜, 시간, 인원수 등을 말하고 요금을 지불하면 예약표를 받을 수 있다. 예약 시스템이 전산화되어 있지 않기 때문에 예약표를 받으면 날짜와 시간(에어컨 유무, 익스프레스인지 여부) 등이 정확하게 기재되어 있는지 확인해야 한다.

용석   Where can I buy a ticket for an air-conditioned bus?
어디서 에어컨 버스를 탈 수 있는 표를 사나요?

직원	Where are you going?	
	어디로 가시는데요?	
용석	I'm going to Baguio now. Is there a bus I can take immediately?	
	지금 바기오에 가려고 합니다. 바로 탈 수 있는 버스가 있나요?	
직원	No, you can take the bus 1 hour later.	
	아뇨, 한 시간 후에 탈 수 있는 버스가 있어요.	
용석	Okay, I'll take the next bus. Can I get a bus ticket on the bus?	
	네. 그럼 다음 버스를 타겠습니다. 버스 안에서 표를 살 수 있나요?	
직원	No, You have to buy your ticket here.	
	아뇨, 여기서 사야 합니다.	

★ 지방 도시에는 버스 터미널이 하나가 아니라 버스 회사나 행선지에 따라 2~3곳으로 나누어져 있고 작은 시골 마을들에는 터미널이 없는 경우가 많다.

특별히 성수기가 아니라면 미리 예약할 것 없이 곧바로 버스 터미널로 가서 목적지를 확인하고 버스를 타면 된다. 그러면 차장이(버스 기사 이외 다른 직원) 와서 목적지를 물어보고 요금을 받는다. 이때 요금 지불 쿠폰을 받는데, 이 쿠폰은 행선지로 가는 동안 여러 번 체크하므로 절대 잃어버리지 않도록 해야 한다. 만약 작은 도시에서 내릴 때는 미리 차장 또는 운전기사에게 Please tell me when we get there.(도착하면 알려주세요)라고 부탁해두는 것이 좋다.

장거리 버스는 휴식을 위해 2~3시간마다 터미널에 정차하며 식사 시간에는 30분 정도 정차한다. 그 외에는 보통 15분 동안 정차하는데 시간이 지나면 아무 말 없이 출발하기 때문에 쉬는 동안 출발 시간을 항상 체크해야 한다. 차를 타기 전에는 앞 유리창에 있는 목적지를 보고 자기가 타고 온 버스가 맞는지 반드시 확인하도록 한다.

How long does this bus stop here?	Gaano katagal hihinto ang bus dito?
여기서 얼마나 정차하나요?	가아노 까따갈 히힌또 앙 부스 디또?
How often does the bus leave?	Gaano kadalas ang labas ng bus?
버스는 얼마나 자주 운행하죠?	가아노 까달라스 앙 라바스 낭 부스?
Is there any bus that goes there directly?	May bus bang dederetso dun?
거기로 가는 직행 버스가 있나요?	마이 부스 방 데데레쳐 돈?

5. 일상생활

01 영화관 이용하기

어학연수생들은 주말이 되면 학교 근처 쇼핑센터에 있는 영화관을 많이 찾는데, 한 영화관에서 보통 두세 편의 영화가 상영되며 대부분이 할리우드 영화다. 지정 좌석이 없는 곳이 많아 일찍 영화관에 가면 같은 영화를 여러 번 볼 수 있다. 필리핀에서 개봉되는 할리우드 영화는 대부분 미국과 같은 시기에 개봉하기 때문에 우리나라보다 몇 개월 먼저 볼 수 있다.

영화표 구입

영화표 가격은 극장이 위치한 지역과 영화관 수준, 영화의 종류에 따라 다르게 책정된다. 마닐라나 마카티 지역의 영화표 가격은 200페소 정도지만 다른 지역이나 소도시에서는 이 금액보다 더 저렴하게 영화를 볼 수 있다.

보통 특별히 예약하지 않아도 시간에 맞게 영화관에 가면 영화를 볼 수 있지만 인기가 많은 영화들은 일찍 매진될 수 있으니 예약을 하고 가는 것이 좋다.

당일 상영 횟수를 늘리기 위해 러닝타임을 줄여 상영하는 영화들이 있다. 만약 상영 시간을 줄이지 않은 제대로 된 영화를 보고 싶다면, 매표소의 횟수 시간표에 Last Main 또는 Last Full Showing이라고 써진 것을 찾아본다.

Where's the ticket office?
매표소는 어디죠?

용석	Can I see the 6 pm Harry Potter?	
	해리포터 6시 표가 있나요?	
매표소 직원	We have no more tickets available for 6 o'clock.	
	6시 표는 더 이상 없습니다.	
용석	What about the next one?	
	다음 시간대는 어떤가요?	
매표소 직원	Yes, it's okay. How many?	
	예. 가능합니다. 몇 명이시죠?	
용석	Two, please.	
	2명입니다.	
매표소 직원	Okay and what kind of seats do you like?	
	네. 어떤 자리를 원하십니까?	
용석	The loge seats, please. How much is it per person?	
	특별석으로 주세요. 한 사람당 얼마인가요?	
매표소 직원	120 pesos, please.	
	120페소입니다.	
용석	For a reserved seat?	
	지정석인가요?	
매표소 직원	No, sir.	
	그렇지 않습니다.	
용석	Okay, Thanks.	
	알겠습니다. 감사합니다.	

Where's the ticket office?

Can you go to see a movie this weekend with me?
이번 주말에 나랑 같이 영화 보러 갈 수 있어?

Where can I get the timetable for movies here?
영화 시간표를 어디서 구할 수 있죠?

How can I reserve the tickets?
표를 어떻게 예약하죠?

What's on tonight?
오늘 밤에는 무엇이 상영되나요?

What is the most popular (movie) these days?
요즘 뭐가 가장 인기 있어요?

What's the name of the cinema?
영화관 이름이 뭐죠?

What time does it finish?
몇 시에 끝나요?

How long does it run?
상영 시간은 어느 정도인가요?

Can I still buy tickets?
아직 표를 살 수 있어요?

What time does the movie start this evening?
그 영화는 오늘 저녁 몇 시에 시작하나요?

Two tickets for Harry Potter, please?
해리포터 영화 티켓 2장이요.

I'd like two seats next to each other.
같이 붙어 있는 좌석으로 두 장 주세요.

Do you have reserved seats?
예약해둔 좌석이 있나요?

Which seats are better?
어느 쪽 좌석이 좋죠?

Do you have seats somewhere in the middle?
가운데 좌석이 있나요?

They're all sold out.
매진입니다.

영화티켓

영화 관람

영화관에서 영화를 볼 때 주의해야 할 사항이 두 가지 있다. 첫째는 영화관 안으로 들어갈 때 가벼운 짐 검사가 있을 수 있으니 당황하지 말 것. 두 번째는 영화를 보는 내내 사람들이 들락날락 거릴 테니 너무 신경 쓰지 말 것. 필리핀 영화관은 우리나라처럼 조용하게 영화를 관람할 수 있는 분위기가 아니다. 같은 영화를 여러 번 볼 수 있기 때문에 영화를 보는 동안 밖에 나갔다 들어오는 사람들이 많다. 또 영화관 안의 어두움을 틈 타 강도가 손님을 위협하는 등의 불상사를 대비하고 젊은 커플들의 지나친 애정 행각을 단속하기 위해 영화가 상영되는 동안 영화관 직원이 작은 손전등을 들고 영화관을 이리 저리 살핀다. 웬만한 사람이 아니고서는 영화에 집중하기 어렵다. 집중력을 기르려면, 영화관으로 가자~

★ 백화점 내 영화관 스낵바에 좌석 위치를 알려주면 음식을 배달해주기도 한다.

★ 필리핀은 더운 나라이지만 중상류층 사람들은 보통 긴팔 옷을 많이 입고 다닌다. 필리핀 사람들은 하얀 피부를 선호해서 살을 태우는 걸 싫어하고 중상류층 사람들이 다니는 곳은 어디나 에어컨이 잘 가동되기 때문이다. 영화관에도 춥다고 느낄 정도로 에어컨을 빵빵하게 틀어놓기 때문에 영화를 보러 갈 때는 꼭 긴팔 티셔츠를 챙겨 가도록 하자.

직원	May I see your ticket, please? 표 좀 보여주시겠어요?
용석	Yes, here you are. 예, 여기 있어요.
직원	Please take your assigned seat only. 지정석에만 앉으세요.
용석	Could you help me find my seat? 저희 자리 좀 찾아주시겠어요?
직원	Sure. Follow me. 네, 저를 따라오세요.

Is this seat taken?
여기 자리 있나요?

We'd like to sit together.
같이 앉고 싶은데요.

Could you change my seat?
자리 좀 바꿔주실 수 있나요?

now showing 현재 상영작 coming soon(next attraction) 다음 개봉작
reserved seat 지정석 non-reserved seat 자유석 screening hour 상영 시간
admission fee(admission price) 입장료 first show 첫 상영 시간 last show 마지막 상영 시간 PG 13(Parental Guidance 13) 부모지도 하에 13살 이상 관람가
adult only 미성년자 관람불가

02 쇼핑하기

필리핀은 쇼핑을 즐기는 사람들에게 천국과 같은 곳이다. 소박한 길거리 상점부터 고급스러운 백화점, 쇼핑센터에 이르기까지 취향에 맞는, 다양한 쇼핑이 가능하다.
만약 여러 종류의 상점을 한 번에 두루 보고 싶다면 현지에서 유명한 대형 쇼핑센터를 찾아간다. 에어컨도 빵빵하게 잘 나오고 필리핀 사람들 중에서도 중산층 이상 부유층들이 많이 간다. 좀 더 필리핀 사람들의 실질적인 삶을 엿보고 싶다면 재래시장을 방문해보자.

재래시장

쇼핑센터

쇼핑센터의 종류

필리핀 쇼핑센터는 백화점과 대형할인 마트를 결합한 형태로, 의류 코너, 생활용품 코너, 다국적 스타일의 고급 & 중급 레스토랑, 영화관, 당구장, 볼링장, 오락실, 우체국, 미용실 등 다양한 문화시설을 갖춘 복합문화공간이다. 아이스링크가 있는 쇼핑센터도 있고, 공연을 할 수 있는 무대 시설이 있어 무료로 무술대회나 노래자랑 같은 공연을 하기도 있다. 주말이 되면 가족들과 어학연수생들이 여가를 즐기기 위해 쇼핑센터를 많이 찾는데 특히 더운 날에는 시원한 매장에서 데이트를 즐기는 젊은 남녀를 쉽게 볼 수 있다.

대표적인 쇼핑센터로는 SM, Ayala, Robinsons 등이 있고, 영업시간은 지역 및 쇼핑센터에 따라 차이가 있지만 대부분 오전 10시부터 저녁 8시 정도까지다. (큰 쇼핑센터일수록 영업시간이 길다.)

〉〉 대표적인 쇼핑센터

★ SM Mall of Asia
아시아 최대 규모의 쇼핑센터. 전 세계 유명 브랜드가 입점해 있고, 푸드 코트와 아이스링크, 필리핀 최초의 아이맥스 영화관이 있다.
www.smmallofasia.com

★ Ayala Malls
SM 쇼핑센터 다음으로 많은 지점을 가지고 있으며 필리핀에서 가장 고급스런 쇼핑센터 중 하나다.
www.ayalamalls.com.ph

★ Robinsons Malls
SM 쇼핑센터와 비슷한 분위기지만 한 단계 업그레이드된 브랜드들이 입점해 있다. 젊은 층을 겨냥한 유니크한 캐주얼 브랜드들이 많다. Guess나 Levis 같은 청바지 제품을 한국보다 30~40%까지 저렴하게 구입할 수 있다.
www.robinsonsmalls.com

★ Lazada
인터넷으로 생필품과 장난감, 가전제품, 옷 등 다양한 제품을 구입할 수 있다.
www.lazada.com.ph

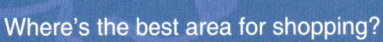

Where's the best area for shopping?
쇼핑을 하려면 어느 지역이 좋죠?

Is there a shopping mall near here?
이 근처에 쇼핑센터가 있나요?

Where can I buy an electric fan?
선풍기는 어디서 살 수 있나요?

What are your business hours?
영업시간이 어떻게 됩니까?

We are open from 9:00 am to 9:00 pm.
영업시간은 아침 9시부터 저녁 9시까지입니다.

Who's having a sale?
세일을 어디서 하고 있나요?

Is there a discount shop around here?
이 주변에 할인점이 있나요?

★ 쇼핑센터 쪽에서는 쇼핑하러 오는 손님들을 대상으로 혹여나 총기나 무기를 소지하고 있지 않은지 소지품을 검사한다.

★ 상점

shopping mall 쇼핑센터
department store 백화점
discount shop 할인점
toy store 장난감점
jewelery store 보석점
drug store 약국
shoe shop 제화점
grocery store 슈퍼마켓
flower shop 꽃집
camera shop 카메라점
gift shop 선물점
souvenir shop 기념품점
furniture store 가구점
stationary store 문구점
liquor store 주류점
women's clothing store
숙녀복점
men's clothing store
남성복점
bookstore 서점
optician 안경점
beauty shop 미용실
restaurant 식당
bowling alley 볼링장
postoffice 우체국
electronics store
전자제품점

쇼핑

유명 브랜드를 좋아하는 학생들은 주로 의류 매장을 다니는데, 국내에서도 많이 알려진 NIX나 Nike, Levis, Kswiss, North Face 등뿐만 아니라 아직 우리나라에 들어오지 않은 유럽이나 미국 브랜드도 비교적 저렴하게 구입할 수 있다.

쇼핑센터를 믿고 확인 없이 그냥 구입하면 이미테이션 상품을 사게 될 수도 있다. 어떻게 우리나라 백화점 같은 쇼핑센터에서 이미테이션을 팔 수 있을까 생각할지 모르겠지만 필리핀에서는 이미 공공연하게 인정되는 분위기다. 재미있는 사실은 구입하기 전에 직원들에게 이미테이션인지 아닌지를 물어보면 대부분 솔직하게 말해준다는 것. 그리고 상품에 정가가 붙어 있더라도 흥정하면 더 싸게 구입할 수 있다.

직원	Hi, can I help you, sir?
	안녕하세요. 무엇을 도와드릴까요?
용석	Hi, can I see some jeans?
	안녕하세요. 청바지는 어디에 있나요?
직원	Just right here, sir.
	바로 이쪽에 있습니다.
용석	Oh, okay, thanks. How much is this pair of jeans?
	알겠습니다. 감사합니다. 이 청바지는 얼마인가요?
직원	It's 3,500 pesos, sir.
	3,500페소입니다.
용석	It's too expensive. Discount, please. I will buy if you discount.
	너무 비싼 것 같아요. 깎아주세요. 깎아주시면 살게요.
직원	This is 20% off price, sir.
	이미 20% 할인된 금액입니다.
용석	Oh, yeah? Umm, okay. It's not an imitation one, is it?
	이, 그래요? 음, 알겠습니다. 이거 이미테이션 상품은 아니죠?
직원	No, that's the real one. No problem.
	아닙니다. 정품입니다. 걱정마세요.
용석	Okay, I'll take it.
	알겠습니다. 이거 주세요.

I'm just looking here. Thanks.
그냥 구경하고 있는 거예요. 감사합니다.

On which floor will I find women's wear?
여성복 매장은 몇 층입니까?

Where can I buy some cosmetics?
화장품은 어디서 살 수 있죠?

I'm looking for some skirt.
스커트를 찾고 있습니다.

Can you show me another one?
다른 것을 좀 보여주시겠어요?

I'll think about it.
생각 좀 해보겠습니다.

I'll come back later.
다시 오겠습니다.

Everything is 30% off.
전부 30% 할인합니다.

tie 넥타이 sweatshirt 운동복 shoes 구두 shirt 와이셔츠
T-shirt T-셔츠 gloves 장갑 pants 바지 sweater 스웨터 accessory 액세서리
skirt 스커트 blouse 블라우스 wallet 지갑 dress 원피스
handbag/purse 핸드백 handkerchief 손수건

★ 일반적으로 생각하듯 필리핀의 물가가 그리 저렴하지만은 않다. 공산품은 우리나라보다 더 비싼 제품도 있다. 필리핀에서 품질이 좋은 제품을 사려다 보면 대부분 수입품이어서 돈을 많이 쓰게 된다. 필리핀 제품도 품질은 떨어지지만 일단 가격이 싸고 그런대로 쓸 만하다.

공 산 품

품 명	페 소	품 명	페 소
정품 영화 DVD	260페소	리바이스 501	4,230페소
해리포터 책	570페소	나이키 신발	3,900페소
자전거	2,600페소	3날 면도기	260페소
선풍기 중소형	780페소	화장지 8개	245페소
수입 비누 1개	39페소	휴대용 화장지	13페소
생리대 8개	26페소	치약 100ml	70페소
말보루 담배 1갑	36페소	던힐 담배 1갑	70페소
노키아 휴대폰	3,900페소	샴푸 400ml	200페소
잡지	160페소	한국 담배	78페소

2013년 기준

유학생들이 쇼핑할 때 가장 많이 사는 것 중 하나가 옷과 신발인데, 옷이나 신발을 살 때는 자신에게 맞는 사이즈인지 입거나 신어봐야 하며 똑같은 브랜드라도 여러 숍을 돌아보고 구입하는 것이 좋다.

사이즈는 생산국에 따라 표기법이 다른데, 필리핀의 경우 미국의 지배를 오래 받아서 옷이나 신발 사이즈를 미국과 동일하게 사용하고 있다. 제일 작은 사이즈로 2XS가 있으며 보통 우리나라보다 한 치수 정도 작게 나온다.

옷

한국식	미국식	유럽식	허리둘레
44(85)	2(XS)	36	24
55(90)	4,6(S)	38~40	25~26
66(95)	8,10(M)	42~44	27~29
77(100)	12,14(L)	46~48	30~32
88(105)	16,18(XL)	50~52	34

신발

한국식	미국식	유럽식	필리핀
235	6.5	37	36
240	7	37.5	37
245	7.5	38	38
250	8	38.5	39
255	8.5	39	40
260	9	39.5	41
265	9.5	40	42
270	10	40.5	43
275	10.5	41	44

사이즈는 꼭 확인하세요.

★ 필리핀은 우리나라처럼 신발 사이즈를 표시할 때, mm를 사용하지 않는다. 물론 신어보면 내 사이즈를 알겠지만, 구매하기 전에 사이즈 비교표를 참고해보자.

직원	**What are you looking for, sir?**	
	어떤 것을 찾으시나요?	
용석	**Just looking for some shirts. Do you have any other designs?**	
	그냥 셔츠 좀 보고 있는데요. 다른 디자인도 있나요?	
직원	**Yes. What about this one?**	
	네. 이건 어떠세요?	
용석	**Oh, this one's nice. Do you have this in other colors?**	
	오, 괜찮네요. 다른 색도 있나요?	
직원	**Yep, three different colors here.**	
	네, 3가지 색상이 있습니다.	
용석	**Good. I like this one. Well, is this the only size you have?**	
	네. 저는 이게 마음에 드네요. 그런데 이 사이즈밖에 없나요?	
직원	**What size are you looking for?**	
	찾으시는 사이즈가 있나요?	
용석	**Actually I don't know exactly my size. May I try this on?**	
	사실 제 사이즈를 잘 모르는데, 입어봐도 될까요?	
직원	**Sure. Go ahead.**	
	물론이죠.	
용석	**Where's the fitting room, here?**	
	탈의실이 어디 있지요?	
직원	**Just right over there, sir.**	
	바로 저기에 있습니다.	
용석	**Okay, thanks.**	
	네. 감사합니다.	

★ 크리스마스 휴가 기간, 연초가 되면 쇼핑센터들이 빅 세일을 하기 때문에 저렴하게 물건을 구입할 수 있다.

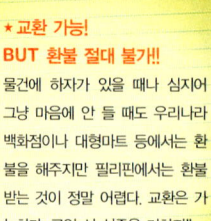

★ 교환 가능!
BUT 환불 절대 불가!!
물건에 하자가 있을 때나 심지어 그냥 마음에 안 들 때도 우리나라 백화점이나 대형마트 등에서는 환불을 해주지만 필리핀에서는 환불 받는 것이 정말 어렵다. 교환은 가능하다. 구입 시 신중을 기하자!!

★ 좌변기 뚜껑과 휴지가 없는 화장실이 많으니 외출할 때 반드시 휴지를 챙기도록 하자.

Can I try on some other clothes?
다른 옷을 입어봐도 될까요?

Is this real leather?
이것은 천연 가죽인가요?

Do you have a smaller one?
좀 더 작은 사이즈가 있습니까?

Can you take in the waist?
허리 부분을 줄여줄 수 있나요?

Will you shorten these pants?
바지 길이를 줄여주시겠어요?

It doesn't fit.
사이즈가 맞지 않아요.

I found a stain here.
여기 얼룩이 있어요.

I didn't notice it when I bought it.
샀을 때는 미처 알지 못했어요.

Would you like to exchange it?
다른 것과 교환하시겠어요?

Can I exchange it for another one?
다른 것과 교환해주시겠어요?

I haven't used it at all.
전혀 사용하지 않았어요.

I'd like a refund, please.
환불해주세요.

I'm looking for a popular local product here.
사실 이 지역에서 유명한 특산품을 찾고 있습니다.

Is this hand-made?
수제품인가요?

Yes. Why don't you try to pick out if you like it?
네. 맘에 드시면 골라보시겠어요?

특산품

휴대폰이나 선풍기 등 전자제품이나 가전제품을 살 때는 반드시 그 제품이 제대로 작동하는지 확인한 후 비용을 지불하는 것이 좋다. 선풍기 같은 경우, 그 자리에서 조립해 전기를 꽂아 작동을 시켜본 다음, 구매의사를 밝히면 가져갈 수 있도록 다시 포장해준다. 구입하기 전에 테스트하는 것, 잊지 말자.

물건을 구입하고 나면 영수증을 주는데, 영수증이 없으면 구입한 물건에 문제가 있더라도 교환이나 환불을 절대 해주지 않으니 영수증을 꼭 잘 챙겨둔다. 특히 전자제품의 경우, 보증수리 기간이 있더라도 영수증이 없으면 수리할 때 비싼 금액을 요구하거나 수리해주지 않는다.

★ 물건 구매 후, 영수증을 잘 챙기자!
물건을 사면 보통 계산원이 영수증을 쇼핑백에 붙여준다. 간혹 쇼핑센터를 나갈 때 경비원이 소지하고 있는 물품을 확인하기 때문이다. 그러니 가능하면 쇼핑백에 붙어 있는 영수증은 끝까지 잘 붙여두자. 어떤 사람이 영수증을 쓰레기통에 버렸는데, 결국 쓰레기통을 뒤져서 영수증을 찾은 후에야 쇼핑센터를 빠져나갈 수 있었다는 일화가 있다.

★ cash와 charge
큰 쇼핑센터의 계산대를 보면 cash와 charge라고 쓰여 있는 계산대를 볼 수 있다. 신용 카드credit card나 직불 카드debit card 계산을 하려면 charge라고 되어 있는 계산대에 줄을 선다. 우리나라에서 만들어 간 직불 카드로도 물건 값을 계산할 수 있다.

진주

인류의 가장 오래된 보석이라고 불리는 진주의 세계최대 생산지가 바로 이곳 필리핀이다. 우리나라에 비해 상대적으로 40~50% 저렴하게 구입할 수 있으며, 부모님께 선물해드리면 좋다. 진주의 품질은, 사실상 일반인들은 잘 구별해내기 어려워 바가지를 쓰기 쉽다. 진주의 빛깔에는 핑크, 화이트, 블랙, 실버, 크림, 그레이, 골드, 옐로우 등이 있으며 핑크색이 가장 고급으로 취급된다. 진주를 고를 때는 먼저 완전한 원형과 깨끗한 표면 광택을 가지고 있는지부터 확인하는데, 진주를 바라볼 때 자기 얼굴이 비칠 정도의 광택이면 합격. 진주는 일 년에 대략 0.3mm 정도 자라고 가장 인기 있는 진주 중 하나인 남양진주(보통 9~16,7mm 사이)는 남태평양의 큰 나비 조개에서 채취되는 큰 진주다. 진주를 구입할 때, 보통 업체에서 부르는 금액에서 40~50% 더 할인해달라고 해야 한다.

진주 크림과 코코넛 오일

진주 크림이나 코코넛 오일은 저렴하면서도 여자들이 좋아하는 선물 중 하나다. 우리나라에서는 진주 크림이나 코코넛 오일이 비싸지만 필리핀에서는 진주와 코코넛이 많기 때문에 우리나라의 절반도 안 되는 금액으로 살 수 있다. 진주는 기미, 주근깨, 검버섯, 잔주름을 제거하는 데 아주 효과가 좋아 세계적으로 유명하다고 하는 화장품에는 꼭 진주가 원료로 들어간다는 말이 있을 정도다. 코코넛 오일은 복용 시 면역력을 키워주고, 피부에 바르면 보습과 항균 효과가 있다. 아토피나 피부 건조증, 비듬, 무좀 등에 좋고 모기에 물렸을 때 바르면 빨리 가라앉는다. 단 코코넛 오일은 제품의 특성상 24도 이하로 온도가 떨어질 경우 하얗게 굳는데, 이때는 뜨거운 물에 잠시 넣어두었다가 사용하면 된다. 코코넛 오일의 성질 자체가 그런 것이기 때문에 굳었다 녹아도 성분엔 변화가 없다.

망고 잼

망고는 필리핀 특산품 중 하나다. 신선한 망고 잼을 10달러 정도면 살 수 있다. 우리나라에서는 망고가 비싼 과일이지만 필리핀에서는 일반적인 과일이다. 저렴하면서도 맛있어 선물로 좋다.

Present
귀국 선물

가오리 지갑

가오리 지갑은 가오리 한 마리를 그대로 덮어씌운 것처럼 통째로 만들어 쉽게 흠집이 생기지 않고 튼튼하다. 가짜가 많으니 주의하자. 진품이라도 비싸지 않게 살 수 있다.

꿀

필리핀은 꿀을 생성하기 좋은 환경으로 좋은 꿀들이 많다. 그 중 특별히 인정받는 꿀에는 석청꿀과 목청꿀이 있는데, 석청꿀은 민다나오 정글 속 기암절벽에서 채취한 꿀로 채취량이 매우 적은 편이다. 목청꿀은 일로코스locos 정글 속 고목나무에서 채취한 꿀로, 원시림에서 자생하는 꽃에서 얻어지는 꿀과 고목나무에서 나오는 수액을 합성한 꿀이다. 진짜인지 아닌지 확인해보려면 물이 담긴 그릇에 꿀을 한 스푼 넣고 돌려본다. 벌집 모양으로 변하면 진짜 목청꿀.

주석 제품

필리핀산 주석은 색깔이 맑고 빛이 나서 말레이시아산보다 고가로 거래되며, 유럽 등 선진국으로 수출된다. 우리나라에서보다 저렴하게 구입할 수 있다. 필리핀산 주석으로 만든 용기는 일정 온도를 기억했다가 그 온도를 유지시켜주는 효과가 뛰어나다. 주석은 불순물 및 독성을 제거하는 효과도 있는데 꽃병의 물을 신선하고 깨끗한 상태로 유지시켜주기 때문에 꽃이 일반 꽃병에 비해 2배 이상 늦게 시들고 재떨이로 사용해도 냄새가 많이 나지 않는다.

전통술 람바녹

코코넛 꽃줄기를 자르면 tuba라는 액이 나오는데, 이 액을 정제해서 얻은 증류액이 람바녹이다. 약간 시큼하면서 달콤한 맛이라 훌쩍훌쩍 마시기 쉬운데 마시고 나면 은근히 술기운이 올라온다. 알코올 도수가 38도 정도. 술병은 코코넛 잎으로 짜서 만들기 때문에 웬만한 양주보다 더 값어치가 있어 보이고 종류는 1등급부터 8등급까지 있다. 20달러 정도면 1등급 한 병을 살 수 있어 싼 술이라고 생각할 수 있겠지만 필리핀에서는 외국 국빈들에게 내놓는 귀한 술이다. 선물을 줄 때 가격까지 알려주면 값어치가 떨어져 보일 수 있으니, 귀한 필리핀 전통술이라고 말하고 주면 좋을 것 같다.

03 우체국 이용하기

우편물 보내기

이메일이 일상이 되어버린 요즘, 우체국에서 편지를 보내는 건 옛날일이야 하고 생각할 수도 있겠지만 외국에 나가보면 가족이나 친구들에게 직접 손으로 편지를 써서 우표를 붙여 보내고 싶은 마음이 절로 든다. 뿐만 아니라 귀국할 때 우체국을 이용하면 필리핀에서 사용하던 물건들을 소포로 한국에 있는 집까지 보낼 수 있다.

★ 귀국하기 전에 필리핀을 여행할 계획이라면 여행에 필요한 짐을 제외한 나머지 짐은 우체국을 통해 소포로 우리나라로 보내고 간편한 몸과 마음으로 여행을 떠나자.

필리핀은 우체국 시스템이 잘 발달되어 있지는 않지만 일반적인 업무를 처리하는 데는 큰 불편함이 없다. 편지는 중량에 따라 요금이 결정되는데 보통 50g 이하의 보통 우편일 경우, 54페소 정도면 우리나라로 보낼 수 있고 1주일이면 우리나라에서도 받아볼 수 있다. 편지를 보낼 때는 받는 사람 주소를 한국어로 써도 되지만 한국으로 보내는 우편물이라는 것을 확인시켜주는 Korea는 꼭 영어로 써야 한다. 가능하면 주소를 모두 영어로 적도록 하자. 편지 봉투가 항공 봉투가 아니라 일반 편지 봉투일 때는 봉투 앞면에 Air Mail이라고 써서 항공 우편물임을 알려주어야 한다. 우표는 우체국이나 쇼핑센터 안에 Mail이라고 쓰여 있는 상점, 우체통이 있는 편의점에서 살 수 있다.

★ www.epost114.co.kr
주소지를 클릭하면 우편번호를 검색할 수 있고 주소지를 적으면 표준화된 영문 주소를 확인할 수 있다.

직원	How can I help you, sir?
	무엇을 도와드릴까요?
용석	Actually, I'd like to get some stamps for a postcard to Korea.
	한국으로 엽서를 보내고 싶은데, 필요한 우표 좀 주시겠어요?
직원	Only for this one?
	이것만 보내시는 건가요?
용석	Yes. And how much will it cost to send an express air mail?
	네, 맞아요. 그런데 빠른 항공 우편으로 보내면 얼마인가요?
직원	Well, let me see. 40 pesos.
	음, 잠시만요. 40페소입니다.
용석	Okay. Here you go.
	알겠습니다. 여기 있습니다.
직원	Thanks.
	감사합니다.
용석	Umm, do you know how long it takes to get to Korea?
	음. 한국에는 언제쯤 도착할까요?
직원	Normally, no more than 10 days, sir.
	일반적으로 10일 안에 도착합니다.
용석	Thank you very much. Have a good day.
	감사합니다. 좋은 하루 보내세요.

Where can I buy stamps?
우표는 어디서 살 수 있죠?

How much is the postage for this one?
이 우편 요금은 얼마입니까?

Can you send it express?
빠른 우편으로 부쳐주시겠어요?

By air mail, please.
항공 우편으로 부탁드립니다.

Where's the mailbox?
우체통은 어디에 있죠?

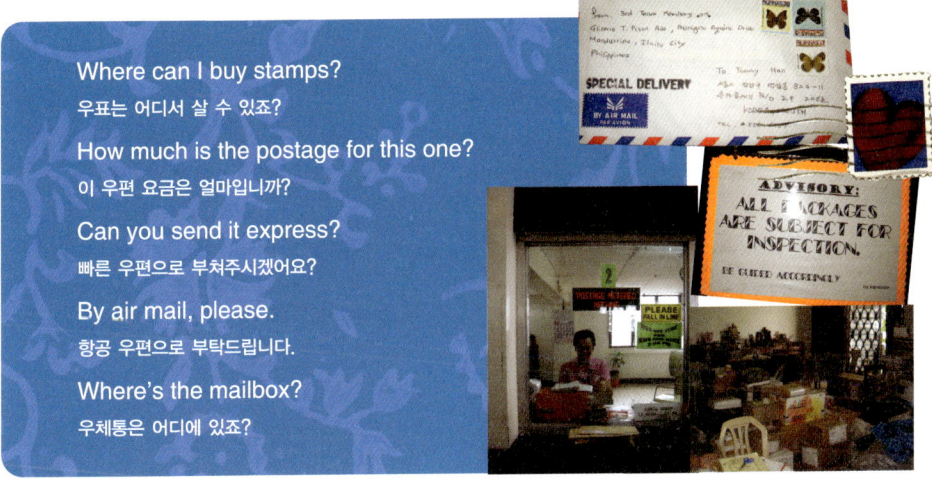

> ★ 필리핀 우체국 홈페이지 www.philpost.gov.ph에서 편지와 소포의 중량에 따른 요금을 확인할 수 있다.

우체국은 보통 오전 9시부터 오후 6시까지 문을 열고 어떤 우체국은 지역 공휴일에 문을 닫는다. 소포를 보낼 때는 우체국에서 물건을 검사하고 포장하기 때문에 미리 포장하지 않도록 한다. 우체국에서 소포 포장용 상자를 판매한다. 소포는 최대 한 번에 20kg까지 보낼 수 있는데 기본 3kg에 약 1,526페소 정도 한다. 1kg이 넘으면 1kg당 추가 비용이 약 230페소. 예를 들어 10kg을 보내면 3,136페소 정도 든다.

> ★ 물품에 따라 세관 통과가 될 수도 있고 안 될 수도 있기 때문에 소포를 보낼 때도 세관 신고서를 작성해야 한다.

용석	Excuse me. I'd like to send this one(parcel) to Korea.	
	실례합니다. 이걸(소포) 한국으로 보내고 싶어요.	
직원	Okay, can you fill out this customs declaration form first?	
	알겠습니다. 먼저 이 세관 신고서를 작성해주시겠어요?	
용석	Yes. I've done that. Here you go.	
	네. 다 작성했습니다. 여기 있습니다.	
직원	Okay, thanks. Did you pack up your stuff already?	
	좋습니다. 감사합니다. 물건은 이미 다 포장하셨나요?	
용석	No, I just put them in the box. You can see that.	
	아니요. 그냥 박스 안에 넣기만 했어요. 보시겠습니까?	
직원	It's alright. Please pack up. Anyway, what's inside?	
	아뇨, 괜찮습니다. 포장해주세요. 그런데 내용물은 뭔가요?	
용석	Just personal items.	
	그냥 개인용품입니다.	
직원	Is this fragile?	
	깨지기 쉬운 물건인가요?	
용석	No. You don't need to worry about it.	
	아뇨. 그건 걱정하지 않으셔도 됩니다.	
직원	Okay. Well, do you want to send it by airmail or surface mail?	
	알겠습니다. 항공 우편을 원하시나요, 아니면 배편으로 보내길 원하시나요?	
용석	By air mail, please.	
	항공 우편으로 부탁드립니다.	

We have to weigh it for you.
무게를 달아봐야겠습니다.

Let me check the package.
짐을 체크해보도록 하겠습니다.

It will take more than a month to go to Korea.
한국까지 한 달 이상 걸립니다.

Are there only books in this package?
모두 책인가요?

We have different rates for parcels, printed matter and books.
일반 소포, 인쇄물, 책에 대한 요금이 다 다릅니다.

Can I get some boxes for parcel?
소포용 상자가 있나요?

Would you like to insure your parcel?
소포에 대한 보험에 가입하시겠습니까?

The contents are fragile, so please mark it "Fragile".
깨지기 쉬운 물건이니 "Fragile"이라고 써주세요.

I'm afraid that it's too small to send.
짐이 너무 작아서 부치기 어렵겠는데요.

Excuse me. I'd like to send this one(parcel) to Korea.

★ EMS와 일반 국제 우편 요금은 우체국 홈페이지(www.koreapost.go.kr)에서 확인 가능하며, EMS 10kg 요금은 52,500원이다.

★ 소포를 찾을 때는 소포에 적혀 있는 영문 이름과 소포를 찾으러 온 사람의 신분증 영문 이름의 스펠링이 반드시 동일해야 한다. 한국에서 EMS나 일반 국제 우편을 보낼 때 꼭 여권에 표기된 영문 스펠링을 정확하게 적으라고 하자.

우편물 받기

우리나라에서 필리핀으로 물건을 보낼 때 우체국에서 제공하는 일반 국제 우편 서비스를 이용하면 보통 10일 안에 물건을 받아볼 수 있지만 EMS로 보내면 3~4일 안에 도착한다.

그 외에도 일반 국제 우편으로 보내면 우체국으로 소포를 찾으러 가야 하는 번거로움이 있는 반면 EMS는 필리핀 주소지까지 배달해준다. 단, EMS로 보내더라도 디지털 카메라나 CD 플레이어, 전자사전 같은 전자제품이나 로션, 스킨 같은 액체류는 주소지까지 배달되지 않고 우체국으로 직접 가지러 가야 한다. 소포를 찾으러 갈 때는 우편물 받는 사람의 신분증(학생증이나 여권), 우편물 배달 송장, 수수료 40페소(박스 하나당)를 가져간다.

★ **Express Mail Service(EMS)**
편지, 서류나 소포 등을 빠르고 안전하게 외국 주소지로 배달해주는 서비스. 일반 국제 우편보다 요금이 약간 비싸지만 빠르고 편하게 우편물을 받을 수 있다는 장점이 있다.

★ **일반 국제 우편**
우체국에서 제공하는 일반적인 국제 우편 서비스. EMS보다 10~15% 정도 저렴하지만 4~5일 정도 배달이 늦다. 거주지로 배달되지 않고 거주지에 속한 우체국으로 소포를 찾으러 가야 한다.

★ EMS 우편물 행방 조회
www.epost.go.kr 또는
www.koreapost.go.kr
(☎ 82-2-1588-1300)

필리핀에 갔을 때 전자수첩을 가지고 오지 않아 부모님께 보내달라고 한 적이 있었다. 결론적으로 부모님이 EMS로 보내주셔서 받기는 했지만 과정이 쉽지 않아 상당히 고생했던 기억이 난다.

학교 기숙사에 있을 때 우편물을 찾으러 우체국에 오라는 영수증이 배달되었다. 영수증에 찍힌 도장을 자세히 살펴보니, **Subject to Customs Inspection**(해당 품목은 세관의 검열을 받아야 하므로 직접 방문하여 찾아가시오)이라고 적혀 있어 여권을 챙겨들고 영수증에 적혀 있는 우체국으로 갔다. 창구로 가서 영수증과 영수증에 적혀 있는 수수료 40페소를 직원에게 주자 이름을 부를 때까지 기다리라고 했다. 15분 정도 지났을까(내 친구의 경우 1시간 정도 기다렸다고 하는데 그에 비하면 15분 정도는 양호한 듯), 직원이 소포를 가지고 와서 개봉하더니, 여러 물건들 중에서 전자수첩을 꺼내 계산기를 두들겨보고는, 이 소포를 받아가려면 세관료 1,000페소를 내야 한다고 했다. 특별히 고급 전자제품이 아닌 경우라면 수수료가 40페소지만 이런 제품은 관세를 지불해야 한다고 말이다. 13만 원짜리 전자수첩을 찾는데 1,000페소를 세금으로 납부한다는 게 억울하고 이해가 되지 않는다고 따지고 들자 얼마를 지불할 수 있냐고 되묻는다. 현재 수중에 400페소밖에 없다고 말했더니 그럼 400페소만 내고 가라고 했다. (그 친구는 직원이 1,500페소를 불렀는데, 1시간 동안 실랑이 끝에 400페소만 내고 물건을 찾아왔다고 한다.)

우체국 규정상, 판매 목적이 아닌 일반적인 선물일 땐 세금을 납부하지 않아도 된다. 단, 소포 표지에 GIFT란에 표시가 되어 있어야 한다. 그런데 전자 제품의 경우, 그래도 세금을 내야 한다고 이렇게 우기기도 하니 주의할 것.

용석	Can I get my stuff from Korea here?	
	여기서 한국에서 온 제 소포를 찾아갈 수 있나요?	
직원	Do you have your receipt?	
	영수증을 가지고 있나요?	
용석	Yes. Here you are.	
	네. 여기 있습니다.	
직원	You need to pay 1,000 pesos for tax if you want to get this one.	
	이 소포를 찾아 가시려면 관세로 1,000페소를 내셔야 합니다.	
용석	Excuse me? Tax? It's not for sale. It is just a present for me, ma'am?	
	네? 세금이요? 이건 판매 목적도 아니고, 그냥 선물인데요?	
직원	All goods here include an income tax.	
	이곳에 있는 모든 물품은 관세를 지불하셔야 합니다.	
용석	I heard that the present doesn't have a tax?	
	선물은 관세가 없다고 알고 있는데요.	
직원	This is a high-grade product, so you have to pay the tax I mentioned.	
	이건 고급 제품이기 때문에 관세를 지불하셔야 합니다.	
용석	I don't understand that. And unfortunately I have only 400 pesos now.	
	이해가 안 되네요. 그리고 전 400페소밖에 없어요.	
직원	Umm… well, okay. You should pay 400 pesos.	
	알겠습니다. 그럼 400페소로 깎아드리도록 하죠.	
용석	Oh, really? Okay, 400 pesos~! Here you go.	
	정말요? 400페소요~! 알겠습니다. 여기 있습니다.	

04 미용실 이용하기

필리핀 미용실은 일반적으로 동네 미용실과 고급 미용실로 나눌 수 있는데, 동네 미용실에서는 커트 가격이 대략 30~60페소 정도로 저렴한 편이나 시설이 열악해 한국 학생들은 많이 이용하지 않는다. 고급 미용실의 경우 가격이 대략 200~500페소 정도 하며 대개 대형 쇼핑센터 안에 있고 헤어 관리뿐 아니라 네일아트nail art, 패디큐어pedicure, 간단한 발 마사지나 두피 마사지도 같이 한다.

여자들은 헤어컷을 잘못하면 며칠간 잠을 못 잘 정도로 민감해하는 경우가 많아 사실상 필리핀에 있는 동안 미용실에 잘 가지 않는다. 필리핀은 아직까지 파마나 웨이브를 하는 사람이 별로 없어 우리나라에 비해 미용 기술이 떨어진다. 친한 친구 한 명도 기분 전환한다며, 마닐라 쇼핑센터에 있는 헤어숍에서 웨이브 파마를 했다가 모발과 두피가 많이 상해 고생을 했다.

머리를 하기 전에는 꼭 미용사에게 원하는 머리 모양을 정확하게 설명하도록 한다. 그냥 커트해달라고만 말하면 알아서 왕창 잘라버리는 수가 있다. 약간만 손질하는 것은 커트가 아니라 트림trim이다.

용석	Can you tell me how much is it for a hair cut?
	머리 자르는 데 얼마쯤 하나요?
미용실	It's 200 pesos for a cut.
	자르는 데 200페소입니다.
용석	Do you have time to spare for me right away?
	지금 바로 해주실 수 있나요?
미용실	How would you like your hair, sir? Regular cut or just trim?
	머리를 어떻게 해드릴까요? 일반적인 커트? 아니면 그냥 다듬어드릴까요?

용석	(I'd like) Short back and sides, please. Actually, I brought a photo. Look! I'd like my hair style to be like this one in the picture. 뒤와 옆을 짧게 잘라주세요. 사진을 가지고 왔으니 이렇게 해주세요.
미용실	No problem. Would you like your hair shampooed? 걱정 마세요. 머리는 감으실 건가요?
용석	Yes, please. 예, 감을 겁니다.

I'd like to have my hair dyed in brown.
머리를 갈색으로 염색하고 싶습니다.

I want to have my hair permed.
파마를 했으면 하는데요.

A cut and shampoo, please.
커트와 샴푸를 부탁합니다.

Just a trim, please.
다듬기만 해주세요.

Please don't cut it too short.
너무 짧지 않게 잘라주세요.

That's enough.
이 정도면 됐습니다.

I'd like to have an inch cut off.
1인치만 잘라주세요.

A little more off the sides.
옆머리를 조금 더 잘라주세요.

Take off the top/sides/back, please.
앞/옆/뒷머리를 잘라주세요.

Please part the hair on the right.
오른쪽으로 가르마를 타주세요.

미용실에 가면 누가 관리해주냐에 따라 비용이 달라지는데 원장이나 경력이 오래된 직원이 해줄수록 비싸진다. 파마나 염색 같은 전문 기술이 필요할 경우에는 되도록 원장이나 매니저에게 예약하고 가는 것이 좋다.

용석	Can I have a hair treatment with the head designer or manager here? 원장님이나 매니저가 제 머리를 해줄 수 있나요?
미용실	What kind of hair treatment do you want, sir? 어떤 관리를 받고 싶으시죠?
용석	I'd like to have a wave-perm, actually. 웨이브 파마를 하려고 하는데요.
미용실	You have to pay 600 pesos when our head designer is the one attending to you. 원장님이 해드릴 경우 600페소인데 괜찮나요?
용석	Yes, sure. Please. 예, 괜찮습니다. 그럼 부탁드립니다.
미용실	Okay. Please take around 10 minutes, sir. 알겠습니다. 10분만 기다려주세요.

Can I have an appointment for a cut and perm?
커트와 파마 예약을 하고 싶은데요.

Can I make an appointment for this afternoon?
오늘 오후에 예약할 수 있습니까?

My name's Tommy Han. I have an appointment at six.
토미 한이라고 하는데 6시에 예약했습니다.

Can I have a nail-care service as well?
네일 관리도 받을 수 있을까요?

Can I have a pedicure here?
패티큐어 관리가 가능한가요?

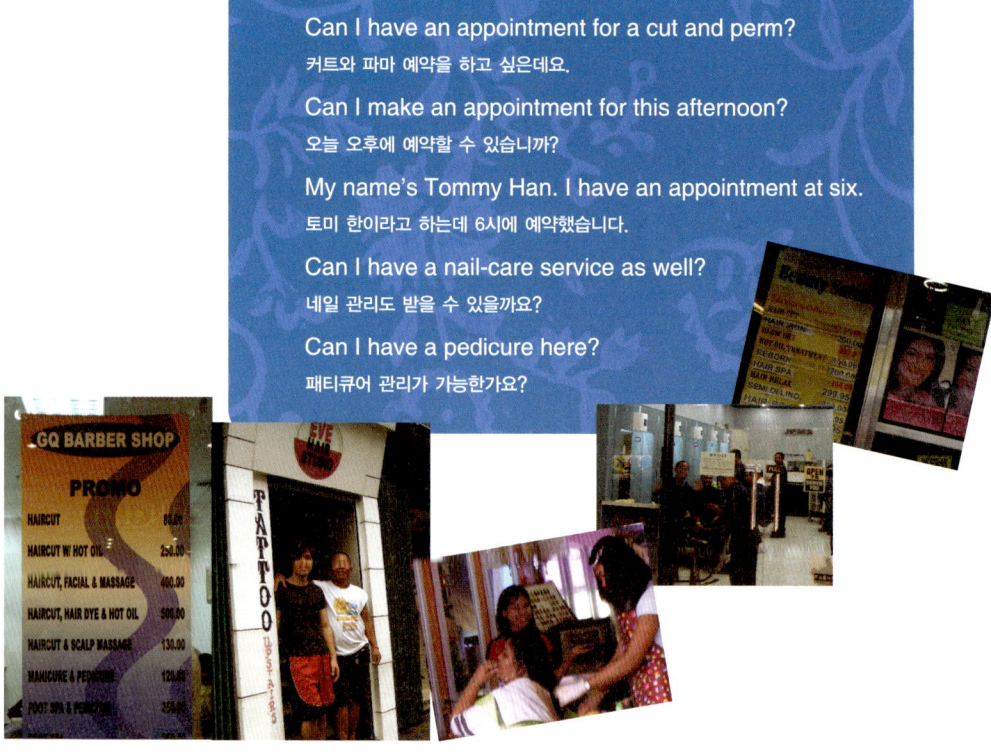

05 병원, 약국 이용하기

병원

병원은 규모에 따라 시설과 병원비가 천차만별이다. 감기 주사약이 없어 환자가 직접 처방전을 가지고 약국에서 약을 구입해 오면 주사를 놓아주는 병원도 있다. 의약품은 병원에서 판매하지 않고 우리나라처럼 처방전을 가지고 약국에 가야 살 수 있다.

몸이 조금 좋지 않을 때는 작은 병원에서 처방받아 약국에서 약을 사서 먹더라도, 심각할 정도로 아프다면 큰 병원으로 바로 가는 것이 좋다. 예약을 하지 않으면 병원에 가서 많이 기다려야 하니 정말 급한 경우에는 응급실로 바로 가도록 하자.

용석	Where's the hospital near here? 이 근처에 병원이 어디 있나요?
집주인	Not far from here. Don't you feel well? 멀지 않은 곳에 있어요. 어디 아파요?
용석	My stomach is upset. Could you take me to that hospital? 속이 불편한데 병원에 데려다 주시겠어요?
집주인	No problem. I would be happy to drive for you. When did it start? 물론이죠. 기꺼이 같이 갈게요. 언제부터 아팠어요?
용석	Around an hour ago. Do I need to have an appointment to see a doctor? 대략 1시간 전부터요. 진료 예약을 해야 하나요?
집주인	Yes, an appointment is necessary. Well, do you have a medical insurance? 네. 예약은 필수에요. 혹시 보험에는 가입했나요?

1. head 머리
2. occiput 후두부
3. hair 머리카락
4. face 얼굴
5. throat 목구멍
6. shoulder 어깨
7. armpit 겨드랑이
8. back 등
9. chest 가슴
10. elbow 팔꿈치
11. navel 배꼽
12. arm 팔
13. hand 손
14. weist 손목
15. finger 손가락
16. nail 손톱
17. hip 엉덩이
18. pelvis 골반
19. waist 허리
20. thigh 허벅다리
21. knee 무릎
22. calf 종아리
23. ankle 발목
24. foot 발
25. malleolus 복숭아뼈
26. heel 발뒤꿈치
27. toe 발가락
28. sole 발바닥
29. forehead 이마
30. ear 귀
31. eye 눈
32. nose 코
33. mouth 입
34. lip 입술
35. tongue 혀
36. tooth 치아
37. chin 턱

용석	Yes, I have. Umm, do you think there is a doctor who can speak Korean? 예, 가입했습니다. 음, 한국말 할 줄 아는 의사가 있을까요?
집주인	I'll find it for you. 제가 한번 찾아볼게요.

필리핀에서 시설 좋은 병원 TOP 3

세인트 룩스 메디컬 센터
St. Luke's Medical Center

필리핀 대통령이 아플 때 다니는 병원으로 메디컬 시티나 아시안 병원보다 시설은 떨어지지만 인지도가 높다. 병원 옆에 세인트 룩스 의대가 있어서 수련 병원으로 쓰인다.
www.stluke.com.ph

메디컬 시티
The Medical City

마닐라 올티가스Ortigas에 있으며 병원 시설이 가장 깔끔하다. 아네테오 의대와 파트너십을 맺어 아네테오 의대의 수련 병원으로 사용되고 있다.
www.themedicalcity.com

아시안 병원
Asian Hospital

알라방Alabang에 위치한 사설 병원으로 시설이 깨끗하고 규모가 큰 편이다.
www.asianhospital.com

세인트 룩스 메디컬 센터 | 메디컬 시티 | 아시안 병원

★ 병원비도 협상이 된다??

봉합이나 골절 치료를 수술실에서 받으면 치료비를 협상할 수 있다. 예를 들어 응급실에서 20바늘 정도 봉합하면 약값 포함해서 약 15만 원 정도 하는데, 수술실에서 치료를 받을 경우에는 10만 원 이하로 협상할 수 있다.

우리나라의 70년대를 연상시키는 듯한 특정 병원들도 일부 있지만 최고급 병원들은 의료 수준이나 시설 면에서 우리나라 병원보다 못하지 않다. 이런 병원들은 병원비가 비싸 현지인들 사이에서는 상류층들만 이용한다.

고급 병원에 가면 병원비가 우리나라보다 더 많이 나오기 때문에 연수나 여행을 가는 사람들은 꼭 의료 보험에 가입해야 한다. 보험 혜택을 받으려면 병원비 지급 영수증과 진단서가 필요하다.

의사	What's the problem? 어디가 아프세요?
용석	I have diarrhea and threw up a couple of times. 설사하고 몇 번 토했어요.
의사	Do you have any other symptoms with that? 다른 증상이 또 있나요?
용석	And I feel dizzy and fainting. 그리고 어지러워서 쓰러질 것 같아요.

★ 진찰이 끝나고 환자에게 건강상 문제가 있다는 걸 말해줄 때 미소를 짓거나 웃으면서 이야기하는 의사들이 있다. 의사가 냉정해서가 아니라 환자의 걱정과 충격을 덜어주려는 필리핀식 배려라고 생각하면 된다.

의사	Since when did you start to hurt? 언제부터 아프기 시작했나요?
용석	Since yesterday I think. 어제부터 그랬던 것 같아요.
의사	Do you have any chronic diseases? 지병을 가지고 있나요?
용석	No, I don't. 아니요. 없습니다.
의사	I will write out a prescription for you. 처방전을 써드리겠습니다.
용석	How long do you think will it take me to recover? 선생님 생각엔 완쾌되려면 얼마나 걸릴까요?
의사	That depends on you. You should stay at home and have a rest for two days. 그건 어떻게 하느냐에 달렸습니다. 이틀간 누워서 안정을 취하도록 하세요.

★ 외국인은 국가 의료 보험 혜택을 받을 수 없고 언어의 제약으로 제대로 치료받지 못할 수 있기 때문에 의료 보험에 가입하지 않는데 큰 병에 걸렸다면 우리나라로 돌아와서 치료를 받도록 하자.

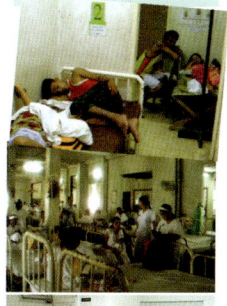

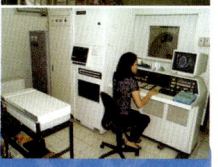

I'm here to see the doctor.
진찰받으러 왔습니다.

When can you squeeze me in?
언제 진료를 받을 수 있을까요?

I have high blood pressure.
고혈압이 있습니다.

Let me take your temperature.
체온을 체크할게요.

I'll give you a shot.
주사 한 대 놓겠습니다.

Will I have to be hospitalized?
입원해야 하나요?

You need to be hospitalized.
입원하셔야 합니다.

Can I have a medical certificate?
진단서를 받을 수 있을까요?

How long does it take to get well?
회복하려면 얼마나 걸릴까요?

May I have a medical certificate and receipt, please?
진단서와 영수증을 주시겠습니까?

I will send it to the insurance office.
보험 회사에 제출하려고 합니다.

---

ambulance 구급차 doctor 의사 nurse 간호사 injection 주사 medicine 약 operation 수술 prescription 처방전 disinfectant 소독약 bandage 붕대 temperature 체온 urino 소변 pharmacy 약국 medicine 약 symptom 증상 sprain 삐다 break 부러지다 hurt 다치다 cut 베다 burn 불에 데다 slip 미끄러지다 vomit 토하다 ache 아프다 numb 마비된 swollen 부은 bleeding 출혈 bruise 멍

약국

★ **Mercury Drug**
필리핀 전국에 체인점이 있는 큰 규모의 약국으로, 모든 쇼핑센터 안에 한두 곳이고 거리에서도 쉽게 볼 수 있다.

사람마다 건강 상태나 식습관이 달라 외국에서 물갈이 증상을 느끼는 사람도 있고 그렇지 않은 사람도 있다. 외국에 나간 지 1~2주 정도 지났을 때 하는 설사와 몸살은 홈스테이 집이나 학교 기숙사 음식에 문제가 있어서가 아니라 지역을 옮겼을 때 일반적으로 나타나는 물갈이 증상이다. 한국에서 물갈이를 대비해 간단한 응급약을 챙겨가거나 현지에서 약을 사도록 하자. 만약 평소 앓고 있던 질병이 있다면 영문 진단서와 의사 소견서를 만들어 여권과 함께 가지고 다니면 응급 상황에 대처할 수 있다.

용석	I need a medicine for this prescription.	
	여기 처방된 약 주세요.	
약사	Have a seat, please. We'll call you.	
	앉아서 기다려주세요. 순번대로 부르겠습니다.	
용석	Sure.	
	알겠습니다.	
약사	Yongseok Han? Here's your medicine.	
	한용석 씨? 약, 여기 있습니다.	
용석	Thanks. How many times a day should I take this?	
	감사합니다. 하루에 몇 번 복용해야 하나요?	
약사	Take it three times a day after each meal.	
	하루 3회 식후에 복용하세요.	
용석	Will I get drowsy after taking this medicine?	
	약을 먹으면 잠이 오지 않을까요?	
약사	It is possible. yes.	
	그럴 수도 있어요.	
용석	Okay. Thanks.	
	알겠습니다. 감사합니다.	

aspirin 아스피린
pain killer 진통제
sleeping pill 수면제
eye drops 안약
ointment 연고
cold medicine 감기약
adhesive tape 반창고
digestive aid 소화제
fever reducer 해열제
stomach medicine 위장약
thermometer 체온계
anti-itch cream 가려움증 약
antiseptic 소독제

처방전 없이 약국에서 살 수 있는 약 이름

일반감기cold: **Codral**
콧물감기runny nose: **Sudafed**
기침 감기cough: **Benadryl**
설사diarrhea: **Imodium**
변비constipation: **Dulcorax**
입안이 헐었을 때mouth ulcer: **Orabase**
두통이 있을 때headache: **Tylenol**

목이 아플 때sore throat: **Cepacol**
진통제가 필요할 때painkillers: **Asprin**
수면제가 필요할 때(불면증insomnia): **Relaxatab**
상처가 생겼을 때: **Savlon**
생식기 주위가 가려울 때: **Canesten**
화상을 입었을 때: **Vaseline**

증상 말하기

병원에 가면 의사가 가장 먼저 묻는 질문이 보통 What's the problem?(어디가 아프세요?) 또는 How can I help you?(어떻게 도와드릴까요?)인데, 이때 본인이 아픈 증상을 말하는 방법은 3가지 정도다.

첫 번째

I've got + 병명 또는 I have + 병명

ex) 감기 걸렸어요. I have a cold. 또는 I've got a cold.

I've got 뒤에 올 수 있는 병명:
runny nose 콧물 fever 열 sore throat 목 아픔 pain in my back 등 아픔
pain here 여기가 아픔 cough 기침 감기 headache 두통 stomachache 복통
toothache 치통 extreme fatigue 극심한 피로감 body aches 몸살
congestion 코 막힘

두 번째

I feel + 증상

ex) 속이 메스꺼워요. I feel nauseous.

I feel 뒤에 올 수 있는 증상:
tired 피곤한 dizzy 어지러운 sick 몸이 좋지 않은 don't feel well 컨디션이 좋지 않다
ill 아픈 queasy 역겨운 like vomiting 메스꺼운 chilly 오한이 나는 refreshed 개운한

세 번째

신체 부위 + be 동사 + sore

ex) 등이 많이 아파요. My back is very sore.

My legs are sore. 다리가 쑤셔요.
My eyes are sore. 눈이 아파요.
My back is very sore. 허리가 많이 아파요.
This finger is sore. 이 손가락이 아파요.
My chin is sore. 턱이 아파요.

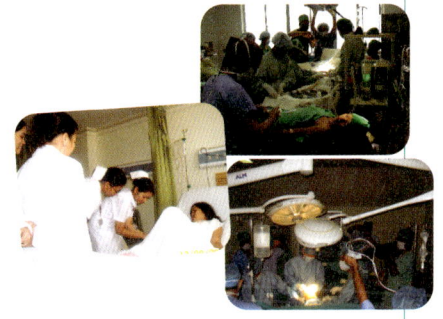

06 음식 이야기

장보기

필리핀은 규정된 소비자 가격이 없는 물건들이 많아 구입하는 장소나 지역에 따라 물건값이 1~2페소 정도 차이가 난다.

우리나라는 재래시장이 더 싸지만 필리핀은 재래시장 사람들이 오히려 대형 쇼핑센터에서 물건을 사 와서 팔기 때문에 대형 쇼핑센터가 더 저렴한 경우가 많다. 하지만 대형 쇼핑센터는 오후에 쇼핑하는 사람이 많아 복잡하고 오랫동안 줄을 서서 기다려야 한다거나 쇼핑센터가 너무 커서 물건을 찾기 힘들다는 등의 단점이 있다.

용석	Excuse me? Where can I buy some vegetables near here? 죄송하지만 채소는 어디서 살 수 있나요?
아주머니	You should go to the open market or shopping mall near here. 근처 시장이나 쇼핑센터로 가시면 될 거에요.
용석	Which places do you think are better for buying some cheap vegetables? 채소를 싸게 사려면 어디로 가는 게 더 나을까요?
아주머니	Well, just go to the shopping mall. You can buy there some fresh and cheap ones. 음, 그냥 쇼핑센터로 가는 게 나을 듯 하네요. 신선하고 저렴한 걸 살 수 있을 거에요.
용석	Oh, yeah? Thank you very much. 아, 그래요? 정말 감사합니다.

Where can I buy detergent?
세제는 어디서 살 수 있나요?

What time does the store open(close)?
상점은 몇 시에 문을 열어요(닫아요)?

When will the store go on sale?
상점 세일은 언제 하나요?

I'd like to buy kitchenware.
주방 용품을 사려고 합니다.

Where can I get a shopping cart?
어디서 쇼핑용 카트를 구할 수 있나요?

How long is the special price sale?
스페셜 가격 세일은 얼마 동안 하나요?

Where should I pay for this?
이것을 어디서 계산하나요?

★ 채소나 고기가 싸기 때문에 직접 요리해서 먹을 때 생각보다 비용이 많이 들지 않는다.

★ 양념 & 조미료
bread sauce 빵가루를 넣은 진한 소스
horseradish sauce 고추냉이소스
ketchup 케첩
mayonnaise 마요네즈
mint sauce 박하식초 소스
mustard 겨자 소스
salt 소금
sugar 설탕
ground pepper 후춧가루
soy sauce 간장
oil 기름
miller jelly 물엿

★ 채소
spring onion 파   hot pepper 고추
carrot 당근   mushroom 버섯
bean sprouts 콩나물
eggplant 가지
sweet potato 고구마
ginger 생강
garlic 마늘
pumpkin 호박
young pumpkin 애호박
cucumber 오이   radish 무
ginseng 인삼
chinese cabbage 배추
cabbage 양배추   lettuce 상추
sesame leaf 깻잎

★ 해산물
squid 오징어   octopus 문어
common octopus 낙지
shellfish 조개   ray 가오리
eel 장어   hair tail fish 갈치
fin of shark 상어지느러미
anchovy 멸치
mackerel 고등어
flatfish 가자미(넙치)
saury 꽁치   tuna 참치
crab 게   shrimp 새우
spanish mackerel 삼치

★ 고기
beef 소고기
lamb 양고기
pork 돼지고기
turkey 칠면조고기
chicken 닭고기

망고

바나나

두리안

망고, 바나나, 파인애플, 람부탄, 코코넛 같은 맛있는 열대 과일도 우리나라에서는 비싸서 잘 못 먹지만 필리핀에서는 실컷 먹을 수 있다. 망고에는 인디안 망고, 그린 망고, 옐로우 망고가 있는데 필리핀 사람들이 주로 소금에 찍어 먹는 인디언 망고는 신맛이 나서 한국인들이 별로 좋아하지 않고, 그린 망고는 새콤달콤해서 셰이크로 많이 만들어 먹는다. 필리핀에서도 역시나 한국 사람들에게 가장 인기 있는 것은 옐로우 망고~ 그 밖에 딸기나 사과, 배 같은 추운 지방에서 나오는 과일들은 대부분 필리핀 북단의 바기오 쪽에서 재배되는데, 맛은 우리나라보다 떨어지면서 가격은 약간 비싼 편이다.

과일을 살 때 더 달라고 하거나 과일값을 깎아달라고 하면, 종종 그렇게 해주니 흥정을 잘 해 생활비를 아끼도록 하자.

용석	How much is it all together? 전부 얼마인가요?
점원	It's 223 pesos. 223페소입니다.
용석	It's too expensive. Can you give me a discount? 너무 비싸네요. 가격을 좀 깎아줄 수 있어요?
점원	No, I can't. 아뇨. 깎을 수 없습니다.
용석	That's too expensive I think. If you give me a discount around twenty percent, I'll buy. Please think about it. 너무 비싼 것 같아요. 20% 정도 깎아주면 살게요. 생각해보세요.
점원	Umm…, okay. I'll give you a fifteen percent discount. Cash or charge? 음…, 알겠어요. 15% 할인해드리죠. 현금으로 하시겠어요, 카드로 하시겠어요?
용석	Fifteen percent? Well…, okay. I'm paying in charge. 15%요? 음… 좋습니다. 카드로 계산할게요.
김인	Sign here, please. 여기 사인 부탁드립니다.
용석	I want a receipt, please. 영수증 주세요.

Can this vegetable be eaten raw?
이 채소는 생으로 먹을 수 있나요?

What's the regular price?
정가가 얼마예요?

What's on special price sale today?
오늘 특가세일 하는 건 어느 것인가요?

Do you have something less expensive?
좀 더 싼 게 있나요?

Can you come down on the price?
좀 더 싸게 해주세요.

Is there anything cheaper?
좀 더 싼 것은 없나요?

This is the best price I can offer you.
이것이 제가 제일 잘 해드릴 수 있는 가격이에요.

한번은 생선을 사러 재래시장에 갔다 '이렇게 생긴 물고기도 먹을 수 있나?' 싶을 정도로 못생긴 생선부터 태어나서 처음 보는 생선까지 다양한 생선들이 수백 종 있었다.

대부분 열대어라 그런지 색깔이 화려하고 다양해 마치 어항 속에서 건져낸 금붕어 같아 보였다. 고등어 mackerel를 사려고 했더니 가게 주인아줌마가 못 알아듣는 눈치. 고민하다 galunggong(갈룽공)이라고 부르는, 고등어와 비슷하게 생긴 생선을 달라고 해서 사 왔는데 먹어보니, 고등어였다. 고등어가 따갈로그어로 galunggong이었던 거다.

★ 열대 과일의 황제,
여왕~ 두리안Durian

우리나라에도 잘 알려진, 냄새는 고약하지만 정말 맛있는 열대 과일. 필리핀에서도 비싼 과일 중 하나다. 먹어본 사람은 알겠지만 처음 접하는 사람들은 거부감을 느낄 수밖에 없는 특유의 고약한 냄새를 자랑한다. 하지만 맛은 과일의 왕이라고 불릴 만큼 맛있다. (갑자기 청국장이 생각난다.^^;;)

하지만 열량이 매우 높아 알코올 도수가 높은 술과 함께 먹으면 위험할 수 있고 실제로 사망한 사람도 있다. 절대 도수 높은 술과 먹지 않도록 한다.

★ 발롯Barot

우리나라의 보신탕처럼 필리핀 사람들이 즐겨 먹는 건강식. 계란이나 오리 알을 부화하기 전까지 두었다가 삶는 요리다. 껍질에 알이 수정된 날짜가 적혀있는데 필리핀 사람들은 수정된 지 16일 정도 된 발롯을 먹는다. 껍질을 까보면 깃털과 머리 등 부화하기 직전의 병아리가 보인다. 보기에 약간 혐오스러워 필리핀 사람들도 낮보다는 밤에 주로 먹는다.

용석	Excuse me, can you give me 3 mackerel, please?
	저, 고등어 3마리만 주시겠어요?
직원	Pardon?
	네? 뭐라고요?
용석	Is that a mackerel there?
	저거 고등어 아닌가요?
직원	Mack, what? This is a galunggong.
	맥? 뭐라고요? 이건 갈렁공입니다.
용석	Galunggong??? I think that is a mackerel. Anyway, please give me 3.
	갈렁공이라고요??? 분명 고등어 같은데, 암튼 그거 3마리 주세요.
직원	Okay. 150 pesos, please.
	알겠습니다. 150페소입니다.
직원	Here you go. Thanks.
	여기 있습니다. 감사합니다.

Can I have this fish filleted?
이 생선을 손질해주시겠어요?

How can this be cooked?
이것은 어떻게 요리하나요?

How long will I keep this one?
얼마나 오래 보관할 수 있나요?

Can I have this fish filleted?

지역과 구입 장소에 따라 다르지만 대략적인 식료품 가격

필리핀 환율 계산 1페소 = 대략 27원(100페소 = 대략 2,700원)

2013년 기준

Kisses 초콜릿	31페소
쌀 20kg	740페소
생수 작은 것	15페소
당근 3개	41페소
꽃게 1kg	234페소
호박 2개	44페소
캔 콜라	20페소
삼겹살 1kg	195페소
신라면	45페소
닭 1kg	170페소
스팸 340g	120페소
초코파이 1박스	180페소
필리핀 캔 맥주	32페소
파인애플	52페소
우유(250ml)	26페소
망고 1개	26페소
계란 12개	85페소
생선 큰 것 1마리	195페소
메추리 알 24개	45페소
마늘 1kg	60페소
양파 1kg	70페소
설탕 1kg	49페소
소금 1kg	20페소
간장 620ml	52페소
오일 1.9ℓ	170페소
케첩 567g	270페소
우리나라 과자	58페소

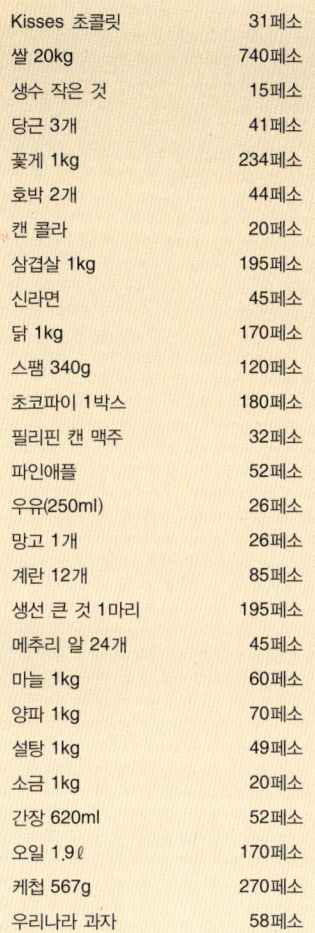

>> 필리핀산 식자재

- **Labanos(White radish):** 얇게 썰어 피클을 만들어 먹거나 Sinigang에 넣어 먹는다. 쓴 맛이 나기 때문에 그냥 먹기는 힘들다.
- **Kamote:** 고구마 류의 채소. 색이 다양하다. 빙수에 넣어 먹거나 쪄서 으깬 우유, 설탕을 넣어 먹는다.
- **Cassava:** 생김새가 우리나라의 산마와 비슷하고 용도는 고구마와 비슷하다. Sinigang이나 Pansit(잡채와 비슷한 쌀국수)에 넣거나 감자, 생강, 후추, 소금을 곁들인 소고기를 먹을 때 같이 먹는다.
- **Kabute:** 느타리버섯으로 주로 중국 음식에 사용한다.
- **Pechay:** 일명 필리핀 배추로 달콤하며 약간 쓴 맛도 난다. 코코넛 밀크 가루를 넣고 끓이면 Ginataan이 되는데 이것을 찐 고구마 위에 토핑해서 먹거나 고기를 얹어서 먹는다.
- **Puso ng saging:** 바나나 꽃잎으로, 코코넛 밀크와 신선한 바질 잎 basil, 닭을 넣어 끓이면 전통 요리인 Manok nga inubaran이 된다.
- **Munggo:** 우리나라의 팥과 같은 종류. Mung bean 또는 Monggo이라고도 하는데 잎은 Sinigang 등 스튜 재료로 쓰이거나 나물로 먹는다.
- **Alogbati:** 시금치 모양에 배추 색의 채소. 여린 잎파리와 줄기를 먹는다.
- **Talong:** 가지. 마늘과 식초에 잰 후 잘게 썬 양파와 그린 망고, 감자를 곁들여 먹는다.
- **Toge:** 콩나물 같은 채소.
- **Singkamas(Jikamas):** 단단한 껍질 안에 있는 하얀 살을 먹는데, 새콤한 드레싱을 뿌려 먹거나 소금에 찍어 먹는다.
- **Tubo:** 사탕수수 줄기. 시골 지역 아이들이 간식으로도 많이 먹는다.
- **Luya:** 생강. 고기 냄새를 제거하는 용도로 중국 음식에 많이 사용된다.
- **Bagoong:** 젓갈. 필리핀 음식의 필수 식자재. 땅콩 소스로 소 꼬랑지를 조리하거나 채소 범벅을 만들 때 사용된다.
- **Dilis:** 마른 멸치. 날 멸치를 말린 것으로 술안주로 많이 먹는다.
- **Tainga ng baboy:** 돼지 귀때기. 두부, 양파, 간장, 식초와 함께 볶아 Sumsuman을 만들어 술안주로 즐긴다.

★ 필리핀 음식 만드는 법

Ginisang Gulay (채소 볶음)
강한 불에 튀긴 두부와 콩, 필리핀 배추, 양파, 당근, 마늘, 간장, 설탕을 큰 팬에 넣어 볶은 후 소금으로 간을 한다.

Sinigang na Baboy (돼지고기 시니강)
필리핀을 대표하는 음식 중 하나. 타마린Tamarind이라는 과일로 신 맛을 낸 국이다. 물에 돼지고기와 타마린을 넣고 1시간 이상 강한 불에 끓인 후 무, 고추, 돼지고기, 미나리Kangkong, 바나나 꽃잎, 후추, 소금을 넣고 끓인다.

Lagat Ampalaya (암빨라야 볶음)
당뇨에 좋은 과일로, 영어 이름은 Bitter Melon(쓴 수박)이다. 우선 과일의 쓴 맛을 덜어내기 위해 잘게 썰고 물에 씻은 후 손으로 물기를 짜낸다. 돼지고기와 마늘, 고추를 넣고 중간 불에 볶은 후, 물기를 뺀 Lagat Ampalaya를 넣어 볶는다. 계란을 넣고 다시 볶아주면 요리 완성.

Pork Pochero (바나나 소스 채소 돼지고기 볶음)
바나나 소스가 들어간 채소 돼지고기 볶음. 달콤하면서 짭짤하다. 물을 약간 넣고 콩처럼 보이는 Sitaw, 양배추, 바나나, 당근, 마늘, 피망, 감자 등 자신이 좋아하는 채소와 바나나 케첩, 간장을 넣고 냄비 뚜껑을 닫아 중간 불에 찐다.

★ www.filipinorecipe.com
다양한 필리핀 음식 조리법이 영문으로 잘 정리되어 있다.

배달

인건비가 저렴해서 그런지 맥도날드를 포함한 패스트푸드점에서도 배달 서비스를 제공한다. 기숙사로도 배달해주는데 일반적으로 피자나 햄버거, 치킨, 샐러드 등을 많이 시켜먹는다.

가장 큰 피자(46cm)도 한 판에 650페소 정도밖에 안 해 기숙사에서 생활할 때 친구들과 종종 피자 내기를 했었던 기억이 난다. 처음 전화로 주문을 하는데 다들 영어 실력이 안 되는 관계로, 그 중 가장 무대포인 내가 전화를 걸게 되었다. 기숙사 주소와 two large pizza라고 말하면 주문이 될 줄 알았는데, 웬걸, 뭘 그렇게 물어보는 게 많던지. 여러 번 실패를 거듭한 끝에 결국 기숙사 매니저에게 부탁하고서야 피자를 시켜먹을 수 있었다. 영어 실력이 부족하다 싶을 땐 미리 주문할 음식을 메뉴판이나 웹 사이트에서 보고 선택해두면 좀 더 수월하게 주문할 수 있다. 보통 30분 안에 배달되는데, 무료로 배달이 되는 곳도 있고 별도의 배달료를 내야 하는 곳도 있다. 가게에 따라 200~300페소 이하로 주문을 하거나 가게와 거리가 너무 멀면 배달을 안 해주기도 한다. 주문할 때 우선 주소를 말하고 배달이 가능한지부터 물어보자.

★ www.clickthecity.com/food

필리핀 전 지역에 있는 레스토랑 또는 배달 가능한 곳 리스트가 나와 있는 사이트. 필리핀에서 먹을 수 있는 거의 모든 음식(한식, 중식, 일식, 피자, 치킨 등)이 있으며 해당 음식점의 연락처, 배달 가능 시간, 주소 등을 한 번에 찾을 수 있다.

필리핀 패스트푸드점 중에서 시장 점유율 1위. 필리핀 전국에 459곳 이상의 체인점이 있으며, 햄버거와 스파게티(한국인이 좋아함), 치킨 등 다양한 음식을 판다.
• 8-7000 www.jollibee.com.ph

필리핀에 148곳의 체인점이 있고, 피자와 스낵, 스파게티와 그 외에 다양한 이탈리아 음식을 판다.
• 911-1111 www.pizzahut.com.ph

필리핀에 43곳의 체인점이 있고, 미국 음식과 피자, 스낵을 판다.
• 77-777 www.shakeyspizza.ph

미국 체인점으로 21곳에 체인점이 있으며, 해물 요리와 스테이크 종류를 판다.
• 332-1111 www.gerrysgrill.com

필리핀에 73곳의 체인점이 있으며 우리나라 맥도날드와 비슷하다.
• 8-6236 http://www.mcdonalds.com.ph

★ 패스트푸드점에서 먹고 난 후 쓰레기는 테이블에 그냥 남겨놓고 나와도 된다. 우리나라에서는 자기가 먹은 것을 치우는 것이 예의지만 필리핀에서는 NO!! 치우지 않고 곱게 나가는 것이 예의다. 손님이 치우면 그 일을 하는 직원의 일자리가 없어진다. 그리고 필리핀은 아직까지 분리수거를 하지 않는다.

피자 가게	Thank you for calling. This is Pizza Hut, Makati branch. How can I help you?
	안녕하세요? 피자헛 마카티 지점입니다. 무엇을 도와드릴까요?
용석	Hi, my address is Tomas Morato Ave. Quezon. Can you deliver the pizza for me?
	여기는 퀘존, 토마스 모라토 에비뉴인데 피자 배달이 되나요?
피자 가게	Yes, no problem. Can I take your order?
	예, 가능합니다. 무엇을 주문하시겠습니까?
용석	Okay. One Hawaiian Supreme family size, two Mango-Shrimp Salad, one BBQ Ribs and one Coke big size, please.
	하와이안 슈프림 패밀리 사이즈 1판, 망고-쉬림프 샐러드 2개, 바비큐 립 하나, 콜라 큰 거 하나 주세요.
피자 가게	Let me check. One Hawaiian Supreme family size, two Mango-Shrimp Salad, one BBQ Ribs and one Coke, big size. Am I right?
	확인하겠습니다. 하와이안 슈프림 패밀리 사이즈 1판, 망고-쉬림프 샐러드 2개, 바비큐 립 하나, 콜라 큰 거 하나라고 하셨죠?
용석	Yes. That's correct.
	그렇습니다.
피자 가게	Can I ask your phone number and your name?
	이름과 전화번호가 어떻게 되나요?
용석	My name is Tommy Han and my mobile phone number is 0905 232 9243.
	제 이름은 토미 한이고 전화번호는 0905 232 9243입니다.
피자 가게	Can I check your address again?
	주소를 다시 한 번 알려주시겠어요?
용석	My address is 105 Unit F Scout Castor cor. Tomas Morato Ave., Quezon City.
	퀘존 시티, 토마스 모라토 에비뉴, 에프 스카우트 카스토르 코너, 유닛 105입니다.
피자 가게	Do you have any coupon or a price discount card?
	쿠폰이나 할인 카드 같은 걸 가지고 있나요?
용석	No, I don't have any.
	아뇨. 없습니다.

피자 가게	Okay. 1,300 pesos all in all. Cash or charge? 넵. 모두 1,300페소입니다. 현금으로 결제하시겠습니까, 카드로 하시겠습니까?
용석	I'll pay in cash. 현금으로 하겠습니다.
피자 가게	Alright. It takes around 30 minutes. Have a nice day. 알겠습니다. 30분 후에 배달됩니다. 즐거운 하루 보내세요.
용석	Okay. Thank you. 알겠습니다. 감사합니다.

Do I have to pay any extra fees for delivery?
배달 비용이 추가되나요?

You need to pay 50 pesos for delivery.
배달 비용은 50페소입니다.

I want to cancel my order. Is it okay?
주문을 취소하고 싶은데요, 가능한가요?

I'll have a chicken burger, a small coke and one french fries.
치킨 버거 하나, 콜라 작은 사이즈 하나, 감자튀김 주세요.

What would you like on that?
토핑으로 무엇을 얹어 드릴까요?

What kind of bread would you like?
어떤 종류의 빵으로 드릴까요?

Put some ketchup on the sandwich, please.
샌드위치 위에 케첩 좀 뿌려주세요.

Philiphine Food Shop
필리핀에서 만나는 새로운 음식 브랜드!

Jollibee 패스트푸드점

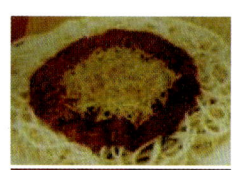

필리핀 자국 브랜드 패스트푸드점이다. 맥도날드처럼 햄버거를 파는 곳이지만 필리핀식 음식도 같이 판다. 필리핀 사람들이 닭을 워낙 사랑하다 보니, 모든 식사에 치킨이 빠지질 않는데 치킨 옆에는 항상 밥 한 덩이가 따라다닌다는 거! 심지어 애들은 케이크를 먹으면서도 치킨과 밥을 시켜 같이 먹는다. Jollibee에서만이 아니라 맥도날드 같은 패스트푸드점에도 치킨과 밥을 같이 판다. 옆 메뉴판에서 치킨과 밥의 앙상블이 느껴지는가~!

★ 추천 메뉴: 스파게티! 전통 스파게티 맛을 기대했다면, NO~ 필리핀 스타일의 새로운 맛의 스파게티다. 한국인 입맛에도 그런대로 맞는 편. 한번 도전해보길!

Greenwich 피자전문점

씬 피자, 팬 피자 구분 없이 빵이 우리나라 팬 피자보다 좀 얇다. 사각 모양의 피자 square pizza와 일반적인 원형 피자, 두 종류가 있다. Double size가 1~2인용 정도 된다. 치즈가 늘어나는 맛이 없는 게 좀 흠이지만 나름대로 맛있다. 다소 싱거운 감이 있다.

Chow King 중국스타일 패스트푸드점

매장에 필리핀과 중국 혼혈인 주방장이 요리하는 사진이 크게 걸려있다. 주요 메뉴는 중국 스타일의 면 요리와 볶음밥, 스프링롤, 시오마이 Siomai(필리핀에서 즐겨 먹는 딤섬의 일종) 등이다.

★ 추천 메뉴: 탕수육! 밥 위에 탕수육을 올린 덮밥인데, 탕수육이 꽤 맛있다. 탕수육만 따로 팔기도 한다.

Red Ribbon 빵 & 케이크 전문점

가격에 한번 반하고, 그 맛에 또 한번 반하는 Red Ribbon~~ 조각 케이크 3조각과 커피 3잔을 주문해도 겨우 4~5천 원 정도다. 싼 게 비지떡? NO~! 다소 주관적이라고 할 수도 있겠지만, 인천공항에서 파는 치즈 케이크보다 더 맛있다. 일반 필리핀 빵집에 비해 케이크의 종류가 다양하다.

★ 추천 메뉴: 우베 케이크! 필리핀에서 유명한 보라색 케이크

레스토랑

한때 스페인과 미국, 일본의 지배를 받은 필리핀은, 그로 인해 다양한 나라와 다양한 스타일의 레스토랑들이 많다. 쇼핑센터에 가면 원하는 나라의 음식과 레스토랑을 어렵지 않게 찾을 수 있다. 꼭 쇼핑센터가 아니더라도 동네 주변에도 깨끗하고 맛있으면서 저렴한 레스토랑들이 많다.

Where's a good place for restaurants?
레스토랑이 많은 곳은 어느 지역이죠?

Is there a Korean restaurant near here?
이 근처에 한국 식당이 있나요?

Do you know a nice and reasonably priced restaurant?
부담 없는 가격에 맛있는 식당을 아시나요?

Where can I find a good seafood restaurant?
맛있는 해물 요리 식당을 알려주세요.

Are there any restaurants where mostly local people go?
이곳 현지 사람들이 자주 가는 레스토랑이 있나요?

Which restaurant serves a good local food?
맛있는 이 지역 음식은 어디서 먹을 수 있나요?

Are there any restaurants open at this time?
이 시간에 문을 연 식당이 있나요?

일반적으로 예약은 하지 않아도 되지만 인기가 좋은 레스토랑이나 가장 바쁜 시간 peak time에 갈 때는 몇 명이 몇 시에 갈 것인지 미리 전화해두면 좋은 자리에 앉을 수 있다.

용석	Do you take a reservation?
	예약받습니까?
직원	Yes, will that be for dinner tonight?
	네, 오늘 저녁 예약이십니까?
용석	Yes, I'd like to make a reservation for four at seven tonight.
	네, 오늘 밤 7시, 네 사람 예약하려고 하는데요.
직원	Sure. May I have your name, please?
	잘 알겠습니다. 성함이 어떻게 되시죠?
용석	My name is Tommy Han.
	제 이름은 토미 한입니다.

직원	Good evening. Do you have a reservation?
	안녕하세요? 예약하셨나요?
용석	No, I don't have. Are there any tables available?
	아니요. 예약하진 않았는데요. 빈자리가 있나요?
직원	How many in your party?
	일행이 몇 분이시죠?
용석	Four.
	4명입니다.
직원	Our tables are full now. Could you wait for a while?
	빈자리가 없는데 기다려주시겠습니까?
용석	How long do we have to wait?
	얼마나 기다려야 하나요?
직원	I guess we can offer a table in 10 minutes.
	대략 10분 정도 기다리시면 자리가 생길 것 같습니다.
용석	All right. We'll wait.
	그럼 기다릴게요.

Do you take a reservation?

I'd like to cancel my reservation.
예약을 취소하고 싶어요.

I'd like to change my reservation time, from seven to six o'clock.
예약 시간을 7시에서 6시로 변경하고 싶어요.

What time can we reserve a table?
몇 시에 예약할 수 있을까요?

인건비가 저렴한 나라다 보니, '웬 종업원들이 이렇게 많나?' 싶을 정도로 레스토랑에 종업원들이 많다. 레스토랑 입구에서부터 이들의 서비스를 받으며 식사를 한다. 처음 간 레스토랑이면 종업원에게 그 레스토랑에서 유명한 음식이나 맛있는 음식이 뭔지, 어떻게 만드는지 설명해 달라고 말해보자. 그렇게 선택하면 음식 선정에 실패할 확률도 적고 영어도 공부할 수 있다.

> ★ 트림
> 필리핀 사람들은 식사 후 트림하는 것을 음식이 맛있었다는 표시, 혹은 주님께 음식에 대해 감사하다는 표시를 하는 것이라고 생각한다.

Do you have any special recommendations?
특별히 추천해주실 음식이 있나요?

Would you explain this dish?
어떤 요리인지 설명해주시겠어요?

Do you have anything that's quick?
뭐든 빨리 되는 게 있나요?

May I ask the name of your dish?
드시고 있는 요리 이름을 물어봐도 될까요?

What's the dish that man's having?
저 남자분이 먹고 있는 음식이 뭐죠?

What kind of beer do you have?
어떤 맥주가 있나요?

Anything else?
더 주문하실 게 있나요?

I'll have whatever you recommend.
당신이 권해주신 걸로 하겠습니다.

일반 레스토랑을 가면 보통 한 끼에 100~200페소 정도 하고 고급 레스토랑을 가더라도 여러 음식을 함께 시켜먹으면 한 사람당 최대 600페소 정도 부담한다.

계산은 카운터에서 하지 않고 음식을 다 먹고 난 다음 조용히 직원을 불러 Bill, please~?라고 하면 계산서를 가지고 온다. 필리핀 생활이 익숙하지 않았을 때 이런 이야기를 듣고 직원을 불러 조용하게 Bill, please~?라고 했더니 맥주를 가지고 온 적이 있었다. 아마도 Beer, please?로 들었던 모양이다.

계산서를 체크해보면, 레스토랑에 따라 세금이 10% 포함되어 나오는 경우도 있고 그렇지 않은 경우도 있다. 세금이 포함된 계산서를 받으면 그 금액만 주면 되지만 세금이 포함되지 않은 경우엔 직원들에게 서비스 팁을 50페소 정도 주도록 하자.

가끔 시킨 음식 외에 직원이 고의나 실수로 음식을 추가해서 적어놓는 경우도 있기 때문에 계산서를 받으면 바로 돈을 지불하지 말고 자신이 주문한 음식과 계산서가 동일한지 한번 확인해보는 것이 좋다.

★ 종종 물 값을 절약하기 위해 수돗물을 주는 레스토랑들이 있다. 레스토랑에 가서도 미네랄워터 mineral water를 구입해 마시는 것이 안전하다.

★ 패스트푸드점에서 파는 음료수 컵에 Bottomless라고 적혀 있으면 무한 리필이 가능하다는 뜻으로, 다른 음료보다 조금 더 비싸다.

★ 맥주를 마실 때 컵에 얼음을 넣어 희석해 마시는 경우가 많은데 사각얼음은 위생 상태가 점검되지 않은 얼음일 가능성이 높다. 그런 얼음을 먹으면 자칫 설사와 복통으로 고생할 수 있으니 되도록 사각얼음보다 공장에서 제조된 얼음을 먹도록 하자. 원통 모양에 가운데 구멍이 난 얼음이 공장에서 제조된 얼음이다.

용석	How much is it altogether?	
	전부 얼마인가요?	
직원	It's eight hundred pesos.	
	800페소입니다.	
용석	Is the tip included?	
	팁이 포함되었나요?	
직원	No, it's not included.	
	아니요, 포함되지 않습니다.	
용석	I'm afraid there is a mistake in the bill. What's this for?	
	계산이 틀린 것 같은데요. 이게 무슨 금액이죠?	
직원	This is for that food.	
	이건 저 음식에 대한 요금입니다.	
용석	Oh, okay. Can I pay this by credit card?	
	아, 알겠습니다. 이 신용 카드로 계산해도 되나요?	
직원	Yes, sir. Thank you.	
	예, 감사합니다.	

Could you wrap this up to go?
이걸 가지고 가려고 하는데 포장해주실 수 있나요?

Make out separate checks, please.
계산을 따로 해주세요.

Let me share the bill.
각자 계산하기로 합시다.

필리핀이 우리나라와 크게 다른 것이 있다면, 바로 '팁' 문화다. 사실상 필리핀에서는 손님들이 주는 팁을 고려해서 직원들의 급료를 책정하기 때문에 직원들은 우리가 생각하는 것보다 훨씬 적은 돈을 받으면서 일을 한다. 팁이란 TIP(To Insure Promptness)에서 나왔다는 말이 있듯이 서비스가 정확하고 신속했을 때, 봉사자에 대한 고마움의 뜻으로 주는 돈인데, 필리핀은 팁 문화가 정착되어 팁을 받는 사람은 당연히 받아야 한다고 생각하고, 한국 사람은 '계산할 거 다 했는데 뭘 더 주냐?'란 생각을 해서 종종 문제가 된다. 필리핀의 문화를 존중한다는 의미에서 레스토랑에서 식사하고 나올 때는 서비스에 따라 다르겠지만 대략 20~50페소 정도 팁을 주자.

★ 거리에는 서민들이 즐겨 먹는 바비큐 꼬치들을 많이 판다. 가격은 대략 15~20페소 정도. 비위생적으로 보이기 때문에 우리나라 사람들은 그다지 즐겨 먹지 않지만, 필리핀의 대표적인 맥주 산미겔과 함께 먹으면 달콤한 게 맛있다.

≫ 필리핀의 간식!

★ 타호 Taho
순두부에 초콜릿이나 젤리를 뿌려 먹는 음식. 한 컵에 약 7페소 정도 한다. 길에서 많이 사 먹는다.

★ 옥수수 쉐이크
캔에 들어있는 옥수수를 얼음과 같이 갈아서 먹는 빙수라고 생각하면 딱 맞을 듯. 달콤하고 시원한 게 의외로 먹을 만하다.

★ 수만 Suman
일종의 찹쌀떡. 식사나 군것질 대용으로 많이 먹는다. 그냥 먹어도 담백하면서 인절미 맛이 나지만 필리핀 사람들은 망고 조림(그린 망고를 소금불에 설인 것) 국물에 찍어 먹거나 망고를 반찬 삼아 먹는다.

마닐라

카마얀 Kamayan

서민 지역으로 번영하고 있는 말라테 지구의 중심 거리 아드리아티코M. Adriatico St. 왼쪽 끝에 위치한 레스토랑. 손으로 음식을 먹는 것이 카마얀('손으로 다룬다'라는 뜻)의 전통이다. 반드시 손으로 먹어야 하는 것은 아니지만 이왕 가게의 전통이 그렇다니, 가게 안에 있는 후가산 Hugasan이라는 곳에서 손을 씻고 그들처럼 한번 먹어보자. 이곳에서 가장 유명한 음식은 새끼돼지 통 바비큐(완자 레촌)인데, kg 단위로 주문할 수 있어 적은 인원이 가도 부담 없이 먹을 수 있다.

주소: 523 Padre Faura Cor, M.Adriatico St. Ermita, Manila
전화번호: 02-528-1723~4

비스트로 레메디오스 Bistro Remedios

레메디오스 광장Remedios Cirle 옆에 있는 레스토랑으로 팜방가 지방의 영양 높은 토속음식 불랄로Bulalo를 맛볼 수 있다. 불랄로는 부드러운 소고기와 소뼈를 고아 만든 음식인데, 현지인뿐 아니라 외국인에게도 인기가 좋으니 꼭 한 번 먹어보도록 하자.

주소: M Adriatico St. Malate, Manila
전화번호: 02-523-9153

파티오 게르니카 Patio Guernica

아름다운 기타 연주를 들으면서 맛있는 스페인식 스테이크와 해산물 요리를 먹을 수 있는 곳이다. 말라테 지구 중심가인 레메디오스 광장 앞에 있기 때문에 주변을 여행하다 들리기 좋다. 종종 연주자가 테이블을 돌며 신청곡을 받아 즉석에서 연주해주기도 한다.

주소: SM mall of Asia, 2nd Floor, Entertainment hall Pasay City, Manila
전화번호: 02-804-0737

라푸라푸

불랄로

비아 마레 Via Mare

500페소도 안 되는 돈으로 사치스러울 정도로 고급스럽게 꾸며진 레스토랑에서 맛있는 해산물 요리를 맛볼 수 있다. 마카티 그린벨트 몰Greenbelt Mall 안에 위치. 필리핀 요리와 프랑스 요리를 한 번에 먹을 수 있고 직원들의 서비스가 상당히 좋은 편이다.

주소: Greenbelt Mall, Paseo de Roxas, Makati, Manila
전화번호: 02-815-1918

잠보앙가 Zamboanga

필리핀 전통 무용 공연을 보며, 민다나오 섬의 잠보앙가 지역에서 유명한 해산물 요리를 맛볼 수 있다. 공연은 매일 밤 8시 30분에 시작하고, 대표적인 음식은 바다가재 요리이다. 찜이나 구이 등 조리법을 자신이 선택할 수 있다.

주소: 1619 M. Adriatico St. Ermita, Manila
전화번호: 02-525-8828

바기오

바리오 피에스타 Barrio Fiesta

바기오 현지인들에게도 최고로 인기가 좋은, 필리핀 전통 레스토랑이다. 저렴하면서도 여러 가지 필리핀 전통 음식을 맛볼 수 있다. 빅토리 라이너 버스 터미널Victory Liner Bus Terminal 아래쪽으로 5분 거리에 위치해 있다.

주소: Upper Session Rd. Bagio
전화번호: 074-443-9354

쿠시마 니 임마 Kusima ni Ima

개구리와 귀뚜라미 요리로 유명한 이국적인 전원풍 식당이다. 카팡판간 지방 요리를 파는데, 개구리 아도보Frog adobo라고 하는, 닭고기와 돼지고기로 속을 채운 개구리 요리가 일품이다. 마늘과 함께 바삭하게 튀긴 카마루라는 귀뚜라미 요리도 있다.

주소: Cnr Legarda Rd. and Carino St. Bagio
전화번호: 074-443-9420

Restaurant 맛집

세부

디쉬 Dish

세부 업타운 센추리 플라자 Century Plaza 옆에 위치한 레스토랑으로 세련된 인테리어와 친절한 서비스로 유명하다. 태국식 팟타이나 코코넛 커리, 참새우 요리 등 다양한 아시아 음식을 저렴한 가격으로 즐길 수 있다.
주소: J Osmena St. Cebu
전화번호: 032-254-0567

시푸드 시티 Seafood City

세부 업타운에서 더 북쪽에 위치. 선박 내부와 비슷한 분위기의 레스토랑으로, 채소와 과일, 해산물을 골라 자신의 취향에 맞게 요리 방법과 양념을 주문할 수 있다. 우리나라에서는 비싼 바닷가재도, 100g에 150페소 정도로 저렴해서 친구들과 여러 종류의 음식을 주문해 먹으면 좋다.
주소: JY Square, Lahug, Cebu
전화번호: 032-233-6245

보라카이

시 러버즈 Sea Lovers

해산물과 스테이크가 맛있는, 보라카이에서 상당히 오래된 전통 있는 레스토랑이다. 샐러드나 해산물 카레, 새우 등이 70페소 정도로 저렴하고 맛있다.
주소: Frontbeach, Balabag, Boracay Is. Malay, Aklan
전화번호: 036-288-6139

술루 타이 Sulu Thai

성수기에는 자리가 없을 정도로 손님들이 많고 서양 사람들이 타이 음식을 먹기 위해 밤마다 찾는 곳이다. 시설은 약간 허름하지만 태국의 전통 스프 똠양꿍을 180페소에 맛볼 수 있고 샐러드 타이, 치킨 소테인 카이 팟 베드 등을 저렴하게 먹을 수 있다.
주소: Mangayad, Boracay Is. Malay, Aklan
전화번호: 036-288-3400

일로일로

빌라 레가타 Villa Regatta

아레벨로 Arevelo 해변에 있는 레스토랑으로, 창의적으로 요리한 게, 새우, 홍합, 바닷가재 등 해산물 요리를 해변에 앉아 먹을 수 있다. 특히 금요일 저녁에는 뷔페를 먹을 수 있다.
주소: Sto Nino Sur, Arevelo, Iloilo
전화번호: 033-500-1331

크루아 타이 Krua Thai

스몰빌 콤플렉스 Smallville Complex 안에 있는 태국 식당. 종업원들이 모두 유니폼을 입고 있으며 레스토랑 내부를 태국 전통 미술 및 티크 소재의 벽 등으로 특색 있게 꾸몄다. 망고 샐러드를 곁들인 바삭한 생선 요리를 비롯해 맛깔스런 메뉴가 여럿 있다.
주소: Smallville Complex, Diversion Rd. Iloilo
전화번호: 033-321-3784

바콜로드

쿠이다오레 야키니쿠 레스토랑
Kuidaore Yakiniku Restaurant

공항 북쪽에 있는 가이사노 몰 Gaisano Mall 건너편에 위치한 일본인이 운영하는 레스토랑으로, 질 좋은 재료로 만든 초밥, 회, 우동뿐만 아니라 불고기와 갈비도 맛볼 수 있다.
주소: Door No. 24, Francis Center Araneta St. Singcang-Airport, Bacolod
전화번호: 034-433-7230

스테이크 / 개구리 아도보

똠양꿍 / 돼지바비큐

07 렌터카 이용하기

교통이 불편하기 때문에 친인척이 필리핀으로 놀러왔을 때나 친구들과 함께 여행을 할 때 렌터카를 이용하면 편하다.

> Can I get any car rental agency contact number?
> 렌터카 업체 연락처를 알 수 있을까요?
>
> Where can I rent a car?
> 어디서 자동차 렌트할 수 있나요?
>
> I'd like to reserve a rental car, please.
> 렌터카를 예약하고 싶습니다.

필리핀에서는 차를 렌트할 때 기사도 함께 고용하는 것이 일반적이다. 인건비가 저렴하기 때문인 것도 있지만 차만 렌트할 경우 보험 처리에 문제가 있을 수 있고 필리핀에서 외국인이 운전한다는 것이 만만찮기 때문이다. 차선은 우리나라와 같은 방향이지만 교통 안내 신호체계도 불안정한 편인데다 운전자들이 끼어들기나 중앙선 침범, 불법 유턴 등을 너무나 자연스럽게 하기 때문에 제 아무리 뛰어난 운전 솜씨를 가지고 있다 하더라도 직접 운전하는 것은 위험하다.

★ 렌트비
렌트비는 기사를 포함해 하루에 약 3,500페소 정도(신차는 4,000페소 정도)인데, 기름 및 차량 통행비 등은 렌트하는 사람이 부담해야 한다. 전화로 신청하면 차량을 직접 원하는 장소로 가져다 주기도 한다. 보통 교민신문에서 전화번호를 확인하고 신청한다.

운전기사를 포함해서 렌트하려면 복잡한 서류 없이 돈만 지불하면 되지만, 차만 렌트할 경우에는 렌트 신청서와 보험 가입서 등 서류를 작성해야 하고 차량 상태도 확인해야 하기 때문에 절차가 조금 까다로운 편이다. 게다가 보통 만 25세에서 만 60세 미만으로 나이 제한이 있고 국제 운전 면허증과 여권, 신용 카드 외에 필리핀 현지 면허증을 요구하는 경우도 많다.

만약 차만 렌트했는데 사고가 발생하면 엄청난 보상을 해야 함은 물론, 필리핀 법을 따라야 하기 때문에 상황들이 복잡해질 수 있고 경찰들이 일처리와 관련해 많은 돈을 요구할 수 있다. 또 앞에서 말했듯이 현지 교통 법규나 도로 사정에 익숙하지 않다 보니 작은 잘못으로도 큰 벌금을 지불해야 한다거나 경찰에게 뒷돈을 줘야 하는 경우도 생긴다.

★ 세계적인 렌터카 회사
차만 렌트할 때는 세계적으로 네트워크가 형성된 HERTZ나 AVIS 또는 BUDGET에서도 렌트할 수 있다.
• HERTZ
www.hertz.com
• AVIS
www.avis.com
• BUDGET
www.budget.com
• Dollar Rent a Car
www.dollar.com

용석	I'd like to rent a car. 차를 빌리고 싶은데요.	
직원	What type of car would you like? 어떤 차종을 원하시나요?	
용석	I'd like an automatic car. Mid-size, please. 중형으로 오토매틱 차였으면 합니다.	
직원	What model do you want? 어떤 모델을 원하세요?	
용석	Can I see your car for rent list? 렌터카 목록을 볼 수 있을까요?	
직원	Sure. You can check the car list in this brochure. 물론입니다. 목록은 이쪽 브로슈어에서 보세요.	
용석	Okay, Thanks. How much is this car for one week? 네, 감사합니다. 이걸로 한 주 빌리는 데 얼마인가요?	
직원	Seven thousand pesos per week. 한 주에 7,000페소입니다.	
용석	Does the price include insurance? 보험이 포함된 가격인가요?	
직원	Yes, you'll have full coverage. 네, 종합보험입니다.	
용석	How much money will I receive if I have an accident? 사고가 났을 때 보상받을 수 있는 한도액이 얼마인가요?	
직원	The maximum compensation you can receive is five million pesos. 500만 페소까지 보상받을 수 있습니다.	

★ 필리핀 운전면허증 발급 (차를 사거나 필리핀에 오래 있을 분들)
먼저 우리나라에서 발급받은 면허증을 가지고 필리핀에 있는 한국 대사관에 가서 공증을 받는다. 그 후 필리핀 LTO(Land Transportation Office)에서 시력검사, 소변검사(마약반응검사) 등 신체검사(비용 약 400페소)를 받는다. 그런 다음 번역 공증을 받은 서류와 여권 원본, 신체검사 서류를 접수하면 당일에 필리핀 운전면허증을 발급받을(비용 약 620페소) 수 있다.

운전면허증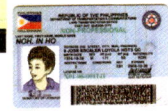

Can I rent a car with a driver?
자동차와 운전기사를 렌트할 수 있을까요?

Do you have any Korean cars?
한국 차가 있나요?

What is the charge per day?
하루에 요금이 얼마인가요?

Is this with unlimited mileage?
무제한 마일리지죠?

Can I see your driver's license?
운전면허증 좀 보여주세요.

Can I have a road map?
도로 지도를 얻을 수 있을까요?

How can I return it after using?
사용 후에는 어떻게 돌려주죠?

Return the car with a full tank of gas, please.
연료는 가득 채워서 돌려주세요.

---

four by four 4륜구동 mid-size car 중형차 full-size car 대형차 van 밴 deposit 보증금 drop off charge 미반환 요금 auto insurance 자동차 보험 breakdown 고장 gas station 주유소 fill it up 가득 채우다 parking lot 주차장 no entry 통행금지 no parking 주차금지 one way 일방통행 slow 서행 express way 고속도로 toll road 유료도로

운전기사와 차를 같이 렌트할 때는 우리나라 렌터카 업체나 현지인 렌터카 업체에서 렌트할 수 있는데, 개인적으로 우리나라 렌터카 업체에서 렌트하는 것을 추천해주고 싶다.

필리핀 현지 업체를 통해 렌트할 경우, 운전 중 생긴 작은 문제가 의사소통 때문에 큰 문제로 발전할 수 있기 때문이다. 반면 우리나라 업체에서 나온 필리핀 운전기사들은 비용은 좀 더 비싸지만 이미 한국 손님들을 많이 상대해봤기 때문에 여러 상황에 대한 대처 능력이 현지인 업체 기사들보다 좋은 편이다.

Hi. officer! Anything wrong?
경관님, 뭐 잘못됐나요?

You didn't stop at the stop sign.
정지 신호에서 정지하지 않았습니다.

You violated the traffic sign, sir.
신호위반을 했습니다.

You exceeded the speed limit, sir.
속도위반을 했습니다.

Let me see your driver's license.
면허증 좀 보여주세요.

운전기사와 차를 같이 렌트할 때 연료비는 별도로 지급해야 한다. 운전기사의 보수는 렌터카 회사에서 지급해주지만 월급이 워낙 적기 때문에 식사 시간에는 150~200페소 정도 식사비를 따로 챙겨줘야 하고 하루 업무가 끝나면 대략 200페소 정도 주는 것이 일반적이다.

차를 반납할 때는 렌트 기간 동안 차에 흠집이 생기지 않았다는 것을 렌터카 업체 직원과 함께 확인하고 반납해야 한다.

필리핀 주유소는 우리나라 주유소와 크게 다르지 않은데, 간단한 음료와 과자를 살 수 있는 마켓이 있는 곳이 많고, 대부분 현금으로만 계산이 가능하다. 휘발유 값은 리터당 60페소 정도로 비교적 부담이 적은 편이다.

★ 주유할 때 주유소 직원이 유리창을 닦아주면 20페소 정도 팁을 주는 것이 에티켓이다.

Could you move up a little?
조금만 앞으로 빼주시겠어요?

How much do you want?
얼마나 넣어드릴까요?

Fill it up, please.
꽉 채워주세요.

Is there a gas station nearby?
근처에 주요소가 있나요?

Pull up to the pump.
주유기에 차를 세우세요.

08 취미 생활하기

골프

일반적으로 필리핀은 물가를 포함해서 여가 활동비가 저렴한 나라로 알려져 있다. 특히 골프를 배우기에 환경도 좋고 비용도 비싸지 않아 어학연수로 필리핀에 가는 학생들은 이참에 골프도 배워야겠다는 생각을 많이 한다. 하지만 어학연수생이 골프를 배우기에는 여러모로 어려운 점들이 있다. 대부분 연수생들은 어학연수 기간을 3개월 정도로 계획하고 가는데 골프라는 스포츠가 사실 한두 달 연습으로 할 수 있는 스포츠도 아니고 필리핀에 골프 연습장이 그리 많은 것도 아니다. 골프채도 돈이 많아서 산다면 모를까 그렇지 않으면 아는 사람에게 빌리거나 임대해야 하고, 빌렸다 해도 대중교통을 이용해 날마다 연습장에 간다는 게 만만치 않은 게 사실이다. 이런저런 이유들과 어려움으로 실질적으로 골프를 배우고 돌아가는 연수생들은 많지 않고 이민자나 장기 체류자들 중심으로 골프가 대중화되어 있는 편이다.

> Can I rent a golf club?
> 골프 클럽을 빌릴 수 있나요?
>
> Are there any golf courses near here?
> 근처에 골프장이 있나요?
>
> I play at the driving range.
> 나는 골프 연습장에서 골프를 쳐요.
>
> I've never played golf.
> 나는 골프를 쳐본 적이 없어요.

현지에 살고 있는 사람은 거주증명서, 신분증(면허증 등)으로 거주증명을 하면 1,000페소 정도에 골프장을 이용할 수 있지만 외국인이 인기 좋은 골프장을 이용하려면 보통 캐디caddie를 포함해서 3,000페소(약 60,000원) 정도, 클럽 대여료로 500페소 정도 지급해야 한다. 캐디 비용을 따로 지급하지 않는 경우에는 플레이가 끝난 뒤 팁으로 150~200페소 정도 주는 것이 일반적이다. 단, 필리핀에 거주하고 있는 사람과 함께 가면 현지인 가격으로 골프장을 이용할 수 있다.

골프 연습장에서 개인적으로 연습할 때는 골프공이 50개 든 바구니 하나 당 약 40페소(800원)고 강사에게 레슨을 받을 경우에는 집까지 픽업해주고 골프채를 빌려주는 비용을 포함해 대략 13,000페소 정도 든다.

★ 골프장은 크게 나누어 퍼블릭 코스Public Course, 프라이빗 코스Private Course, 리조트 코스 Resort Course, 익세큐티브 코스Executive Course, 미니어처 코스Miniature Course 등이 있다.

★ www.ggaclubshares.com 필리핀 골프장 회원권 가격을 알아볼 수 있다.

용석	Would you like to play golf next week? 다음 주에 골프 치지 않을래?
친구	That sounds great! 좋지!
용석	Will anyone else be playing with us? 같이 골프 칠 친구 있니?
친구	Yes, Mr. Smith and my friend, Ian will make it a foursome. 응, 스미스 씨, 내 친구 이안 이렇게 4명이 하자.
용석	Great! Your friend, Ian is a single-digit player, isn't he? 좋아! 너 친구 이안도 싱글 핸디 캡퍼지?
친구	Yes, he plays very well. Actually, he is a real golf addict. 그래, 그 친구 골프 진짜 잘 쳐. 사실 골프광이거든.

좋은 골프장은 우리나라나 일본에서 온 골프 관광 손님들로 대부분 예약이 꽉 차 있고, 이용료가 다른 곳보다 10% 정도 비싸다. 주말에 이런 골프장을 이용할 계획이라면 반드시 전화 예약을 하도록 하자.

Are you fond of golf?
골프 좋아하세요?

I heard you're good at golf.
골프를 잘 하신다고 들었어요.

Why don't we get together for a game of golf one day next week?
다음 주에 골프 치러 가실래요?

I'm a bogey player.
저는 보기 플레이어입니다.

I usually hit in the (low) nineties.
저는 대개 90대 (초반) 칩니다.

What's your handicap?
핸디가 어떻게 되나요?

What do you usually hit in a round?
보통 몇 타나 치시죠?

직원	Good morning~! This is Manila Country Club, Rinda speaking. How can I Help you? 안녕하세요. 마닐라 컨트리 클럽의 린다입니다. 무엇을 도와드릴까요?
용석	Hi, I'd like to make a reservation to play golf this Sunday at 9:00 am. 안녕하세요. 이번 주 일요일 오전 9시에 플레이 예약을 하고 싶은데요.
직원	Oh, I am very sorry, sir. Actually, a reservation must be booked at least one week in advance. 아, 정말 죄송합니다. 예약은 적어도 1주일 전에 하셔야 합니다.
용석	Oh, I see. How about next Saturday? Is it okay? 아, 그렇군요. 그럼 다음 주 토요일은 어떤가요? 가능한가요?
직원	What time would you like to play, sir? 몇 시에 플레이하기 원하십니까?
용석	Well, can we tee off at ten o'clock in the morning? 흠, 그럼 오전 10시에 시작할 수 있나요?
직원	Oh, sorry for that. That's not available but nine is fine. 죄송합니다. 그때는 안 되고요. 9시라면 괜찮습니다.

용석	9 am? Okay, that's fine. Booking, please? 9시요? 알겠습니다. 좋습니다. 예약 부탁드립니다.
직원	Alright. How many of you? 좋습니다. 몇 분이시죠?
용석	We're four including myself. 저를 포함해서 4명입니다.

마닐라 인근의 골프장

★ **The Orchard Golf and Country Club** 오차드 골프 클럽
- 마닐라 공항에서 남쪽으로 약 50분 거리에 위치
- 파머(7,013야드, 파 72, 18홀), 플레이어(6,813야드, 파 72, 18홀)
- www.theorchardgolf.com
- 주소: Aguinaldo Highway, Dasmarinas, Cavite, Philippines 4114
- 전화번호: 02-982-2000

★ **Valley Golf & Country Club Inc.** 발리 골프 & 컨트리 클럽
- 마닐라 공항에서 북동쪽으로 약 1시간 거리에 위치
- 사우스 코스(6,702야드, 파 72, 18홀), 이그지큐티브 코스(5,396야드, 파 70, 18홀)
- www.valleygolf.com.ph
- 주소: Don Celso S. Tuason Avenue, Antipolo City 1870
- 전화번호: 02-658-4901/03

★ **Mount Malarayat Golf & Country Club** 말라라얏 골프 클럽
- 마닐라 공항에서 남쪽으로 약 2시간 거리에 위치
- Mt. 마쿨롯(3,168야드, 9홀), Mt. 로보(3,116야드, 9홀), Mt. 마리푼요(3,208야드, 9홀)
- www.malarayat.com
- 주소: Barangay Dagatan, Lipa City 4217
- 전화번호: 43-756-7007

★ **Tat Filipinas golf club** 타트 필리피나스 골프 클럽
- 마카티 지구에서 고속도로를 이용해 30분 거리에 위치
- 7,173야드, 파 66, 18홀
- www.tatfilipinas.com
- 주소: Narra Rd. San Antonio, San Pedro, Laguna
- 전화번호: 02-868-0267/70

스쿠버 다이빙

필리핀은 열대우림과 7,000여 개가 넘는 아름다운 섬들로 이루어진 나라요, 산호와 다양한 수중생물로 유명한 나라인 만큼 스쿠버 다이버들에게 천국과 같은 곳이다. 단기 어학연수생들에게는 스쿠버 다이빙scuba diving 비용이 다소 부담스러울 수 있겠지만, 필리핀에 왔으면 경험 삼아 한번쯤 꼭 필리핀의 꽃, 스쿠버 다이빙을 해보라고 권해주고 싶다. 기본적으로 체험 다이빙fun diving 한 번 하려면 대략 US$125 정도 든다.

★ 스쿠버 다이빙을 배울 때 수영을 할 줄 알면 어느 정도 도움이 되지만 못한다 해도 물속에서 움직이는 것이기 때문에 상관없다.

★ SCUBA Diving은 Self Contained Underwater Breathing Apparatus Diving의 두문자를 합쳐 만든 합성어

용석	Hi, my name is Tommy Han. Can I make a reservation for scuba diving? 안녕하세요, 토미 한이라고 하는데, 스쿠버 다이빙 예약이 가능한가요?
직원	When do you want to? 언제로요?
용석	Is it okay, next Sunday? 다음 주 일요일에 가능할까요?
직원	How many people will come for diving? 몇 명이 오실 예정이죠?
용석	Four people including myself. 저를 포함해서 4명입니다.
직원	What time do you want? 몇 시에 하시길 원하십니까?
용석	Is it okay, around 1 or 2 pm? 오후 1시나 2시 정도에 괜찮습니까?
직원	Yep, it's okay. You have to come to our office around 10 am. And do you have any scuba diving license? 넵, 가능합니다. 오전 10시까지 사무실로 오셔야 합니다. 그리고 스쿠버 다이빙 자격증은 있나요?
용석	Yes. My friends and I have got the Open Water PADI license. 저와 제 친구들 모두 PADI 오픈워터 자격증이 있습니다.
직원	Alright. That's nice. See you next weekend. 알겠습니다. 좋습니다. 다음 주에 뵙죠.

Please check your diving gear first.
가장 먼저 다이빙 장비를 체크하세요.

We're going to stay under for 45 minutes.
우리는 45분 정도 잠수할 예정입니다.

Who is my buddy this time for wreck diving?
이번 난파선 다이빙에서 제 짝이 누구죠?

What's the depth of the water here?
여기 수심이 얼마나 되죠?

스쿠버 다이빙 교육을 받으면 다이빙 자격증Certificate Card이 나오는데 NAUI의 경우 자격증과 컬러판 다이빙 교재가 함께 나온다. 이 자격증이 있어야 한국에서는 물론 해외에서도 스쿠버 다이빙을 즐길 수 있다. 자격 등급에 따라 다이빙 포인트 제한이 있을 수 있다. 그러나 한국에서만 인정 되고 해외에서는 인정되지 않는 단체들이 있기 때문에 배울 때 단체도 잘 선택해야 한다.

초급 단계인 스쿠버 다이버(오픈워터) 교육의 강습비는 장비대여료, 교재비, 자격증, 해양실습비 등을 합쳐 대략 U$300~U$450 정도다. 일단 다이빙 센터를 선택할 때 별도의 추가 비용이 없는지 체크하고 특히 그 다이빙 센터가 교육 전문 센터인지 아니면 관광객을 위한 체험 다이빙숍인지 파악 해야 한다. 체험 다이빙숍의 경우 대부분 현지 여행사와 연계한 관광객 체험 다이빙을 하기 때문에 다이빙 전문 교육 센터와 교육의 질 차이가 많이 날 수 있다. 그래서 다이빙 센터를 고를 때는 항상 그 센터의 홈페이지를 검색해서 전문 교육 센터인지, 교육생은 많은지 확인하도록 한다.

용석	How much is the fee for PADI Open Water License course? PADI 오픈워터 자격증 코스는 얼마인가요?
직원	300 dollars for Open Water License course. 오픈워터 자격증 코스는 300달러입니다.
용석	300 dollars? And how many days do I have to join that course? 300달러요? 며칠짜리 코스인가요?
직원	You have to join the course for four days. 4일 코스입니다.
용석	Okay. Is there any extra charge here? 알겠습니다. 혹시 추가 비용이 있나요?
직원	You need to pay US$50 if you want to rent the diving gear here. 만약 다이빙 장비를 대여하시려면 대여료 50달러를 내셔야 합니다.
용석	Okay. Anything else? 예, 더 추가되는 것은 없고요?
직원	Nothing at all. 네, 없습니다.

NAUI 스쿠버 다이버(오픈워터) 코스

세계 최초의 스쿠버 교육 단체인 NAUI는 'Quality Difference'를 슬로건으로 내세우고 차별화된 교육 시스템을 자랑한다. 세계적으로 보편적인 프로그램을 개발하는 동시에 프로그램을 계속 개선하면서 안전한 다이빙을 위해 노력하고 있다.

★ 스쿠버 다이버 코스 스케줄

첫날
다이빙 이론 및 제한수역(수영장) 교육 및 스킨 다이빙 1회

둘째 날
현장 수역 다이빙 2회 후 다이브 테이블 교육

셋째 날
현장수역 다이빙 2회 후 이론시험 및 문제풀이, 로그북 작성

- 코스 스케줄은 날씨와 환경에 따라 바뀔 수 있다.

필리핀 세부 NAUI 프로골드(강사 양성) 센터이자 NAUI 테크니컬 트레이닝 센터인 포비 다이버스 센터에서 NAUI Course Director(강사 평가관)이면서 NAUI 아시아 최초의 테크니컬 다이빙 강사가 직접 교육한다. 다이빙 센터 중에서 초보부터 강사까지, 그리고 테크니컬 다이빙까지 모두 배울 수 있는 곳은 드물다.

탤런트 송경철, 정혜선, 손호균, 영화배우 심이영, 올림픽 사격 은메달 리스트 강초현, 개그맨 이상해, 남성남, 전 복싱 챔피언 지인진 등 유명인들이 자주 이용한다.

세부 포비 다이버스에서 스쿠버 자격증 코스를 이수하고 힐루퉁안 섬으로 다이빙 투어를 간 적이 있었다. 그 당시 스쿠버 실력이 초보 수준이라 그리 깊지 않은 10m 정도에서 다이빙을 했는데 그럼에도 눈이 부실 정도로 너무나 아름다운 수백 종의 열대어들이 산호초 사이를 헤엄쳐 다니는 모습을 보고는 '이래서 다들 스쿠버 다이빙에 중독되는구나' 하고 감탄했다. 함께 배를 탄 다이버들은 빵을 준비해 다이빙을 했는데 물속에서 빵을 꺼내는 순간 수많은 열대어들이 몰려들어 빵을 뜯어먹는 통에 다이버들이 수중 사진을 찍을 수 없을 정도였다. 한국에 돌아와서는 눈만 감으면 버블bubble소리가 들리고 스쿠버 다이빙을 하는 꿈을 꾸면서 며칠 동안 바닷속을 헤매고 다녔다.

고래상어

스쿠버 다이빙 센터

마닐라 인근 지역

★ **Ocean Zone Explorer**
오션 존 익스플로러즈
- PADI 오픈워터 자격증 취득 금액 US$350
- www.oceanzoneexplorers.com
- 주소: 1st floor DC Square Bldg. 54 Timong ave. Quezon City
- 전화번호: 0929-106-9061

세부 인근 지역

★ **Poby Divers Center**
포비 다이버스 센터
- NAUI 초급부터 강사교육, NAUI테크니컬 교육
- www.pobydivers.com
- 주소: Poby divers, Tambuli East Resort, MAribago Lapu-Lapu city, Cebu

- 전화번호 LG070:
  070-8256-9111(시내요금 적용)
  0917-723-0119

★ **Kon-Tiki Divers**콘티키 다이버즈
- PADI 오픈워터 자격증 취득 금액 (4일) US$450
- www.kontikidivers.com
- 주소: c/o Club Kontiki, Maribago, Lapu-lapu City, Cebu
- 전화번호: 32-495-2471

★ **Savadra Great White Dive Center**사베드라 그레이트 화이트 다이브 센터
- PADI 오픈워터 자격증 취득 금액 (4일) US$450
- www.savedra
- 주소: Panagsama Beach, Moalboal, Cebu
- 전화번호: 32-474-3488

보라카이 인근 지역

★ **Lapu-Lapu Diving Center**
라푸라푸 다이빙 센터
- PADI 오픈워터 자격증 취득 금액 (4일) US$550
- www.lapulapu.com
- 주소: Boracay Is. 5608 Malay, Aklan
- 전화번호: 36-288-3302

★ **Victory Divers**빅토리 다이버즈
- PADI 오픈워터 자격증 취득 금액 (4일) US$530
- www.victorydivers.com
- 주소: Boracay Is. Malay, Aklan
- 전화번호: 36-288-3209

- 필리핀 전 지역에 다이빙 센터로 등록된 곳은 총 217곳이다.
- 필리핀 다이빙 센터 리스트 www.dive-centers.net/diving-philippines-64.html

09 필리핀 마사지 받기

필리핀에서 우리나라 사람들에게 흔한 일상 중 하나는 마사지다. 우리나라 찜질방이나 마사지 숍에서 맛사지 한 번 받으려면 8~10만 원 정도 들지만 필리핀에서는 한 시간에 대략 300~1,000페소 정도로 뻐근한 몸을 가뿐하게 만들어주는 마사지를 받을 수 있다.
어디에서든 쉽게 마사지 숍을 볼 수 있으며 규모가 큰 숍에는 목욕탕과 사우나 시설이 있지만 규모가 작은 숍에는 샤워 시설 없이 마사지만 받을 수 있다.

전신 마사지에는 지압 마사지와 오일 마사지, 맨소래담 마사지, 로션 마사지 등이 있는데 부드럽게 피로를 풀고 싶다면 오일 종류의 마사지가 좋고 조금 강도가 높은 마사지를 원한다면 지압과 관절꺾기를 해주는 타이 마사지를 선택하도록 하자.

발 마사지는 먼저 발을 소독액이 담긴 진동 용기에 넣어 소독을 하고 발의 긴장을 푸는 것으로 시작한다. 약 10분 정도 소독을 한 다음 물기를 닦아내고 로션을 바른 뒤 손과 손가락 마디와 작은 막대를 이용해서 지압하듯 마사지를 한다. 발을 집중적으로 하지만 어깨, 팔 등도 간단하게 마사지해준다.

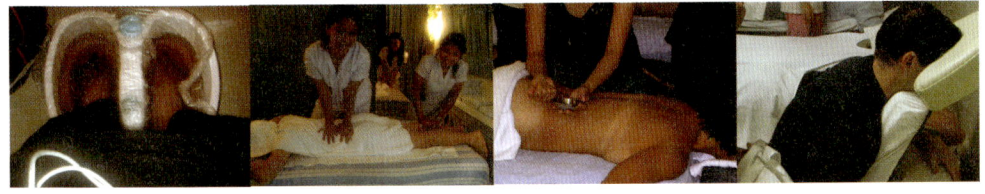

마사지	Hi, how can I help you?
	어서오세요~
용석	Hi, I would like to take a massage here.
	마사지를 받고 싶은데요.
마사지	What kind of massage do you prefer?
	어떤 마사지를 받길 원하시나요?
용석	How much for the body massage?
	바디 마사지는 얼마인가요?
마사지	It's 450 pesos. The body massage has two different types. Thai and Oil massage. Which one do you like?
	450페소에요. 바디 마사지는 타이 마시지와 오일 마사지가 있는데 어떤 게 좋으세요?
용석	I will take the Oil massage, please.
	그럼 전 오일 마사지를 받고 싶어요.
마사지	Okay, no problem.
	알겠습니다.
용석	Do you discount if I have body massage and foot spa together?
	혹시 발 마사지도 함께 받으면 할인이 되나요?
마사지	The price's going to be 800 pesos if you take both of them.
	바디 마사지와 발 마사지를 같이 받으시면 800페소입니다.
용석	Alright. I will take them.
	그럼 둘 다 해주세요.
마사지	Thank you, sir. Could you follow me?
	알겠습니다. 따라오시겠습니까?

마사지는 보통 한 가지 받을 때 1시간 정도 걸리지만 여러 마사지를 한 번에 받거나 네일 관리, 헤어팩 등 다른 패키지를 이용할 경우, 짧게는 2~3시간에서 길게는 하루 종일 걸린다.

마사지가 끝나면 보통 팁을 요구하며 영수 종이를 내미는데 락커 키 번호와 금액을 적고 사인을 하고 나가면서 마사지사에게 50~100페소 정도 팁으로 주면 좋아한다.

> Hi, I would like to take a massage here.

6. 현지 친구 & 영어 공부

01 현지 친구 사귀기

돈과 시간을 투자해 필리핀까지 갔다면 영어뿐만 아니라 다양한 경험과 문화 체험을 하고 돌아와야 하지 않을까? 그러려면 먼저 필리핀이라는 나라와 필리핀 사람들(필리피노)에 대해 잘 알고 이해해야 한다.

필리핀과 필리피노

필리핀은 전 세계에서 두 번째로 섬이 많은 나라로, 약 7,107개 정도의 섬으로 이루어져 있다. 섬끼리 교류하기 쉽지 않은 자연 환경 때문에 200여 개나 되는 다양한 언어를 사용하고 있으며 공용어는 따갈로그어, 제2언어는 영어다.

우리나라와 마찬가지로 필리핀도 아픈 역사를 가지고 있는데 무려 330년간 스페인의 통치를 받았고, 이어서 45년간 미국의 통치를 거쳐 4년간 일본의 식민지 통치를 받았다. 미국이 필리핀을 통치할 때 영어를 사용하라고 강요한 적은 없었지만 타 국가에 비해 미국의 영향을 많이 받은 필리핀은 자의적으로 영어를 사용하기 시작해, 현재 영어는 필리핀의 제2 언어가 되었다.

부유층 사람들은 어릴 때 영어를 공부하기 시작해 학교에서뿐만 아니라 집에서도 꾸준히 사용하기 때문에 영어에 능숙하다. 또 일반적으로 제공되는 정규 교육을 제대로 받고 대학 과정까지 마친 사람들도 거의 네이티

★ http://friendster.com
필리핀 학생들이 '싸이월드'처럼 이용하는 사이트

브 수준으로 영어를 사용한다. 하지만 정규 교육을 받지 못한 시골 사람들이나 저소득층 사람들은 대부분 영어를 하지 못한다. 부유층들이 많이 활동하는 지역이나 마닐라, 세부 같은 대도시에 가면 영어를 잘 하는 필리피노를 쉽게 만날 수 있다.

★ 스페인이 필리핀을 지배할 당시, 스페인 사람들이 필리피노를 stupido라고 불렀다고 해서 필리핀 사람들은 stupid란 단어를 상당히 싫어한다. 또 stupid라는 단어에는 저주만큼 나쁜 의미도 담겨 있다고 한다.

우리나라에 콩글리시가 있듯 필리핀에는 따글리시가 있다. 따글리시 Taslish는 잉글리시English와 따갈로그어Tagalog를 합친 말. 한번은 TV를 보는데 무슨 말인지 하나도 알아들을 수가 없어 홈스테이 아줌마에게 물어보았더니 따글리시를 사용해서 말을 한다는 거다. 거의 50대 50으로 영어 와 따갈로그어를 섞어 말하는 걸 들으면서 콩글리시는 댈 것도 아니라는 생각이 들었다.

용석	Can I ask you something? 저기 뭐 좀 물어봐도 될까요?
아줌마	Yeah, sure. 응, 물어봐.
용석	Well, actually I don't understand what they are talking about on the TV Show. 음, 사실 지금 TV에서 하는 말이 전혀 이해가 안 가서요. 영어를 사용하는 것 같은데, 무슨 말인지 모르겠어요.
아줌마	Umm, I got it. I understand what you're trying to say. Actually, that's not English. You could say Taglish. It means Tagalog and English. 음, 무슨 말하는지 알겠어. 사실 저건 영어가 아니야. 따글리시라고 하는 건데, 따갈로그어와 영어가 섞인 말이야.
용석	Taglish? Oh, quite interesting. So, do you understand what they're talking about with Taglish? 따글리시요? 오, 재밌네요. 그럼 저 사람들이 따글리시로 뭐라고 하는지 이해하시는 거에요?
아줌마	Yeah, sure. Taglish is quite a common language for us these days, actually. 물론이지. 따글리시는 이미 일상적인 언어야.
용석	Wow, I didn't know that. I think Taglish is too difficult for me as well. 와우, 몰랐네요. 따글리시도 저한테는 무지 어려울 듯하네요.

★ 따갈로그어에는 남자, 여자를 가리키는 단어가 따로 없다. 그래서 필리핀 사람들은 영어로 이야기할 때 He와 She를 구분하지 않고 섞어서 사용하는 경우가 많다.

> So, you mean, is he or is she?
> 그래서 너 말은, 그라는 거야? 아니면 그녀라는 거야?
> That person is male or female?
> 그 사람이 남자야, 여자야?
> Does she or he you mentioned come to your class?
> 네가 이야기 한 그 여자 분이, 아님 남자 분이 너희 반으로 온다는 거야?
> I'm a little confused about the person you mentioned- male or female?
> 네가 이야기한 그 사람이 남자인지 여자인지 헷갈려.

★ 필리핀 사람에게 물어볼 때는 꼭 두 명 이상에게 물어봐야 한다. 필리핀 사람들은 모르는 것을 모른다고 대답하면 바보 취급 당할까봐 잘 모르는 것도 아는 척하고 가르쳐준다. 여러 사람에게 묻고 확인해야 잘못된 정보 때문에 손해 보지 않을 수 있다.

필리핀을 여행해본 사람이라면 필리피노들이 서로에게뿐만 아니라 외국인에게도 상당히 친절하다는 것을 알게 된다. 스페인과 미국, 일본의 식민지 생활을 통해 어떤 문화적 요소가 작용했는지는 모르겠지만 눈만 마주쳐도 밝게 미소 짓고 친절하게 대한다. 또 필리핀 사람들은 오해가 생겼을 때 다투지 않기 위해 오히려 자기가 싫은 걸 싫다고 하지 않고 약간 돌려 말하는 경향이 있다. 반면 자존심과 명예를 굉장히 중요시하기 때문에 그 부분은 되도록 건드리지 않는 것이 좋다.

필리핀 말 중에 '히야hiya'라는 말이 있다. '자존심'이라는 뜻이다. 필리핀 사람들은 '히야'를 지키는 것을 상당히 중요하게 생각한다. 다른 사람 앞에서 '히야'가 부족한 상황이 되는 것을 '왈랑 히야Walang Hiya(체면을 잃는 것)'라고 하는데, '왈랑 히야'는 필리피노에게 우리의 상상 이상으로 훨씬 더 엄청난 수치다. 그래서 필리피노들은 정확하게 이해하지 못하더라도 다시 물어보거나 반문하지 않고 그냥 넘어가는 경우가 많고 상대방의 '히야'를 생각해서 자신이 옳다고 생각하는 일을 하기보다 상대방이 그 일에 대해 어떻게 생각하는지에 더 신경을 쓰는 편이다.

필리피노와의 사이에서 문제가 생기면 되도록 상대에 대한 공손한 태도를 잃지 말고 부드럽게 일을 해결하려고 노력해야 한다. 화를 내면서 큰 소리로 상대방을 억누르면 문제 해결이 되지도 않을뿐더러 필리피노의 '히야'를 건드려 더욱더 나쁜 결과를 가져올 수 있다.

용석	Excuse me? Where are you now?
	지금 어디에 계시나요?
렌트 운전사	I'm so sorry, sir. I'm going now. Almost there.
	정말 죄송합니다. 지금 가고 있고요. 거의 다 왔습니다.
용석	I told you urgently last night. You have to come to my house before 6 am because I have to go to the airport for business.
	제가 어젯밤에 긴급하게 말씀드렸잖아요. 비즈니스 때문에 공항에 가야 하니 꼭 새벽 6시까지 오시라고요.
렌트 운전사	I'm very sorry. Where are you now, sir?
	정말 죄송합니다. 지금 어디 계시나요?
용석	I'm going to the airport by taxi now because I'm a little late.
	지금 택시 타고 가고 있어요. 늦었잖아요.
렌트 운전사	Oh, god. I really apologize for any inconvenience, sir.
	오, 이런. 불편을 끼쳐드려 정말 죄송합니다.
용석	I know you're a good woman but I won't deal with you anymore if you'd commit this kind of mistake again.
	당신이 좋은 사람이란 것을 잘 알고 있습니다. 하지만 다음에 또 이런 일이 있으면 함께 일하기 어려울 것 같습니다.
렌트 운전사	Yes, sir. I'd never do this again.
	잘 알겠습니다. 앞으로는 절대 이런 일 없도록 하겠습니다.
용석	Okay. See you then.
	알겠습니다. 그럼 다음에 봅시다.

★ 초대된 집에서 주인에게 말도 없이 나가는 것은 필리핀에서 상당히 실례되는 행동이다. 사정이 있어 먼저 떠나야 할 때는 Sorry but I must be going now.(미안하지만 그만 가야겠어요)라고 말하고 간다.

필리핀 파티

필리피노들은 파티를 상당히 좋아한다. 자기 수준에 맞지 않는 성대한 파티를 준비하느라 빚을 지는 경우가 있을 정도다. 필리핀 문화도 경험하고 필리피노 친구들도 사귀고 싶다면 이브닝 드레스와 정장을 준비해 기회가 왔을 때 직접 파티를 준비해보거나 각종 파티에 참석해보면 어떨까?

	친구	Hey, Tommy. Can you come to my birthday party this Saturday night? 헤이, 토미. 너 이번 주 토요일 저녁에, 내 생일 파티에 오지 않을래?
	용석	Oh, your birthday party? Great~! Happy birthday, mate~! 오~, 네 생일 파티라고? 와우~! 생일 축하한다, 친구야~!
	친구	Oh, thank you very much, my friend. Actually, I'd like to invite you and your girl friend as well. Is it okay? 오우, 정말 고마워, 친구야! 사실 너랑 너 여자 친구도 함께 초대하고 싶은데, 괜찮아?
	용석	Of course, and thank you. I'll let my girl friend know about this. 당연하지, 고마워. 내 여자 친구한테도 이야기할게.
	친구	Alright. You should come to my house around 6 pm. Okay? 좋았어. 우리 집에는 대략 저녁 6시 정도에 오면 돼.
	용석	Okay. Umm… but I'm a little worried about my outfit. 알았어. 음… 그런데 무슨 옷을 입어야 할지 걱정인걸.
	친구	Hey, man. You don't need to dress up for my party. Just casual, okay? 헤이, 친구. 파티 때문에 정장을 입을 필요는 없어. 그냥 편하게 와, 알겠지?
	용석	Alright. This Saturday, 6 pm. See you then. 좋아. 이번 주 토요일, 저녁 6시. 그럼 그때 보자.

★ 필리핀 사람들은 자신과 가까운 사람을 집에 초대했을 때, 초대받은 사람이 집안 물품 중 어떤 것에 유독 관심 있어 하거나 그 물건을 원한다는 느낌이 들면 기꺼이 그 물건을 주려고 한다. 그러니 필리핀 사람의 집에 방문했을 때 집안 소품들에 대해 너무 많이 칭찬하지 않도록 한다.

I'd like to invite you for dinner this Sunday. 이번 일요일에 저녁 먹으러 오세요.	Gusto kitang anyayahan mag-hapunan ngayong Linggo. 구스토 끼땅 안야야한 마그 하프난 나이온 링고.
I'm sorry I've got an appointment for that day. 미안하지만 그날 다른 계획이 있어.	Pasensya dahil meron akong appointment sa araw na iyon. 바센샤 다힐 메론 아꽁 어뽀인드먼트 싸 아라오 나 이온.
What time should I go there? 그곳에 몇 시까지 가면 될까요?	Anong oras ako dapat pumunta doon? 아농 오라스 아꼬 다빳 부문따 도온?

> What will everyone else be wearing?
> 사람들이 무슨 옷을 입고 올까요?
>
> Ano ang susuutin ng mga tao?
> 아노 앙 쑤수오틴 낭 망아 따오?
>
> Do I have to dress up for that party?
> 그 파티에 정장을 입고 가야 하니?
>
> Kailangan ko bang magbihis para sa kasiyahang iyon?
> 까일나앙 꼬 방 막히비스 빠라 싸 까시야항 이욘?

한번은 필리핀에 이민 온 한국 친구의 생일 파티에 초대된 적이 있었다. 예전부터 알고 지내던 친구였기 때문에 편한 마음으로 선물을 들고 갔는데 약속 시간보다 30분 정도 일찍 도착하게 되었다. 약속 시간이 되었는데도 아무도 오질 않아서 '왜 다른 친구들은 오지 않냐'고 물어보았더니 필리피노들은 한국인들에 비해 약간 느긋하게 행동하기 때문에 약속 시간에 맞춰 가면 오히려 성질 급한 사람으로 보일 수 있고, 그 전까지 파티도 준비가 안 되어 있는 경우가 많다고 한다. 필리핀에서는 파티에 초대되면 15분 정도 늦게 가는 것이 에티켓이다.

또 필리핀 사람들은 자기 선물이 다른 사람의 선물과 비교되거나 남에게 평가받는 것을 싫어하기 때문에 선물을 받으면 혼자 있을 때 풀어보고 나중에 선물에 대한 인사를 한다고 한다.

저녁식사가 끝나자 그 자리에 있던 필리핀 친구들이 디저트나 집안의 인테리어 소품 같은 것을 칭찬하기 시작했다. 왜 메인 요리인 바비큐에 대해서는 별말이 없을까 의아했는데 요리는 가정부가 한 것이고 디저트는 어머니가 직접 준비해주신 것이기 때문에, 그런 정성을 더 칭찬해준 거라는 설명을 들으면서 상대방에 대한 필리피노들의 깊은 배려에 놀랄 수밖에 없었다.

★ 필리핀 사람들은 어떤 행동을 설명할 때 동물에 비유하는 것을 상당히 싫어한다. 개, 돼지, 원숭이 같은 동물에 비유해서 이야기를 하면 상당히 무례한 행동이 된다.

친구의 생일 파티는 필리핀 사람들에 대해 더 잘 알게 되고 그들의 문화를 배울 수 있었던 좋은 경험이었다. 그 이후 더 많은 필리핀 친구들을 사귈 수 있었다는 건 두말하면 잔소리.

You're a great cook! This is very delicious!
요리 솜씨가 뛰어나군요! 이거 아주 맛있네요!

I think I've seen you before.
전에 한 번 본 적이 있는 것 같은데요.

It's quite hard to see you these days.
요즘 당신 보기 힘드네요.

Your face is so familiar.
얼굴이 굉장히 낯이 익은데요.

I didn't expect to see you here.
여기서 당신을 보리라곤 기대하지 않았어요.

Hi, Tommy! I haven't seen you for a long time.
안녕, 토미! 정말 오랜만이야.

We seem to run into each other often these days.
요즘 (우연히) 자주 만나게 되네요.

You're just the man I wanted to see.
그렇지 않아도 너를 만나고 싶었었는데.

Your name just doesn't come to me.
당신 이름이 갑자기 생각이 안 나는군요.

필리핀 사람들의 장점
- 필리핀 사람들은 친절하기로 유명하다. 특히 외국인을 집에 초대하는 것을 좋아하고 사람들을 따뜻하게 대한다.
- 온화하고 예의를 갖출 줄 안다.
- 가족 간 유대관계가 돈독하다. 부모는 자식을 위해 희생하고 자식은 부모를 존경하고 사랑한다.
- 마음이 넉넉하고 여유가 있다.
- 전쟁 시에는 용맹하고 평화 시에는 낭만적이며 예술적 감각이 뛰어나다.
- 자유를 사랑한다.
- 400여 년의 식민지 역사를 통해 오늘날 같은 자유민주공화국을 수립한 끈기의 민족이다.

필리핀 사람들의 단점
- 축제나 파티를 지나치게 즐기며 값비싼 보석이나 옷 등으로 치장하는 것을 좋아한다. 실용적이거나 현실적이지 못하다.
- 닭싸움, 경마, 마작, 카드 게임 등 도박을 지나치게 좋아한다.
- 중대사를 운명에 맡기는 경향이 있다. Bahala na바할라 나라는 말을 자주 사용하는데 '신의 뜻이라면 될 대로 되라' 라는 뜻이다.
- 자존심이 강해서 자신의 잘못을 쉽게 인정하지 않는다.
- 원만한 인간관계를 좋아해서 상대방이 비도덕적이거나 정직하지 못해도 계속 관계를 유지한다.
- 인내나 자제력이 부족하다. 불같은 열정으로 모든 일을 시작하지만 곧 얼마 지나지 않아 흥미를 잃는다.
- 오늘 할 일을 내일로 미루는 경향이 짙다.
- 약속 관념이 약하다. 특히 약속 시간에 늦는 것을 당연히 여긴다.

쇼핑센터에서 친구 사귀기

어학연수를 간다고 저절로 영어가 되는 것은 아니다. 학교에서 공부한 표현들을 실생활에서 반복해서 연습하지 않으면, 우리나라에서 공부하는 것과 별반 다를 바가 없다. 더욱이 수업 시간에는 선생님이 학생들의 수준에 맞춰주기 때문에 실제보다 쉽게 대화할 수 있다. 하지만 일상생활에서는 모든 사람이 내 수준에 맞춰 말해주지 않는다. 다양한 사람들과 영어로 의사소통하는 경험을 계속 쌓아야 해외 연수하는 보람도 느끼고 영어 실력도 일취월장할 수 있다.

어떻게 하면 실생활에서 영어로 많이 말할 수 있을까? 가장 좋은 방법은 필리핀의 쇼핑센터를 적극 이용하는 것이다.

필리핀의 주 도시인 마닐라나 세부의 경우, 아무 장소에서나 쉽게 영어를 활용할 수 있지만 소도시에서는 생각보다 영어를 모르는 필리핀 사람들이 많아 영어로 말할 기회가 많지 않다. 하지만 이런 소도시라도 쇼핑센터에서만은 상황이 다르다. 쇼핑센터에서 근무하는 직원들은 외국 사람들을 많이 상대하기 때문에 영어를 잘 하는 경우가 많고 쇼핑센터를 찾는 현지 사람들과 부유층 자녀들도 영어 실력이 수준급이다. 물론 쇼핑센터에 가기만 한다고 해서 다른 사람들이 말을 건네주는 것은 아니기 때문에, 친구를 사귀어보겠다는 생각으로 내가 먼저 다가서야 한다. 대화의 주제를 만들어 말을 걸면 대부분 반갑게 응해준다.

★ **대학생도 입는 교복**
필리핀에서는 교복을 입고 다니는 대학생들을 많이 볼 수 있는데 학과별로 교복 디자인이 달라 교복만 봐도 무슨 학과를 다니는지 알 수 있다. 간호학 학생들은 간호사들처럼 머리부터 발끝까지 흰 색 옷을 입고, 경찰학과나 해양관련학과는 경찰제복이나 해군제복 같은 교복을 맞춰 입는다.

용석	Excuse me? Do you know where I can buy some jeans here?
	실례합니다만 청바지를 어디서 살 수 있는지 아세요?
행인	Jeans? Umm, you should go upstairs. You can't miss it.
	청바지요? 음, 위층으로 가시면 찾을 수 있을 거예요.
용석	Upstairs? Okay, thank you very much. Actually, I arrived here in Cebu just last week, so I'm still a stranger here. Well, do you recommend some nice place around here?
	위층이요? 알겠습니다. 정말 감사합니다. 사실 제가 지난주에 이곳 세부에 왔거든요. 그래서 아직 여기가 낯설답니다. 음, 혹시 주변에 괜찮은 곳들을 추천해주실 수 있으세요?

★ 항상 무엇을 물어보며 대화를 시작하면 어색하지 않고, 좋은 분위기가 만들어진다.

★ 엄지와 검지를 둥글게 만들어 사용하는 OK라는 사인이 필리핀에서는 돈이라는 의미로 통한다. OK라는 의미를 전달할 때는 엄지손가락을 위로 세운다. (우리나라에선 '최고다'라는 의미)

행인: Ah, okay. Nice place to go? Umm, the TOPS, Moalboal and Kawasan Falls are very nice places to go I think.
아, 그렇군요. 괜찮은 곳이라? 음, 제 생각엔 탑스, 모알보알 그리고 카와산 폭포가 괜찮을 것 같네요.

용석: Okay, but it is quite hard to understand. Is it okay to write down the name of places here?
그렇군요. 조금 어렵네요. 괜찮으시면 그 지명들을 이곳에 좀 적어주실래요?

행인: Okay, sure.
네, 물론이죠.

용석: Thank you very, very much. I've got very good experiences here because of you.
정말 감사합니다. 덕분에 이곳에서 정말 좋은 경험을 하네요.

행인: No, problem.
뭘요, 천만에요.

용석: Umm… if you don't mind, can I ask your name as well? And can I call you next time when I've got some questions about the Philippines and this place?
음… 저기 괜찮으시면, 이름을 가르쳐주실 수 있나요? 필리핀이나 이곳에 대해 궁금한 점이 있을 때 전화해도 될까요?

행인: Yep, doesn't matter. My name is Rinda.
넵. 상관없어요. 제 이름은 린다에요.

용석: Rinda? Okay. I'm Tommy, Tommy Han. Very nice to see you.
린다? 알겠습니다. 저는 토미라고 합니다. 토미 한. 만나서 정말 반가워요.

행인: Same here.
저도요.

용석: Okay, good. Can I get your mobile phone number?
잘됐네요. 휴대폰 번호를 알 수 있을까요?

행인: My phone number is 0932-123-123.
제 휴대폰 번호는 0932-123-123이에요.

용석: Okay, I got it. Thank you for your kindness. See you again next time.
알겠습니다. 친절히 대해줘서 고마워요. 나중에 꼭 다시 봐요.

Okay, good. Can I get your mobile phone number?

> Do you want to have some coffee with me?
> 저와 커피 한 잔 하실래요?
>
> Let's talk over dinner.
> 저녁이나 하면서 이야기하죠.
>
> Are you asking me out?
> 데이트 신청하는 거예요?
>
> Can I e-mail you when I get back home?
> 집에 돌아가서 이메일을 보내도 될까요?

이렇게 몇 번 대화를 시도하다 보면 자신감이 생겨 어디에서든 쉽게 필리피노 친구를 만들 수 있고 앉아서 배웠던 영어를 실생활에 활용해봄으로써 빨리 실력을 향상시킬 수 있다.

한번은 이렇게 사귄 친구에게 주말에 영화를 보러 가자고 한 적이 있었다. 그 친구는 Yes라고 대답했고, 나는 주말에 그 친구를 만날 생각으로 약속 장소에서 기다렸다. 아무리 약속 시간이 지나도 친구가 나타나지 않아 전화를 해보니 집에서 쉬고 있다면서 미안하지만 나중에 만나자고 하는 거다. 어찌나 황당하던지.

필리핀 사람들은 상대방이 무안해하거나 불쾌해할까 봐, 싫을 때도 나름 상대방을 배려해서 No라고 하지 않고 Yes라고 자주 표현하는데, 이때 Yes는 '알겠다'가 아니고 '아마도…', '잘 모르겠는데…' 또는 'No라고 하고 싶지 않아서…' 등의 의미. 필리피노에게 Yes란 답변을 받으면 재차 확인해보는 것이 좋다.

그리고 필리핀 사람들은 상대방이 권유할 때, 적어도 한 두 번은 거절해야 예의를 갖추는 것이라고 배우기 때문에, 두 번, 세 번 계속 권유해야 상대가 진심으로 초대하길 원한다고 생각하고 승낙하는 경우가 많다. 하지만 만약 필리피노가 직접적으로 No라고 표현할 때는 정말 할 수 없거나 정말 하기 싫다는 의미이므로 더 이상 권유해서는 안 된다.

용석	Hi, Rinda? This is Tommy. Tommy Han. Do you remember me? We met at SM yesterday. 안녕, 린다? 나 토미라고 하는데, 토미 한. 나 기억할 수 있겠니? 우리 어제 SM에서 만났었는데?
린다	Oh, I remember. How are you doing? 오, 기억해. 잘 지내니?
용석	Not too bad. Actually, just I want to say hello and I feel happy because I have a nice friend here. 나쁘지 않아. 그냥 인사하고 싶어서, 그리고 좋은 친구를 만나 기분이 좋다고 말해주고 싶어서 전화했어.
린다	I'm happy to hear that, too. 그 말을 들으니 나도 기쁘다.
용석	You are a very friendly and kind person I think. So, can you come with me to TOPS this Friday night if you don't mind? Actually I want to buy dinner for you and see some beautiful night sceneries on TOPS as you recommended. 넌 정말 친절하고 좋은 사람인 것 같아. 음… 괜찮다면 이번 주 금요일 저녁에 나랑 탑스에 가지 않을래? 사실 저녁을 대접하고 싶기도 하고 네가 추천해준 탑스에서 야경도 보고 싶어서 말이야.
린다	Oh, really? I also wanted to go to TOPS again actually. Well, I think I don't have any special plans this Friday night, so let's go to TOPS together if you want. 아, 정말? 사실은 나도 탑스에 다시 한 번 가보고 싶었는데. 음, 이번 주 금요일 저녁에 별다른 계획은 없으니까 네가 원한다면 같이 가자.
용석	Okay~! Good. Where shall we meet this Friday? 좋아~! 알았어. 그럼 이번 주 금요일에 어디서 만날까?
린다	Well… what about SM's main gate. Is it okay? 글쎄… SM 정문에서 보는 건 어때? 괜찮겠어?
용석	Yeah, that's fine. 응, 괜찮아.
린다	Okay. SM's main gate at 6 pm. Is everything fine? 좋아. 그럼 SM 정문에서 오후 6시에 보자. 괜찮아?
용석	Alright. I'll be there at 6 pm and see you again. 응, 괜찮아. 그럼 그날 오후 6시까지 갈게. 담에 보자.

선생님과 친구하기

어학연수 학교 선생님들을 보면 대학을 막 졸업한 20대 초반에서 20대 중반 정도가 가장 많다. 학생들과 연령대가 비슷하기 때문에 수업 시간 이외에도 같이 영화를 보거나 저녁을 먹으면서 친해질 기회가 많다.

용석	Do you have any special plan after this class? 이 수업 끝나고 특별한 계획 있으세요?
다니엘	Well, I'm going shopping at the mall after class. 수업 끝내고 쇼핑센터에 갈 예정이에요.
용석	For shopping? 쇼핑하러 가시는 거에요?
다니엘	Yes, and I want to check out some English books there. 네, 쇼핑도 하고 영어책도 좀 체크해보고 싶어서요.
용석	Umm… actually I'd really love to go there. Can I go with you? 음… 저도 정말 가고 싶은데, 같이 가도 될까요?

내성적인 성격의 학생들은 쇼핑센터나 거리에서 사람들에게 말을 걸어 친구를 만드는 것이 어렵게 느껴지고 필리핀 사람들을 만나더라도 친구로까지 발전되기가 쉽지 않다.

하지만 학교 선생님의 경우에는 1:1 수업이라는 환경 덕분에 개인적인 취향과 성격을 알게 되면서 자연스럽게 친해질 수 있다. 단, 학교 측의 관리 감독과 규정이 있기 때문에 이성 친구로까지 발전하는 것은 기대하기 어렵다.

용석	Jane? Why don't we have some dinner together after this class if you are okay with it? 제인? 괜찮으면 오늘 수업 끝나고 저녁식사 같이 하지 않으실래요?
제인	Oh, sorry for that. Actually, I've already got an appointment for tonight. 어머, 미안해요. 사실 오늘 저녁엔 이미 약속이 있어요.
용석	Ah, really? Umm… what about tomorrow night? 아, 그래요? 음… 그럼 내일 저녁은 괜찮아요?

★ 필리핀에서 공부하는 학생들 중 많은 학생들이 선생님과 함께 어울리면서 영어 실력을 키울 뿐 아니라 선생님의 주변 사람들을 소개받으며 나름대로 인맥을 넓혀간다.

제인 Umm… yeah, tomorrow is fine. Well, is it okay with you if my friend, Sunny would come along for dinner?
음… 네, 내일은 괜찮아요. 그런데 내 친구 써니도 같이 식사 해도 되겠어요?

용석 Yep. It doesn't matter.
네. 상관없어요.

제인 Okay. You should think about where you want to go.
좋아요. 그럼 어디 가고 싶은지 생각해봐요.

용석 Okay. Thank you for your class today and see you tomorrow. Bye!
알겠습니다. 오늘 수업 감사해요. 내일 봐요. 안녕!

영어 실력이 좋지 않은 학생들은 어떻게 하루 종일 영어로 대화할 수 있을까 걱정부터 하지만 의외로 필리핀 선생님들은 우리가 무슨 말을 하려고

★ 정말 고마워요.
Thank you.
Thanks a lot.
Thank you very much.
I appreciate it.

★ 지금은 5시 45분입니다.
It's five forty-five.
It's a quarter to six.
It's fifteen to six.
It's forty five past five.

★ 메시지를 남겨드릴까요?
Would you like to leave a message?
Will you leave a message?
May I take a message?
May I have your message?

★ 무엇을 도와드릴까요?
Can I help you?
May I help you?
What can I do for you?
Can I do anything for you?
Is there anything I can do for you?

★ 당신에게 부탁이 있는데요?
Will you do me a favor?

Would you do something for me?
May I ask a favor of you?
Would you mind doing me a favor?

★ 이제 가야겠습니다.
I've got to go now.
I must be going now.
I'd rather go now.
I must say good-bye now.

★ 지금 몇 시인가요?
What time is it now?
Do you have time?
Please tell me what time you have now.
What time is it now by your watch?
Can you tell me the time?

★ 천만에요.
You're welcome.
My pleasure.
Not at all.
Don't mention it.
Think nothing of it.

★ 즐거웠어요.
I had a good time.

하는지 잘 이해한다. 한번은 선생님에게 "이번 주 토요일에 뭐 할 거에요?"라고 물어보고 싶어서, 나름대로 영어를 해본다는 것이 This(이번) Saturday(토요일에) what(뭐) do?(할 거에요?)라고 물었는데 선생님이 그 말을 알아듣고 다시 What will you do this Saturday?라고 고쳐주었다.

여기서 한 가지 문제점은, 선생님 한 명과 계속해서 대화하다 보면 항상 사용하던 표현만 사용하게 된다는 것이다. 게다가 선생님도 학생 레벨에 맞는 단어 위주로만 말해주기 때문에, 변화를 주지 않으면 오히려 영어 실력이 더디게 향상될 수 있다. 동일한 뜻을 가진 다양한 표현을 공부해서 3~4일마다 바꿔 사용해보자. 영어는 언어이기 때문에 자주 사용해야만 자기 것이 된다. 새로 배운 표현이 있다면 반드시 누구에게든 자주 사용해서 내 것으로 만들도록 하자.

I had a wonderful time.
I had a lot of fun.
I enjoyed myself.

★ 어디 불편해요?
What's wrong with you?
What's the matter with you?
What happened to you?
What's troubling you?

★ 물 한 잔 주세요.
A glass of water, please.
Give me a glass of water, please.
Can I have a glass of water, please?
May I have a glass of water, please?

★ 학교가 어디에 있나요?
Where is the school?
Can you tell me how to get to the school?
Could you tell me the way to the school?
Which way is the school?

★ 누가 알겠어(아무도 모른다.)
Who knows?
Nobody knows.
God knows.
Not any one knows.

★ 직업이 무엇인가요?
What do you do?
What's your job?
May I ask what your job is?
What do you do for a living?

★ 왜 마닐라에 가세요?
Why do you go to Manila?
What makes you go to Manila?
Why do you think you go to Manila?

★ How are you?에 대한 대답
I'm fine, thank you. 좋습니다, 감사합니다.
Quite well, thanks. 아주 좋습니다, 감사합니다.
Just fine, thank you. 아주 좋아요, 감사합니다.
Not too bad. 나쁘지 않아요.
Just surviving. 그럭저럭 지냅니다.
Nothing special. 별일 없습니다.
Same as usual. 늘 마찬가지죠.

펍이나 나이트클럽에서 친구 사귀기

어떤 나라든 펍pub이라는 공간에서는 쉽게 친구를 만들 수 있는 것 같다. 필리핀도 마찬가지다. 번화가 또는 대학가 주변의 나이트클럽night club이나 펍에 가면 영어를 잘하는 대학생들이나 중상류층 필리핀 학생들이 많아, 새로운 친구를 사귈 수 있는 기회가 많다. 필리핀 학생들은 우리나라 사람들에게 상당히 우호적이라 조금만 용기를 가지고 먼저 다가서면 쉽게 친구가 될 수 있다. 우리나라에서 영어권 국가의 외국 사람이 말을 걸어올 때 호감을 느끼는 것처럼 말이다.

나이트클럽이나 KTV(가라오케), 홍대 스타일의 클럽, 바, 라이브 카페 중에서 우리나라 학생들이 가장 자주 찾는 곳은 술과 음식을 먹으면서 필리핀 현지인들의 연주와 노래를 감상할 수 있는 라이브 카페다. 라이브 카페는 200~300페소 정도 입장료를 받는 곳이 많으며, 이렇게 입장료가 있을 때는 약간의 술과 안주가 기본으로 제공된다. 펍에 가면 필리핀 사람들만 있을 것 같지만 관광대국이니만큼 조금만 괜찮은 펍에 가도 다양한 나라에서 온 외국인들을 만날 수 있다. 이들 역시 여행이나 사업 등으로 타지에 온 사람들이라 마음이 열려 있어 말을 걸면 쉽게 가까워진다.

Are there any live clubs around here?
이 근처에 라이브 클럽이 있나요?

May I see your ID, please?
신분증 좀 보여주시겠어요?

How much is the admission fee?
입장료는 얼마입니까?

Do they have a dress code?
복장 기준이 있어요?

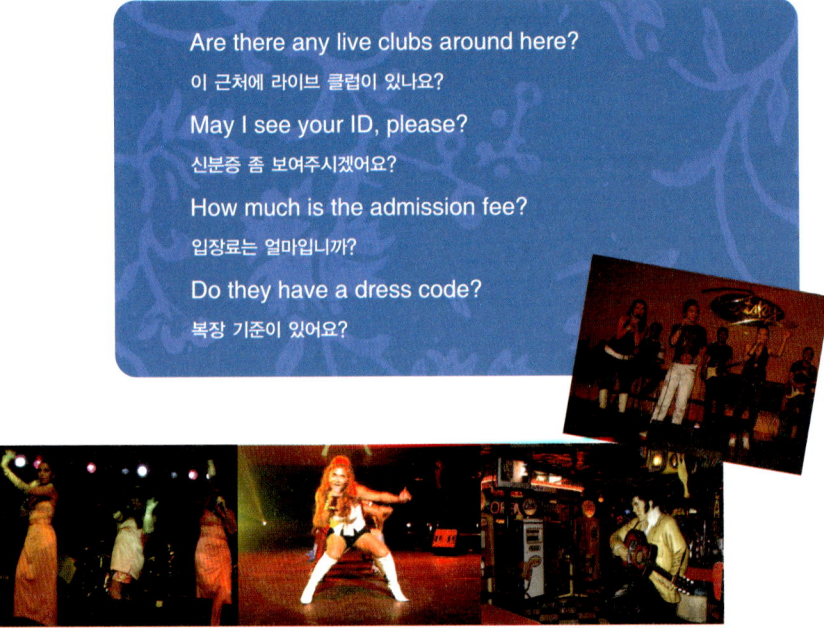

용석	Hi! Do you come over here often?	
	안녕하세요! 여기 자주 오시나요?	
손님	Sometimes, if I've got spare time. Why?	
	여유 시간 있을 때 가끔이요. 왜요?	
용석	Oh, just I want to say hi because it's my first time here. Very nice place here I think.	
	아, 제가 여기 처음 왔는데, 그냥 인사나 하고 싶어서요. 여기 정말 좋은 거 같네요.	
손님	Yeah, I like this club. This food is one of my favorites and the music is nice as well.	
	네, 전 이 클럽을 좋아해요. 이 음식은 제가 제일 좋아하는 음식 중 하나에요. 그리고 이 음악도요.	
용석	Yeah, I think so. Actually I go to one of the English private schools here and just want to have fun tonight.	
	네, 그렇게 보여요. 사실 전 여기서 영어 학원을 다니고 있어요. 오늘 저녁엔 좀 즐기고 싶어서 여기에 한 번 와봤어요.	
손님	Oh, I see.	
	아, 그렇군요.	
용석	Yep. Can I take this seat if you don't mind?	
	넵. 괜찮으시다면 이 자리에 앉아도 될까요?	
손님	Sure. Have a seat.	
	물론이죠. 앉으세요.	

★ 클럽에 가서 알코올이 들어 있지 않은 음료를 원할 때는 soft drink를 주문하면 된다.

★ 길거리에서 술을 마시는 것은 법적으로 금지되어 있다. 길거리 음주는 절대 금지!!

It's on the house.
이것은 무료로 제공됩니다.

Would you like something to drink?
마실 것 좀 드시겠습니까?

Do you have any local beer?
지방 맥주가 있나요?

Which drink goes with this dish?
이 요리에는 어떤 음료가 어울리죠?

Can I request some songs?
노래 신청할 수 있나요?

사실 필리핀에 있을 때 새로운 문화도 체험하고 학교에서 배운 영어도 실전에서 써볼 요량으로 학생 신분으로 가지 말아야 하는 펍에 몇 번 갔었다. 한번은 친구와 한쪽 구석에서 사람들이 춤추는 걸 보면서 산미겔 San Miguel(필리핀의 대표 맥주)을 마시고 있는데, 정말 예쁘게 생긴 필리핀 여자가 다가와 Where do you come from?(어느 나라에서 왔어요?) 하며 말을 걸었다.

앨리스	Hi?
	안녕?
용석	Oh, hi?
	아, 안녕?
앨리스	Where do you come from?
	어느 나라에서 왔어?
용석	I come from Korea because I want to study English here.
	한국에서 영어 공부하러 왔어.
앨리스	Oh, really? Umm…study English. Sound's good. When did you come here?
	아, 정말? 음… 영어 공부라, 멋진데. 여긴 언제쯤 왔어?
용석	Here? Well… just a couple of minutes ago.
	여기? 음. 방금 전에.
앨리스	Ah? Oh, no, I mean when did you come here in the Philippines?
	어? 아니, 내 말은 필리핀에 언제 왔냐고?
용석	Oh~ sorry. I think it's around a month ago. Still… I'm not good at English, so please understand me.
	아~ 미안. 한 달 정도 된 것 같아. 아직 영어를 잘 못해서, 이해해.
앨리스	I think you speak English well. What's your name?
	내 생각엔 잘하는 거 같은데, 뭘. 이름이 뭐야?
용석	My name? Ah, my name is Tommy. What about you?
	내 이름? 아, 내 이름은 토미야~. 넌 이름이 뭐니?
앨리스	I'm Alice. Nice to see you.
	난 앨리스라고 해. 만나서 반갑다.
용석	Yeah, nice to meet you too. Would you like to have some beer?
	그래, 나도 반가워. 맥주 한 잔 할래?

★ 가끔 펍이나 길거리에서 악의적인 마음을 가지고 계획적으로 접근하는 여자들이 있다. 인적이 드문 곳이나 호텔 같은 곳에 데려간 후 공범자와 짜고 금품을 강탈해 간다. 조심하자!

앨리스	Okay, thanks. San Miguel Light, please. 그래, 고마워. 산미겔 라이트로 부탁해.
용석	No problem. Here you go. 물론이지. 여기 있어.

★ 필리핀에는 자국민 보호법이 있다. 만약 필리피노와 주먹이 오갈 정도로 싸우면 피해보상을 모두 해줘야 할 뿐만 아니라 감옥에 가게 될지도 모른다. 그저 참자.

춤도 추고 이런저런 이야기도 하다 보니 어느새 통금시간. 전화번호를 교환하고 헤어졌다. 그 후로 가끔씩 연락하며 지내다가 어느 날 만나서 저녁을 먹는데 갑자기 앨리스가 I'm sorry, actually I'm transgender.(나 사실 트렌스젠더야. 미안해~)라고 충격고백을 했다! 헉!!! 이렇게 예쁘고 성격 좋은 애가 트랜스젠더라니, 상상도 못한 일이었다. 뭐라 해야 할지 몰라 고민하다 "그냥, 날 남자로 생각하지 말고 한 명의 친구로 생각해주길 바란다"고 부탁했다. 그 후 나도 그렇고 그 친구도 서로 편하게 대하면서 지금까지 잘 지내고 있다.

간혹 학생 신분에 맞지 않는 불건전한 생각을 가지고 단순히 즐기기 위해 펍을 찾는 남학생들이 있다. 퇴폐적인 펍을 가다보면 자칫 유혹이나 중독으로 영어 공부보다 환락 세계에서 허우적거리다 인생도 망치고 나라 망신만 시키다 돌아올 수 있다. 유학 생활을 할 때는 항상 스스로 책임질 수 있고 조절할 수 있는 범위 내에서 행동하도록 한다.

필리핀에서 자주 마시는 술

●산미겔 맥주 San Miguel
현지인뿐만 아니라 외국인들에게도 가장 잘 알려진 맥주. 보통 컵에 얼음을 넣어 '언더락'처럼 만들어 마시는데 맛이 독특하고 좋다.

●탄두아이 Tanduay
사탕수수에서 설탕을 만들고 남은 당밀을 발효시킨 것을 증류한 술. 자메이카의 헤비 럼 RUM, 도미니카산 미디엄 럼, 화이트 럼 등이 40도가 넘는 유명한 럼주다.

●투바 Tuba
도시에 사는 사람들보다 교외에 사는 사람들이 즐겨 마시는 술. 코코넛으로 만들어 알코올 도수가 그리 높지는 않지만 데킬라처럼 쉽게 취한다.

●람바녹 Lambanog
코코넛 꽃줄기를 자르면 Tuba라는 액이 나오는데, 그 액을 정제해서 만든 술. 약 37도 정도로 외국 손님들에게 내놓는 귀한 전통술이다.

●타페이 Tapey
쌀이나 옥수수로 만든 술. 루손 섬 북부 지역에 사는 부족들이 즐겨 마신다.

02 영어 공부하기

필리핀으로 영어연수를 가는 주된 이유는, 1대 1 수업을 할 수 있고 타 영어권 국가에 비해 연수비용이 적게 들기 때문이다. 반면 영어를 사용하긴 하지만 모국어로 사용하는 나라가 아니라는 점, 대부분 어학연수 학교들의 90% 이상이 우리나라 학생들이라 생활 속에서 영어를 사용할 기회가 많지 않다는 점 등이 단점이다. 하지만 영어 실력은 자기 하기 나름이다. 기본적인 연수생활 패턴을 익히고 열심히 한다면 얼마든지 실력을 키울 수 있다.

학교생활

어학연수 학교들은 대부분 1:1, 1:4, 1:8 수업을 진행하며, 그 중에서 1:1 수업에 가장 비중을 많이 두는 편이다. 학교에 따라 선생님들의 수준, 학교 시설 및 교육 방식이 다를 수 있지만 수업 형태는 대부분 이렇게 세 가지다. 각각 서로 다른 특징을 가지고 있기 때문에 어떤 수업 형태가 자기에게 잘 맞을지, 자신의 성격과 특성에 맞을지 정확하게 파악하고 선택하는 것이 중요하다.

필리핀 어학연수의 최대 장점으로 꼽을 수 있는 1:1 수업은 다른 어떤 수업보다 학생이 말할 수 있는 시간이 많기 때문에 자신의 취향과 목적에 맞는 주제를 선택해 맞춤 수업을 받을 수 있고, 무엇보다 영어 말하기 실력을 키울 수 있다. 선생님과만 대화하기 때문에 영어를 잘하지 못하더라도 덜 창피하고, 계속해서 말하는 연습을 하다 보면 조금씩 자신감이 생긴다. 선생님도 한 학생에게만 집중하기 때문에 학생의 발음과 문법, 단어 사용 능력 등을 더 꼼꼼히 체크해준다.

하지만 다른 친구들을 사귀기 어렵고 선생님 한 사람에게 너무 종속된다는 단점이 있다. 또 1:1 수업만 받으면 학생의 실력과 레벨에 맞게 배정된 선생님의 수업을 받기 때문에, 수업만으로 자기 영어 실력을 정확하게 파악하기 어렵고 경쟁 상대가 없어 마음이 나태해지기 쉽다.

1:1 수업의 단점을 보완하기 위해 추가적으로 생긴 것이 1:4 또는 1:8 수업인데, 선생님 한 명에 학생 4명 또는 8명으로 한 반이 구성된다. 다른 학생들과 수업을 받으면 남들에게 뒤쳐지기 싫은 경쟁 심리가 자연스레 생기고, 만약 실수를 해서 창피함을 느낄 때는 다음에 더 잘 해야지 하는 마음으로 노력하게 된다. 다른 학생들을 보면서 자신에게 부족한 부분이 무엇인지 파악할 수 있다는 점도 1:4 혹은 1:8 수업의 장점이다. 1:1 수업만 고집하는 것보다 1:4나 1:8 수업을 겸하는 것이 훨씬 효과적이다.

★ 수업 일과에 1:4 또는 1:8 수업이 기본적으로 들어 있는 경우가 많은데, 그룹 수업에서 1:1 수업으로 바꿀 때는 어학연수 학교마다 차이가 있지만 보통 한 달에 US$35~US$70 정도 추가 비용을 내야 한다.

> **Which class do you recommend to improve my confidence with English?**
> 영어에 대한 자신감을 키우려면 어떤 수업을 듣는 것이 좋을까요?
> **Which class do you recommend for me?**
> 제게 추천해주실 만한 수업이 어떤 건가요?
> **Can I change the class from 1 to 4 to 1 to 1?**
> 1:4 수업에서 1:1 수업으로 변경할 수 있나요?
> **I think the 1 to 1 class is more suitable to me.**
> 저한테는 1:1 수업이 더 적합한 것 같아요.
> **Is there any extra charge to change class?**
> 수업 변경에 따른 추가 비용이 있나요?
> **I'm really satisfied with my class.**
> 전 지금 수업이 너무 마음에 들어요.

간혹 필리핀 선생님이 자기보다 덩치가 작고 나이도 어린 데다 후진국 사람이라며 무시하는 학생들이 있다. 그래서 은연중에 선생님의 수업 방식을 따르지 않거나 자기가 원하는 방식대로 수업해주기를 요구하는데, 선생님은 학생보다 훨씬 영어 실력이 뛰어날 뿐만 아니라 티칭teaching 경력을 가진 사람이라는 사실을 잊지 말아야 한다. 선생님과 학교는 학생들을 위해 가장 적합한 교육 환경을 제공하기 위해 노력한다. 이것을 무시하고 자기 방식만 고집하는 것은 스스로 자기 영어 실력 향상에 걸림돌을 만드는 어리석은 행동이다.

용석	Susan! I'm sorry but it's quite hard to follow your teaching style as well. 수잔! 죄송합니다만 선생님이 가르치는 스타일도 따라가기가 힘드네요.
수잔	Oh, really? I didn't know that. Umm, what do you think is the problem? Please tell me about your opinion if that's okay with you. 아, 그래요? 몰랐네요. 음, 어떤 부분이 문제인 것 같아요? 괜찮다면 의견을 좀 이야기해줄 수 있겠어요?
용석	In my opinion, I had already learned much on English grammar when I was in Korea, so I need to study English speaking more. 제 의견을 말씀드린다면, 한국에 있을 때, 이미 영어 문법 파트는 정말 많이 공부했어요. 그래서 스피킹 위주로 공부해야 할 것 같아요.
수잔	Umm… I see. I understand that but you need to learn more about English grammar I think if you want to speak English well. What do you think? 음… 무슨 말인지 알겠어요. 마음은 이해하지만 제 생각엔 영어 스피킹을 잘 하려면 영어 문법을 더 공부해야 할 것 같은데요. 어떻게 생각해요?
용석	I know English grammar is very important but I want to speak English a lot more. And actually I don't understand when you explain grammar in English. 영어 문법이 얼마나 중요한지는 알고 있어요. 하지만 영어 말하기를 더 많이 하고 싶어요. 그리고 사실 선생님이 문법을 영어로 설명할 땐 이해가 잘 안 돼요.
수잔	Okay. I got it. Why don't we change the style? Try to communicate with me first and I'll check some of your sentences then try to learn a few grammar things. 무슨 말인지 알겠어요. 그럼 우리 이렇게 스타일을 한번 바꿔보는 건 어떨까요? 먼저 대화를 주고받고, 그러고 나서 그 중 몇 가지 문장을 체크해서 문법적인 부분에 대해 함께 배워봐요.
용석	Umm… I think that's not too bad. I'll try. I'm sorry, Susan. 음… 나쁘지 않은 것 같아요. 노력해볼게요. 죄송합니다. 수잔.
수잔	That's okay. I am very thankful because you tried to tell me about your ideas and tried to solve that problem. That's a good thing. Thank you. 괜찮아요. 고민을 이야기하면서 그 문제를 해결하려고 노력하는 걸 보니 오히려 제가 고마워요. 그건 좋은 거예요. 고마워요.

> I couldn't catch what you said.
> 말씀하신 내용을 잘 모르겠는데요.
> I'm afraid this class is a little difficult for me.
> 이 수업이 제게는 좀 어려운 것 같아요.
> Can I ask about the homework(assignment)?
> 숙제에 관해 질문이 있는데요.

선생님과 학생의 스타일이 너무 달라 문제가 되는 경우에는 학교 측 상담원에게 자신이 겪고 있는 문제를 설명하면, 보통 1~2주 후에 새로운 선생님으로 바꿔준다. 하지만 학교 측에서 학생 관리에 대한 규정, 선생님과 학교 간의 계약 등을 확인하고 대체할 선생님을 찾을 시간이 필요하다. 또한 필리피노들은 '히야'를 가장 소중하게 여기기 때문에 불만을 호소하는 즉시 바로 선생님이 변경되는 것이 어려울 수도 있다.

하루 일과 중 상당히 많은 시간을 보내는 기숙사 생활을 어떻게 하느냐도 영어 실력에 큰 영향을 끼친다. 다시 말해, 학교에서 아무리 열심히 공부했다 하더라도, 기숙사에서 계속 한국말만 사용한다면 당연히 영어 실력이 느는 데 한계가 있다. 그래서 어떤 어학연수 학교들은 특별히 영어 기숙사를 운영하거나 영어 선생님과 같은 방을 사용할 수 있게 해준다. 기숙사 생활을 하는 학생들을 별도로 모아 야간 액티비티를 하거나 정규 수업 이외에 추가 비용을 받고 부족한 부분에 대해 추가 수업을 들을 수 있게 하는 학교들도 있다. 최근에는 기숙사 및 학교 건물에 English Zone을 정해 이 공간에서는 무조건 영어로만 말하고 영어를 사용하지 않을 때는 패널티를 주는 학교들도 생기고 있다. 학교에서 제공하는 이런 부가적인 프로그램들을 적극적으로 이용하면 한국 학생 99%라는 열악한 상황도 충분히 극복할 수 있다.

> This is English Zone. You must speak English here.
> 이곳은 잉글리시 존입니다. 여기서는 영어로만 말해야 합니다.
> What should I do after the classroom situation?
> 정규 수업 시간 이후에 어떤 것을 하면 좋을까요?
> Why don't we make a new English study group?
> 영어 스터디 그룹을 만들어보지 않을래?

단어와 문법의 중요성

★ 종이와 잉크 값이 굉장히 비싸기 때문에 대부분의 어학연수 학교에서는 질이 낮은 종이로 만든 제본책자를 사용한다.

단어 사용 수준, 문장 활용 능력 등을 보면 그 사람의 영어 실력을 짐작할 수 있다. 초등학생과 대학생이 대화할 때 사용하는 단어가 다르고 문장 구성이나 논리에 차이가 있는 것처럼, 영어를 할 때도 어떤 수준의 단어를 사용하고 어떤 문장을 사용하느냐에 따라 동일한 뜻의 문장을 말하더라도 수준 차이를 느낄 수 있다.

문법보다 말하기가 더 중요하다고 생각하고 말하기 공부에만 집중하는 학생들이 있는데 문법은 말하기를 좀 더 잘 하기 위한 가장 기본적인 요소로, 영어 실력을 향상시키기 위해서라도 확실하게 공부해두어야 한다. 문법을 공부할 때는 자기 스타일에 맞는 문법책을 골라 체계적으로 공부하는 것이 좋으며, 평소 대화할 때 자기가 어떤 문법을 사용하는지 생각해보는 것도 좋다. 수업시간뿐만 아니라 평소 생활 속에서 계속 연습하기 위해 영어일기를 쓰거나 한국어로 된 잡지책이나 그림, 사진 등을 보고 영작해서 선생님에게 문법이나 단어를 체크받으면, 문법 실력뿐만 아니라 쓰기 실력, 문장 구성 능력까지 골고루 향상시킬 수 있다.

★ 필리핀 사람들이나 우리나라 사람들이나 시간을 확인할 때 주로 휴대폰을 이용한다. 우리나라에서는 인공위성에서 표준시를 전달받아 휴대폰에 표시해주기 때문에 휴대폰 시각이 정확하다. 그런데 필리핀에서는 휴대폰 시각을 자기가 직접 맞추기 때문에 휴대폰을 사용하는 사람마다 시간을 체크해보면 모두 제각각이다. 선생님과 약속 시간이 자꾸 어긋날 때는 선생님의 휴대폰 시각과 자기 것이 동일한지 한번 확인해보자.

> **Can you check my English diary?**
> 제 영어일기를 체크해주시겠어요?

어휘력을 키우는 것도 매우 중요한데, 동일한 뜻이라도 상황에 맞게 적절한 단어를 사용할 줄 알아야 한다. 또 아무리 문법을 잘하고 말하기에도 자신 있다 해도 단어를 많이 알지 못하면 대화의 주제가 한정적일 수밖에 없

> **How do I study English vocabulary?**
> 영어 단어는 어떻게 공부해요?
>
> **You should memorize very basic and practical vocabulary first.**
> 먼저 가장 기초적이고 실질적인 단어부터 외우세요.
>
> **Could you correct my writing?**
> 제가 쓴 문장을(문법적으로) 고쳐주실래요?
>
> **Please tick my wrong sentences with a red pen.**
> 붉은 색 펜으로 틀린 문장을 체크해주시겠어요?

고 사물을 보고 듣는 데도 제한적이게 된다.

한번은 우리나라 방송국에서 일하는 친구가 필리핀으로 촬영을 온다고 내게 통역과 가이드를 부탁한 일이 있었다. 네이티브 수준은 아니지만 일상 속에서 영어로 대화하는 것에 자신이 있던 터라 승낙을 했는데, 경제와 사회 문제에 대한 주제들이 나오면서 말문이 막혀 급하게 다른 사람으로 통역을 바꿔야 했다. 지금 생각해도 얼굴이 화끈거리고 부끄럽다. 그때부터 나는 경제 관련 잡지와 뉴스를 보면서 시사적이고 전문적인 단어를 익히기 시작했다. '역시 공부에는 항상 겸손함과 꾸준함이 필요해'라고 생각하면서 말이다.

DVD 활용

영어를 공부하는 방법에는 여러 가지가 있겠지만 그 중에서 자기가 좋아하는 영화를 보면서 공부하는 방법이 즐기면서 공부할 수 있는 좋은 방법 중 하나인 것 같다. DVD로 영화나 애니메이션을 보면 어떤 상황 속에서 어떤 문장이 사용되는지 눈으로 보면서 자연스레 익힐 수 있고, 듣기에도 도움이 많이 된다.

★ 무조건 많이 본다고 영어 실력이 좋아지는 것은 아니다. 처음에는 자막 없이 여러 번 보고, 스토리를 거의 익힐 정도가 되었을 때 자막을 보면서 처음부터 반복해서 보자.

DVD를 보려면 당연히 DVD 플레이어가 있어야 하는데, 사실 DVD 플레이어가 설치된 기숙사가 별로 없다. 그래서 학생들은 주로 DVD 플레이어가 장착된 노트북을 이용한다.

DVD 플레이어나 노트북이 없는 사람은 DVD 플레이어를 구매해보는 것도 생각해보자. 저렴한 DVD 플레이어는 2,000~2,800페소 정도면 살 수 있는데, 사실 이런 플레이어들은 제품에 소니SONY, 삼성SAMSUNG, 필립스PHILIPS 등 유명 브랜드 로고가 붙어 있어도 정품이 아닌 경우가 많다. 정품은 비품보다 2배 이상 가격이 비싸다. 학생들은 대부분 비품을 구입해서 사용하는데 비품으로도 영화를 보는 데는 큰 문제가 없다. 하지만 제품 수명이 짧고 잔고장이 많아서 영화를 보는 시간 이외에는 항상 전원을 꺼두는 등 관리에 신경을 써야 한다.

★ 필리핀에서 파는 DVD 플레이어는 우리나라에서도 사용할 수 있다.

용석	Where can I see some DVD players?
	DVD 플레이어는 어디서 볼 수 있나요?
직원	Oh, yeah? You can see here.
	아, 네. 여기서 보실 수 있습니다.
용석	Wow, is this only 2,300 pesos?
	와, 이게 2,300페소밖에 하지 않나요?

직원	Yes, that is 2,300 pesos. Very cheap one. 네, 2,300페소 맞습니다. 아주 저렴한 제품입니다.
용석	I think it's not an original product. Maybe it's an imitation, isn't it? 제 생각엔 정품이 아닌 것 같은데, 이미테이션 아닌가요?
직원	That's an imitation but no problem to play. 네, 손님 말씀이 맞습니다. 이미테이션이지만 DVD를 재생하는 데는 아무 문제 없습니다.
용석	Really? Well, can you play the DVD with this one for me? 정말요? 음, 이 제품으로 DVD를 플레이해주시겠어요?
직원	Yep~! No problem, sir. Look at that. 넵~! 물론이죠. 보십시오.
용석	Umm… I think it's not too bad. Could you show me how it works? 음… 나쁘진 않군요. 사용법을 가르쳐주시겠어요?
직원	It's very simple. Look at this button. 아주 간단합니다. 이 버튼을 보세요.

Where can I see some DVD Players?

Where should I report if I have got some problem with this product?
이 제품에 문제가 생기면, 어디로 연락해야 하죠?
Do you carry Samsung brand items?
삼성 제품도 있나요?
If it were a little cheaper, I would buy it.
이게 조금만 더 싸면 구입할 텐데요.
Don't you have a cheaper one?
더 싼 건 없나요?

거리를 돌아다니다 보면 식당이나 상가 주변에서 불법 복제 DVD를 파는 사람들을 쉽게 볼 수 있다. 복제품은 한 장에 50~80페소, 정품은 500~1,000페소 정도 한다. DVD 복제품은 대량으로 제작되고 유통되기 때문에 흠집이 있거나 손상되어 재생이 안 되는 경우가 종종 있다.

DVD 복제품을 사다가 경찰에 걸리면 벌금을 지불해야 한다. 귀국하기 한 달 전에 길에서 DVD 복제품을 사다가 경찰에 붙잡혔었다. 경찰서까지 같이 가자고 심각하게 말하면서 벌금으로 2,000페소를 내면 풀어주겠다고 했는데, 수중에 500페소밖에 없다고 사정을 하자 500페소만 받고 보내주었다. 나중에 알고 보니 돈을 뜯어내려고 트집을 잡은 것이었고 내가 낸 500페소는 벌금이 아니라 뇌물이었던 거다. 이렇게 경찰들이 외국인에게 돈을 뜯어내려고 상황을 몰아가는 경우에는, 말다툼을 하거나 경찰서로 가게 되면 문제가 심각해지니 그냥 돈을 줘버리자.

용석	Can you exchange this DVD for another one? It doesn't work. 이 DVD 좀 다른 걸로 바꿔주시겠어요? 재생이 안돼요.	
직원	When did you buy it? 언제 사셨어요?	
용석	Yesterday morning. 어제 아침에 구입했어요.	
직원	Do you have the receipt? 영수증을 가지고 있나요?	
용석	Yes, of course. Here you go. 예, 물론이죠. 여기 있습니다.	
직원	Okay. Choose another one. 알겠습니다. 그럼 다른 걸 골라보세요.	

★ **DVD 구입 시 자막 확인은 필수!!**
보통 DVD 1장에 영화가 약 4~6편 정도 들어 있는데 구매하기 전에 반드시 자막이 제대로 나오는지 확인하도록 한다. 한꺼번에 시리즈물을 구매할 때 처음 몇 장 정도만 확인해보고 구매하면 뒷부분 몇 편은 자막이 안 나오거나 따갈로그어 자막이 나오는 황당한 일이 벌어지기도 한다.

Where should I buy some DVD near here?
어디서 DVD를 살 수 있나요?

How much for five?
5개를 사면 얼마죠?

Can you make it two hundred pesos for four?
4개에 200페소 해주시겠어요?

Could you find "Shrek 3"?
슈렉 3 좀 찾아주시겠어요?

Will you change this DVD if it has some problem?
DVD에 문제 있으면 교환할 수 있나요?

주요 연수 지역

메트로 마닐라 Metro Manila

★ 마닐라

메트로 마닐라는 필리핀의 수도이자 행정, 산업, 문화의 중심지다. 서울특별시가 중구, 종로구, 강남구 등 25개의 자치구로 이루어진 하나의 거대한 도시인 것처럼 필리핀의 메트로 마닐라도 18개의 자치시가 모여 있는 거대한 도시다. 처음 필리핀에 가는 사람들은 마닐라와 메트로 마닐라를 같다고 생각하는데, 마닐라 역시 메트로 마닐라에 속한 하나의 시다. 필리핀의 공식적인 수도는 메트로 마닐라.

마닐라는 필리핀의 중심지인 만큼 쇼핑과 문화를 즐기기에 편리하다. 대형 쇼핑센터와 고급 호텔이 있으며 계획도시로 정부 기관, 대학, 문화 시설이 잘 갖추어져 있다. 공항과 가깝다는 장점도 있다. 하지만 물가가 다른 지역에 비해 비싼 편이며 치안이 좋지 않다.

★ 퀘존 시티

메트로 마닐라의 자치시 중 하나. 인구가 약 217만 명(2000년 기준)이며 마닐라에서 북동쪽으로 30분 거리에 있다. 국립 필리핀대학, 원자력연구소, 아테네오데 마닐라대학 등 교육 기관과 고급 주택가, 대형 쇼핑센터가 밀집해 있는데, 지금은 필리핀의 수도인 메트로 마닐라에 속해 있지만 1976년까지 필리핀의 수도였다. 교육 환경이 좋아 유학생이 많이 찾는다.

●장점 각종 위락 시설과 문화 시설이 잘 갖추어져 있고 교육 인프라가 높아 교육 수준이 높은 튜터를 선택할 수 있다. 현지인들의 영어 실력도 타 지역에 비해 상당히 높은 편이다.

●단점 어학연수 학교의 기숙사나 홈스테이비가 기타 지역에 비해 약간 비싸고 불법 어학원들이 많이 있기 때문에 어학연수 학교 선택 시 유의해야 한다. 유흥업소가 많고 교통 체증이 심하다.

바기오 Baguio

바기오는 북부 루손 섬의 중심이며, 해발 1,520m 높이에 위치한 고산 도시다. 지역적 특성상 날씨가 그다지 덥지 않아 일부 행정 기관이 여름에 더위를 피해 이곳으로 이동하면서 여름의 수도란 별칭을 얻었다. 연중 시원하고 자연 경치가 아름다워서 보라카이 섬과 함께 세계에 널리 알려진 유명 휴양지다. 바기오 시의 인구는 30만 명이지만 관광객이 몰리는 3~6월 사이에는 인구가 약 50만 명으로 증가하기도 한다. 대통령 별장 및 사관학교가 있는 관계로 치안이 양호한 편이다.

●장점 스파르타식 어학연수 학교가 가장 많은 곳으로 고산 지대에 있기 때문에 한국 사람들이 생활하기에 날씨가 좋다.

●단점 인천 공항에서 바기오로 가는 직항로가 없기 때문에 마닐라 공항이나 클락 공항으로 입국해서 버스나 다른 비행기로 갈아타야 한다. 소도시라서 문화 시설이 적다.

세부 Cebu

비사얀 제도의 중심부에 위치해 있으며 정치, 경제, 문화의 중심지다. 역사가 깊고 인구가 많으며 지하자원이 풍부해 일찍부터 개발되었다. 필리핀에서 두 번째로 큰 도시며 필리핀의 수도였다. 섬 전체 인구는 약 350만 명. 서쪽에는 네그로스 섬이, 동쪽에는 보홀 섬이 있으며 그 외에도 크고 작은 167개의 섬들이 주변에 있다.

세부는 스페인 사람들이 가장 먼저 정착했던 곳으로 스페인 통치 시대의 역사와 유적들이 많이 있으며 필리핀에서 가장 오래된 거리와 성벽, 기념비 등이 있다.

신혼 여행지로 유명하고 아름다운 여행지가 많아 연수생들이 가장 많이 찾는 도시이기도 하다. 최근 생기기 시작한 어학연수 학교들이 경쟁적으로 편리한 시설을 갖추는데다 자연환경도 깨끗해 교육과 휴양을 동시에 즐길 수 있다.

●장점 시설이 깨끗한 리조트 형태의 어학연수 학교들이 많고 조용해서 공부하기에 좋다. 휴양지로 편의시설이 잘 갖추어져 있고 해양 스포츠도 마음껏 즐길 수 있다. 외국인 관광객들이 많이 찾는 지역이라 치안이 잘 되어 있는 편.

●단점 수업료가 약간 비싸고 관광지이기 때문에 유흥 업소에 쉽게 노출된다. 의외로 영어를 못하는 현지인들이 많다.

바콜로드 Bacolod

바콜로드는 네그로스 섬 북서쪽 해안 평원에 있다. 인구는 약 40만 명으로 외국인에게 많이 알려지지 않은 조용한 도시다. 비사얀 제도에서는 세부, 일로일로 다음으로 큰 도시며 시내에는 제당업 관계 회사의 빌딩들과 부유층의 호화로운 저택들이 늘어서 있다. 20세기 초부터 근대적 제당업이 급속히 발전한 덕에 현재까지 필리핀 최고의 설탕 생산지며 필리핀 최고의 명문대학인 라살대학이 있다.

●장점 공기가 깨끗하고 물가가 저렴한 편이다.

●단점 교통이 불편하며 일반인들이 농업이나 어업을 주로 해서 영어 실력이 낮다.

일로일로 Iloilo

일로일로는 필리핀의 중심, 비사얀 제도의 파나이 섬에 있으며 가장 근대적인 도시 중 하나다. 파나이에서도 제일 큰 항구 도시며 경제 중심지이자 필리핀 최고의 농업 지역이다. 주요 생산물은 쌀, 사탕수수, 망고, 생선 등. 주변 환경이 깔끔하며 5개의 종합대학, 2개의 의학 전문학교, 30개의 대학들이 밀집해 있다. 아직 외국인들에게 많이 노출되지 않아 관광객이나 연수생들이 많지 않다.

●장점 다른 지역에 비해 조용하고 유흥 문화가 많지 않으며 물가가 저렴한 편이다.

●단점 위락 시설과 문화 시설이 거의 없어 여가 활동이나 문화생활을 즐기기 힘들고 바다스포츠가 없는 편이다. 근처에 유명한 휴양지인 보라카이가 있어 지내다 보면 의외로 지출이 많아진다.

다바오 Davao

농촌 지역이 대부분인 다바오는 필리핀 민다나오 섬 남동부에 위치한 다바오만Davao Gulf 끝부분인 다바오 강Davao River 어귀에 자리 잡고 있다. 도시의 면적으로만 따지면 세계에서 가장 큰 도시 중 하나로, 약 2,212km² 지만 이 중 10% 정도만 도심 지역이고 나머지는 산림이나 마닐라 삼을 비롯하여 옥수수, 쌀, 바나나 등을 수출하는 농경지다. 아름다운 해변과 섬, 리조트가 많아 관광객들이 많이 찾는다.

●장점 생활비나 학비가 다른 지역에 비해 약간 저렴하며 주변에 유흥 시설이 별로 없어 조용한 분위기에서 지낼 수 있다.

●단점 항공편이 열악하며 민다나오 반군들로 인해 약간 위험하다.

7. 여행준비 & 주요여행지

1. 루손 섬Luzon Is.과 주변
필리핀 북쪽에 있으며 가장 큰 섬인 루손 섬에는 마닐라와 바기오 시티가 있다. 카탄두아네스Catanduanes, 마린두케Marinduque, 마스바테Masbate, 민도로 섬Mindoro Is. 등이 루손 섬 주변에 있다.

필리핀은 열대성 기후로 1년 내내 따뜻하고, 영어를 공용어로 사용하는 나라 중 생활비가 저렴하며 볼거리가 다양해 관광객들과 은퇴 이민자들, 어학연수자들이 선호하는 나라다.

수많은 섬과 거대한 산, 화산으로 이루어진 섬나라 필리핀에는 아직도 고대 도시들이 건재하다. 섬 면적을 전부 합하면 남한 크기의 세 배에 달한다. 일반적으로 루손과 그 주변 지역, 비사얀, 민다나오, 팔라완, 이렇게 네 지역으로 나눌 수 있다.

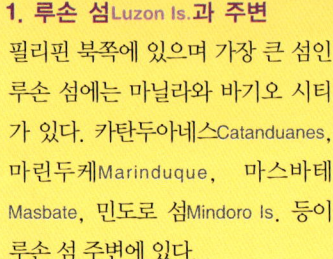

4. 팔라완 섬Palawan Is.
길이가 434km, 평균 폭이 40km의 세로로 길게 뻗은, 필리핀에서 세 번째로 큰 섬이다. 평지가 적고 열대다우림 지역이며, 섬을 뒤덮는 산림과 무수히 많은 섬, 해안가의 산호 등 아름다운 자연과 소박한 주민들이 매력적이다.

평균 기온과 옷
열대성 기후로, 연평균 기온이 26~31℃, 습기가 77% 정도다. 6~11월이 우기, 12~5월이 건기다. 평소에는 가볍고 캐주얼한 여름옷을 입지만 루손 섬 북부(바기오) 지역에서는 10~1월에 아침저녁으로 쌀쌀해 재킷이나 가디건이 필요하다. 또 성당이나 사원에서는 반바지나 노출이 심한 옷을 피하는 것이 좋다.

3. 민다나오 섬Mindanao Is.
필리핀에서 가장 남쪽에 있으며 두 번째로 큰 섬이다. 종교적, 정치적 이견으로 반군들이 활동하는 지역이라 외국인들은 이곳을 방문할 때 무척 주의를 기울여야 한다.

01 여행 준비하기

여행 정보 수집

여행 경비와 여행 기간을 염두에 두고 어떤 루트를 통해 어떤 스타일로 여행할지 계획해야 효율적으로 여행할 수 있다. 여행 계획을 세울 때 여행을 시작하는 지역과 마치는 지역을 결정하는 것이 중요한데, 이때는 각 지역 간 이동 거리와 이동 방법, 여행지의 특징과 숙소 등에 대한 정보를 우선적으로 수집해야 한다.

여행자들뿐만 아니라 필리핀에서 영어연수를 하는 학생들도 여행을 많이 다니는데, 주로 장기간 여행보다 3박 4일, 4박 5일 단기간 여행을 즐긴다. 단기간 여행일 때는 짧은 시간 안에 많은 곳을 둘러보고 오려고 촉박하게 여행 일정을 짜기보다 많은 곳을 가지는 못하더라도 액티비티나 음식, 그 지역 사람들의 삶과 문화를 체험하고 배울 수 있는 여행을 계획하는 것이 훨씬 낫다.

★ 필리핀을 여행할 때 가장 어려운 점은, 섬들이 너무 많아서 섬과 섬 사이를 이동할 때 어떤 루트와 교통수단을 이용해야 할지 감을 잡기가 어렵다는 점이다. 계획을 세울 때 이동 루트나 이용할 수 있는 교통편 등을 꼼꼼히 체크해 놓아야 계획에 큰 차질 없이 즐겁게 여행할 수 있다. 지방도로의 경우에는 도로 사정이 좋지 않아 이동하는 데 시간이 많이 걸린다.

주요 도시의 경우, 여행자들을 위한 인포메이션 센터가 있기는 하지만 많이 활성화되지 않다 보니 어학연수 학교를 다니는 학생들은 주로 학교에 있는 여행 관련 직원에게 물어보거나 가이드북, 인터넷 등을 이용해 정보를 수집하는 편이다.

용석	Actually I want to know what's the best way to go to Cebu from here in Manila. 여기 마닐라에서 세부까지 가는 가장 좋은 방법이 뭔지 알고 싶어서요.
인포메이션	Cebu? Of course, the plane is the best way to go. 세부요? 당연 비행기를 타는 것이 가장 좋죠.
용석	The flight? Oh, I see. How about the flight schedule? 비행기요? 알겠습니다. 항공 스케줄은 어떻게 되나요?
인포메이션	Many flights are available to Cebu everyday. You don't need to worry about it. 세부로 가는 항공편은 매일 있으니 그 부분은 걱정하지 않아도 됩니다.
용석	Okay, good. What about the price rates? 그렇군요. 좋습니다. 가격은 어느 정도인가요?
인포메이션	It depends on the airlines, you know. You should check the price rates on this website. 아시다시피 항공사에 따라 다릅니다. 여기 웹사이트를 통해 가격을 체크해보세요.
용석	Oh, thank you very much. 아, 정말 감사합니다.

★ 필리핀 관광청 지역 사무소
필리핀 관광청(한글)
www.7107.co.kr
필리핀 관광청(영문)
www.experiencephilippines.org
http://itsmorefuninthephilippines.com
다바오Davao 지역
www.discoverdavao.com

Could you recommend some nice place to go in Cebu? 세부에서 갈 만한 좋은 곳 좀 추천해주시겠어요?	Pwede ka bang magrekomenda ng magandang lugar sa Cebu? 뿌웨데 까 방 막레코멘다 낭 마간당 루갈 싸 세부?
Where can I go for a day trip? 당일치기로 갔다 올 수 있는 곳이 어디인가요?	Saan ba ako makapag biyahe ng isang araw lang? 싸안 바 아꼬 마가빠 비하헤 낭 이상 아라오 랑?
Can I have this city map? 이 시티 지도를 하나 가져도 될까요?	Pwedeng pahingi ng mapa ng lungsod na ito? 뿌웨뎅 빠힝이 낭 마빠 낭 롱소드 나 이또?
I would like to get some tourist brochures. 관광 브로슈어를 좀 얻고 싶어요.	Gusto ko sanang humingi ng brochure para sa mga turista. 구스또 꼬 사낭 후미니 낭 브로셔어 빠라 싸 망아 뚜리스따.
How long does it take to get there and back? 그곳까지 왕복하는 데 시간이 얼마나 걸리나요?	Gaano katagal ang balikan doon? 가아노 까다갈 앙 빨리깐 도온?

나는 여행에 대한 대략적인 계획을 세울 때만 가이드북이나 인터넷을 이용하고, 보다 실질적인 정보는 현지인들에게 직접 물어보고 얻는 편이다. 물론 시골 지역에는 영어를 잘하는 사람이 별로 없어 대화하는 데 어려움이 있지만 학생들을 찾아서 물어보면 대부분 기본적인 대화가 가능하고 워낙 친절한 사람들인지라 자세하게 설명해주려고 노력한다. 자기가 살고 있는 지역에서 유명한 곳뿐만 아니라 많이 알려지지는 않았지만 꼭 가봐야 하거나 경험해봐야 하는 것들까지 알려주기 때문에 여행 책에 소개된 여행보다 깊이 있는 여행을 할 수 있다.

산 페드로 요새

일로일로

용석	Could you tell me what the tourist attractions in this city are?
	이 도시에서 관광 명소는 어디인가요?
필리피노	Tourist attractions? Umm… let me see. What about Fort San Pedro and the Fort San Pedro National Museum?
	관광 명소요? 음… 글쎄요. 산 페드로 요새와 산 페드로 요새 국립박물관은 어떤가요?
용석	Ah, actually I've been there already.
	아, 사실 거긴 이미 가봤습니다.
필리피노	Oh, really? Umm… What about the the Casa Gorordo Museum? Have you been there before as well?
	아, 그래요? 음… 그럼 카사 고로르도 박물관은 어때요? 혹시 거기도 가보셨나요?
용석	No. But I've heard of that museum. Is it far from here?
	아뇨. 하지만 그 박물관에 대해 들어본 적이 있어요. 여기서 머나요?
필리피노	Not far from here. That's a nice place. You can get some useful information about the Philippine's history at the Casa Gorordo Museum.
	여기서 멀지 않아요. 좋은 곳이에요. 카사 고로르도 박물관에서 필리핀 역사에 대한 유용한 정보들을 얻을 수 있을 거에요.
용석	Okay, could you show me the way on this map if you don't mind?
	알겠습니다. 괜찮으시다면 가는 길을 이 지도에서 좀 알려주시겠어요?
필리피노	No problem. Look here. You should take a taxi here and keep straight on then get off when you see the museum sign.
	물론이죠. 여기 보세요. 여기서 택시를 타고 곧장 가다가 박물관 표지가 보이면 내리세요.

What is the local specialty in this town? 이 지역 특산물이 뭔가요?	Ano ang lokal na specialty ng bayang ito? 아노 앙 로컬 나 스페셜티 낭 바이양 이또?
What else is there to do? 할 만한 것이 더 없나요?	Ano pa ang pwedeng gawin dito? 아노 빠 앙 뿌웨댕 가윈 디또?
Do you know a place with a nice view? 경치가 좋은 곳을 알고 있나요?	Meron ka bang alam na lugar na may magandang tanawin? 메론 까 방 알람 나 루갈 나 마이 마간당 따나윈?
Where's a good place for young people? 젊은 사람들이 잘 가는 곳이 어딘가요?	Saan ba ang magandang lugar para sa mga kabataan? 싸안 바 앙 마간당 루갈 빠라 싸 망아 까바따안?
We have a few night clubs near by. 근처에 나이트클럽이 몇 개 있어요.	Merong mga night club sa malapit. 메롱 망아 나이트클럽 싸 말라삣
Could you draw a map here? 여기에 약도를 그려주실래요?	Pwede bang pakigawa ng mapa dito? 뿌웨데 방 빠끼가와 낭 마빠 디또?

museum 박물관 monument 기념비 art museum 미술관 convention center 전시관 statue 동상 zoo 동물원
historic area 유적지 city hall 시청 palace 궁전 botanical garden 식물원 cathedral 대성당 island 섬 volcano 화산

여행 스타일

수많은 섬들이 있고 도로 사정이 좋지 못해 필리핀 전 지역을 여행하려면 최소 2달이 필요하고 한 지역만 돌아보는 데도 최소 10일 이상이 필요하다. 그래서 여행자들은 대부분 한 지역을 정해 그 지역만 자세하게 보고

돌아오는 식으로 여행을 하고 현지에서 공부하는 학생들은 마음 맞는 친구들과 자동차를 렌트해서 다니는 경우가 많다. 운전기사를 렌트하면 가이드 역할을 하며 영어를 잘 사용하지 않는 외곽 지역에 갈 때 통역도 해주기 때문에 안전하고 재미있는 경험을 할 수 있다.

일반적으로 여행은 자기가 원하는 스타일대로 자유롭게 하는 것이 가장 좋지만, 일주일 이하의 짧은 여행일 때는 패키지 투어 상품을 이용해보는 것도 시간과 돈을 절약할 수 있는 방법 중 하나다. 패키지여행을 하면 전문 가이드와 함께 정해진 지역을 방문하면서 설명을 들을 수 있어 스스로 여행 계획을 세우고 숙소, 교통수단 등을 예약하는 것이 힘든 사람들이 이용하면 좋다. 현지 여행사에서 다양한 패키지 상품을 판매하고 있어, 자기 스케줄에 맞는 상품을 찾아 신청하면 짧은 시간 안에 만족스러운 여행을 할 수 있다.

How much is the tour per person?
투어 비용이 일인당 얼마에요?

Do you have a Korean speaking guide?
한국어 쓰는 가이드가 있습니까?

Could you recommend some places where I should go and come back in a day?
당일로 다녀올 수 있는 곳을 소개해주세요.

I'd like to sign up for the tour, please.
그 투어에 신청하고 싶은데요.

Will we have any free time during the tour?
투어에 자유 시간이 있나요?

Where will we stay during the tour?
투어 기간에 어디에서 머무나요?

Does this price include meals?
이 요금에 식사가 포함되나요?

What time will we come back?
몇 시에 돌아오나요?

What's the rate per person?
개인 비용은 얼마에요?

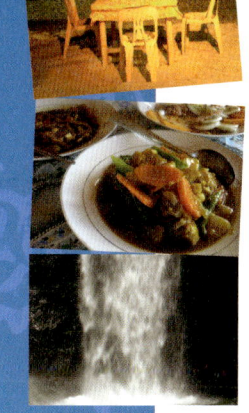

01. 필리핀의 공휴일

필리핀은 대통령이 공휴일을 좌우지하는 나라다. 예를 들어 수요일이 공휴일이라고 했을 때 대통령이 월요일로 바꾸라고 하면 월요일이 쉬는 날이 된다. 그러다 보니 한 해에 토요일부터 월요일까지 쉬는 날이 여러 번 있을 수 있다.

1월 1일 신정	2월 25일 민주주의 기념일	4월 21, 22일 부활절	5월 1일 노동절
6월 12일 독립기념일	8월 21일 니노이 아키노 추도 기념일	8월 마지막째 주 월요일 국민영웅의 날	11월 1일 만성절
11월 2일 위령의 날	11월 30일 독립영웅 보니파쇼 기념일	12월 25일 크리스마스	12월 30일 리잘 기념일

그 외 필리핀은 대통령령 임시 공휴일, 지역별 공휴일이 많다.

2. 필리핀 축제

필리핀 사람들은 축제를 좋아한다. 1년 365일 필리핀의 어딘가에서는 축제가 열린다. 도시 축제는 대개 도시의 수호성인을 기리는 동안에 펼쳐지며, 이런 축제들은 비, 풍성한 수확, 많은 어획을 기원하는 의식에서 유래했다. 어디에서 어떤 축제가 열리는지 미리 알아두면 보다 재미있는 여행을 할 수 있다.

★ 시눌룩 축제 Sinulog Festival

세부에서 1월 18일~19일에 개최되는 시눌룩 축제는 100여 년의 전통을 가진 축제다. 북장단에 맞춰 두 걸음 나가고 한 걸음 후퇴하는 기도의 춤을 추면서 Pit Senor! Viva Sto. Nino! (핏 세뇨르! 비바 산토 니뇨!)라고 외치며 어린 예수인 산토리뇨를 격려 한다.

★ 바기오 꽃 축제 Baguio Flower Festival

2월 23일부터 3월 3일까지 파낙벵가 Panag-benga 지역에서는 바기오 꽃 축제가 열린다. 바기오 주민들은 모두 형형색색 옷을 입고 고지대의 다양한 꽃을 흉내 내며 축제를 즐긴다. 꽃 침대가 놓이고 파낙벵가 행렬이 벌어진다.

★ 디낙양 축제 Dinagyang Festival

1월 25일~26일이 되면 일로일로 시에 사는 사람들은 일상생활에서 벗어나 온 몸에 검은 칠을 하고 아띠Ati 전사의 복장을 한 뒤 북장단에 맞춰 방패와 창을 들고 디낙양 축제에 빠져든다.

★ 모리오네스 축제 Moriones Festival

4월 10일부터 6일간 마린두케 지역에서는 화려한 의상과 가면을 착용한 병사들(모리오네스)의 축제가 열린다. 모리오네스가 롱기누스의 몸을 베는 장면을 재연하는 순간 축제는 필링에 달한다. 롱기누스의 이야기가 서서히 펼쳐지면 보악, 모그포그, 가산, 이 세 도시들은 무대로 탈바꿈한다.

Festival 축제

★ 파히야스 축제 Pahiyas Festival

퀘존의 룩반 Lucban에서 매년 5월 11일부터 5일간 추수를 기원하기 위해 올리는 축제다. 모든 가정이 지역 최고의 농산물로 집안을 장식한다.

★ 파라다 앙 레천 Parada Ng Lechon

6월 24일, 바탕가스 Batangas의 발라얀 Balayan에서 파라다 앙 레천 축제를 통해 색다른 풍경과 맛을 경험할 수 있다. 풍부한 맛을 지닌 통돼지구이를 장식해서 행진하는 모습이 축제의 하이라이트다. 세례 요한의 세례 의식을 반복하며 물을 끼얹기 때문에 축제 참가자는 옷을 적실 마음의 준비를 해야 한다.

★ 탁로반 핀타도스 축제 Tacloban Pintados Festival

탁로반 시에서 매년 6월 29일, 핀타도스 pintados(채색을 한 사람)라는 거칠고 색다른 축제가 열린다. 예전 탁로반의 원주민들에게 문신은 용기의 상징이었다. 그래서 주민들은 보디 페인팅 body painting을 하고 고대 전사를 흉내 내며 북장단에 맞춰 춤을 춘다.

★ 카다야완 사 다보 Kadayawan sa Dabaw

민다나오에서 가장 큰 축제로 '삶의 찬양'이란 뜻을 지닌 카다야완 축제는 8월 16일부터 22일까지 다바오 시에서 열리며 여러 부족들의 전통 음악과 춤, 라이브 밴드, 토속 악기 공연, 민속 예술품들을 볼 수 있는 필리핀의 대표적인 축제다. 축제의 하이라이트는 마지막 날 펼쳐지는, 이 지역에서 생산된 꽃과 과일로 장식한 배 퍼레이드 float parade다.

★ 페나프란시아 축제 Penafrancia Festival

카마린스 서 Camarines Sur의 나가 시 Naga City에서 9월 16일경부터 9일간 열리는 페나프란시아 축제는 바콜 지역의 수호성인 성모 마리아 페나프란시아의 날을 기념해 열리는 종교적인 축제다. 강을 가득 메우며 떠내려가는 촛불이 감동적이다.

★ 마스카라 축제 Masskara Festival

바콜로드 시에서는 헌장의 날인 10월 19일부터 일주일간 군중이란 뜻을 가진 '마스mass'와 스페인어로 얼굴이란 뜻인 '카라kara'가 합쳐진 Masskara라는 축제가 열린다. 마스크와 화려한 의상들로 꾸민 퍼레이드, 거리 댄스, 미인대회 등 다양한 행사가 축제 기간 동안 계속 된다. 항상 웃으면서 지내자는 의미를 가진, 축제의 상징인 '웃는 얼굴 Smiling Mask'도 볼 수 있다.

★ 라조네스 축제 Lanzones Festival

카미긴 Camiguin 섬의 명물인 과일을 주제로 한 축제. 10월 25일~28일까지 열린다. 주민들이 민다나오 원주민의 전통 복장을 한껏 뽐내며 달고 즙이 풍부한 라조네스를 들고 나타나면 맘바자오 거리는 총천연색의 생생한 무대로 변한다. 누구나 참가해서 먹고 마시며 함께 춤을 춘다.

★ 핀타 플로레스 축제 Pinta Flores Festival

산 카를로스 시 San Carlos City에서 11월 3일~5일까지 열리는, 수호성인 산 카를로스 보로메오를 기리는 축제. 온몸에 꽃을 그려 넣은 참가자들이 북장단에 맞춰 춤을 추며 거리행진을 한다. 식민지 시대 이전 문신을 한 네그로스 원주민의 모습이 인상적이다.

★ 산 클레멘테/히간테스 Feast of San Clemente/ Higantes

리잘 Rizal의 앙고노 Angono에서 11월 23일에 열리는 이 축제는 3미터 크기의 꼭두각시 인형을 앞세우고 물싸움을 하며 축제를 즐기는 거인 Higantes (스페인어) 꼭두각시 축제. 거리 어디에서든 물싸움을 하기 때문에 물총을 준비해가면 좀 더 축제를 즐길 수 있다.

★ 샤리프 카분수안 축제 Shariff Kabunsuan Festival

코타바토 시 Cotabato City에서 매년 12월 15일~18일에 열린다. 코타바토 시 회교도들이 이 지역에 이슬람이 전파된 것을 축하하며 여는 축제로 강상 퍼레이드, 보트 경주, 음악 및 체육행사가 다양하게 펼쳐진다.

★ 거대 랜턴 축제 Giant Lantern Festival

팜팡가 Pampanga 산 페르난도 San Fernando에서 12월 17일~23일까지 열리는 랜턴 축제. 직격 12미터에 이르는 랜턴에 달린 수천 개의 전구가 화려한 디자인과 색을 뽐낸다.

02 교통편 이용하기

항공편

섬에서 섬으로 이동할 때 배를 이용하면 경비가 적게 든다는 장점이 있지만 이동 시간이 길다는 단점도 있다. 시간적인 면에서 여행자들은 배보다 항공편을 많이 이용하는데, 각 섬의 주요 도시에 20여 개 이상의 공항이 있기 때문에 큰 무리 없이 항공편을 이용할 수 있다. 하지만 대부분 항공 스케줄이 마닐라나 세부 공항을 중심으로 연결되어 있어, 마닐라, 세부를 제외한 다른 섬들 간에 이동할 때는 연결편이 있는지 미리 항공 스케줄을 확인해야 한다.

필리핀 국내를 이동할 때 이용할 수 있는 대표적인 항공사로는 세부 퍼시픽, 아시안 스피릿, 에어 필리핀 등이 있으며 비용이 상당히 저렴하다. 국내 항공권은 한국의 여행사 및 필리핀 현지 여행사를 통해 예약할 수 있고, 시내 또는 공항 내 있는 현지 항공사의 사무실에서도 직접 예약이 가능하다. 여행사나 항공사에 직접 찾아가 예약할 경우에는 당연히 영어로 대화해야 하는데, 만약 영어에 자신이 없는 사람은 출발자의 영문 이름 스펠링, 원하는 출발 일자와 시간대를 종이에 적어 직원에게 보여주면 어렵지 않게 예약할 수 있다. 항공권을 받으면 틀린 부분이 있을 수 있으니 이름, 비행 구간, 항공편명, 탑승일, 출발 시간 등을 반드시 확인한다.

용석	Excuse me. I'd like to reserve a seat to Manila. Economy class, please. 실례합니다. 마닐라 행 좌석을 예약하려고요. 일반석으로 부탁합니다.
여행사	From which airport do you want to depart? 어떤 공항에서 출발하고 싶으세요?
용석	Cebu Domestic Airport, please. 세부 국내 공항이요.
여행사	When would you like to leave? 출발일은 언제죠?
용석	10th of May and around 11 am? 5월 10일이요. 오전 11시쯤.
여행사	Okay. 10th of May and 11 am. One way ticket, or round trip ticket? 알겠습니다. 5월 10일 오전 11시. 편도예요, 아니면 왕복을 원하시나요?
용석	One way ticket, please. 편도 티켓으로 해주세요.
여행사	Okay. Let me see. Yes. It's available to reserve a seat for that day. 알겠습니다. 한번 볼게요. 네, 그날 좌석 예약하실 수 있네요.
용석	Can I see that flight schedule? 항공 스케줄을 좀 볼 수 있을까요?
여행사	Sure. Here you go. 물론이죠. 여기 있습니다.
용석	Okay, good. Can you reserve it? Here's my passport. 좋습니다. 예약해주시겠어요? 제 여권입니다.

★ **필리핀 국내 항공사**
(필리핀 전 지역 항공사 사무실 주소와 연락처 확인 가능)
- 세부 퍼시픽
www.cebupacificair.com
- 에어 필리핀
www.airphilexpress.com
- 필리핀 에어라인
www.philippineairlines.com
- 제스트 에어라인
www.flyzest.com

That flight is fully booked.
그 항공편은 다 찼습니다.

We have some seats available.
좌석이 남아 있습니다.

Do you have any other flights?
다른 비행기가 있나요?

편도 티켓 비용은 대략 1,500~3,000페소 정도 하고 출발 4주 전에 항공권을 예약 및 발권하면 20~30% 할인되는 경우가 많다. 미리 여행 계획을 세워 항공권을 조기 발권하면 보다 저렴하게 여행할 수 있다. 참고로, 항공사 또는 항공편 스케줄에 따라 다르겠지만 국제학생증 같은 학생 카드를 제시하면 할인받는 경우도 있다.

> Can I get a discounted price with the tickets if I've got an International Student ID Card?
> 국제학생증을 가지고 있으면, 항공 티켓을 할인받을 수 있나요?
> Are there any discount tickets for me?
> 할인 티켓이 있나요?
> This is the special ticket for the students.
> 이것은 학생들을 위한 특별한 티켓이에요.
> You can get a 20% discount if you have a student ID.
> 학생증이 있는 경우 20% 할인 가능합니다.

★ 국내선은 항공 스케줄이 자주 변경되거나 취소되기 때문에 출발 3~4일 전에 반드시 전화로 비행기 편명과 시간을 재확인 re-confirm해야 한다.

한번은 세부에서 일로일로를 가기 위해 국내선을 예약하고 스케줄을 다시 확인하지 않은 채 공항에 갔었다. 공항에서 발권을 하고 출국 수속을 마친 뒤 탑승을 기다리고 있는데, 시간이 지나도 탑승을 시켜주지 않아 이유를 물어보니 일로일로로 떠나야 할 비행기가 아직 세부 공항에 도착하지 않았다는 것이다. 그 전에 안내받은 사항이 없어 당황해하고 있는데, 더욱 나를 황당하게 만든 것은 앞으로 몇 시간을 더 기다려야 할지 모르겠지만 그냥 기다리라는 직원의 말. 결국 4시간을 기다렸다가 탔는데, 정말 화가 많이 났지만 별다른 방법이 없었다. 더욱이 일로일로에 도착해보니 픽업자도 4시간 이상을 기다리고 있었다. 필리핀은 항상 이런 경우의 수가 발생할 수 있는 나라라는 사실을 생각하고 스케줄을 잘 체크하도록 하자.

항공사	Thank you for calling. This is Daniel from Philippine Airlines. May I help you? 전화 주셔서 감사합니다. 필리핀항공사의 다니엘입니다. 무엇을 도와드릴까요?
용석	Hi, My name is Yongseok Han. I'd like to reconfirm my flight schedule. 안녕하세요. 제 이름은 한용석이라고 하는데, 예약을 확인하고 싶어서요.

항공사	Can I have your reference number, please?
	예약 확인 번호를 알 수 있을까요?
용석	My reference number is 545-3954.
	제 예약 번호는 545-3954입니다.
항공사	Okay. Let me cheek.
	네. 체크해보겠습니다.

I want to confirm my reservation.
예약을 확인하고 싶습니다.

Do you have your ticket?
항공권을 가지고 계시나요?

Could you tell me your full name and flight number, please?
이름과 항공편을 알려주시겠습니까?

Your reservation is confirmed.
확약되었습니다.

I definitely made a reservation.
저는 분명히 예약했어요.

There's no reservation under Han.
한 선생님의 성함으로는 예약되어 있지 않는데요.

보트

필리핀에서 보트passenger boat는 섬과 섬 사이를 이동할 때 이용하는 대중 교통 수단이다. 항공료가 부담스러운 가격이 아니어서 대부분의 여행자들은 지역을 이동할 때 항공편을 이용하지만 가까운 섬이나 바다의 운치를 즐기고 싶다면 보트를 이용해보는 것도 좋다.

세부에서 마닐라를 갈 때 항공편을 이용하면 약 1시간이 걸리고 항공료는 약 2,500페소 정도. 보트를 이용할 경우에는 약 24시간이 소요되며 금액은 선박 회사마다 차이가 있지만 대략 아래와 같다.

★ **스위트 룸** 커플을 위한 독립적인 공간으로, 시설이 거의 호텔 수준이고 에어컨, 샤워 시설, 화장실, TV 등이 설치되어 있으며 고급 식사가 제공된다. (약 5,000페소)

★ **캐빈 클래스** 2~6명이 정원으로 에어컨이 설치되어 있다. 샤워 시설, 화장실이 객실 안에 있는 경우도 있다. (약 2,000페소)

★ **비즈니스 클래스** 7~14인실로 깨끗한 편이지만 에어컨이 없고 샤워실은 공동 사용인 경우가 많다. 식사는 캐빈 클래스와 비슷한 음식이 제공된다. (약 1,800페소)

★ **투어리스트 클래스** 한 방에 2층 침대 2개가 있으며, 화장실이나 샤워실은 공동 사용이고 에어컨이 없다. 식사는 비즈니스 클래스와 동일하게 제공된다. (약 1,800페소)

★ **이코노미 클래스** 발매되는 90% 이상의 티켓이 이코노미 클래스기 때문에, 굳이 급하게 예약할 필요가 없고, 갑판 위의 큰 방에 수십 개의 간이 침대가 놓여 있다. 자리가 부족한 경우에는 담요를 갑판에 깔고 자기도 한다. 생선 위주의 간단한 식사가 제공된다. (약 1,300페소)

이코노미 클래스는 특별한 행사 기간이 아니면 마감되는 경우가 거의 없지만 스위트 룸이나 캐빈 클래스는 정원 제한이 있어서 가능하면 3일 전에 예약해두는 것이 좋다. 티켓을 예약하려면 선박 회사의 매표소로 전화를 걸어 예약할 수 있지만 의사소통에 어려움이 있거나 예약이 잘못되는 경우도 있으니 되도록 직접 가서 요금과 시간을 정확하게 확인하고 예약하자. 그리고 아무리 믿음이 가는 큰 선박 회사더라도 날씨가 좋지 않거나 목적지에서 큰 축제가 열리는 시기에는 운항이 취소되거나 스케줄이 변경될 수 있으니 역시 스케줄을 확인해보는 것이 좋다.

보트 내부

용석	Hi, I'd like to reserve a seat to Iloilo next Saturday. 안녕하세요. 다음 주 토요일 일로일로행 보트를 예약하고 싶은데요.
직원	Next Saturday? What time do you have in mind? 다음 주 토요일이요? 시간은요?
용석	I don't know exactly. Well, can I see the timetable? 글쎄요. 음, 타임테이블을 좀 볼 수 있을까요?

직원	Sure. Here you go. 물론이죠. 여기 있습니다.
용석	I think 9:30 am is good for me. Please check this time. 오전 9시 30분 정도가 좋을 듯하네요. 이 시간으로 해주세요.
직원	Yes. Which class do you want? 네. 어떤 클래스로 해드릴까요?
용석	Umm… What's the difference between the business class and the tourist class? 음… 비즈니스 클래스와 투어리스트 클래스의 차이가 뭔가요?
직원	Look at this. Around 14 people can stay in the room for business class and you should share some facilities there. However, only 4 people can stay in the room for tourist class because that's a small sized room and you should share some facilities as well. The room for business class is much cleaner than that for the tourist class. Both are of the same price. 여길 보시겠어요? 비즈니스 클래스는 14명 정도까지 머물면서 시설물을 공용으로 사용하는 방입니다. 투어리스트 클래스는 방이 좀 작아서 4명 정도 지낼 수 있습니다. 역시 시설물은 공용으로 사용해야 하고요. 비즈니스 클래스 방이 투어리스트 클래스 방보다 훨씬 깨끗한 편이에요. 가격은 동일합니다.
용석	Umm… I want a tourist class. Is it okay to make a reservation right away? 음… 투어리스트 클래스로 해주세요. 지금 바로 예약할 수 있나요?
직원	No problem. Can I get your passport? 물론입니다. 여권 좀 주시겠어요?
용석	Here you are. 여기 있습니다.

• **2GO Travel**
http://travel.2go.com.ph
장거리(20시간 이상) 이동 시 이용하는 큰 배로, 속도가 느리고 일주일에 2~3편 있다.

• **SuperCat**
www.supercat.com.ph
100~200명 정원의 작은 배로, 단거리(1~3시간) 이동 시 주로 이용한다.

보트 티켓

선박 회사 매표소

> One-way ticket in business class, please.
> 비즈니스 클래스, 편도 티켓으로 부탁드립니다.
>
> I made a reservation on this passenger boat at 6.
> 이 보트로 6시 예약했었는데요.
>
> There's no suite room any more.
> 스위트 룸은 더 이상 없습니다.

★ 장거리 노선을 제공하는 선박 회사 연락처
- **WG&A**
  대표전화 02-359-0516
- **Sulpicio Lines**
  마닐라 02-241-9701~7
  세부 032-232-5361
- **Negros Navigation**
  대표전화 02-554-8777

보트를 탈 때는 비행기를 탈 때와 같이 출항 2시간 전까지 여객 터미널에 도착해서 체크인을 해야 한다. 스위트 룸이나 캐빈 클래스 이외의 클래스를 예약했다면 모포나 베개가 부족한 경우가 많으니 최대한 빨리 승선해서 미리 챙겨놓도록 하자. 남는 모포가 없을 때는 선원에게 Can I borrow a blanket?(모포 좀 빌려주시겠어요?)라고 부탁하면 선원이 얼마의 돈을 받고 빌려주기도 한다. 스위트 룸을 제외한 클래스에서는 여러 사람이 함께 지내기 때문에 귀중품은 반드시 몸에 지니고 밤에는 음식을 구입할 수 없으니 야식을 준비해둔다.

03 주요 여행지

마닐라 지역

1. 인트라무로스 Intramuros

마닐라의 역사를 엿볼 수 있는 인트라무로스는 1571년 스페인이 필리핀을 점령하자마자 파시그 강어귀에 4.5km의 성벽을 세워 만든 도시로, 방어를 위해 요새 지역으로 이용되던 곳이다. 리잘 공원 Rizal Park과 여러 나라의 군사 기지 역할을 했던 산티아고 요새 Fort Santiago, 1571년에 세워져 필리핀에서 가장 오래된 산 오거스틴 교회 San Agustin Church, 스페인 통치 시대 특권계층의 생활 모습을 재현해둔 카사 마닐라 박물관 Casa Manila Museum 등 필리핀의 다양한 역사적 건물들이 있다. 실제 요새는 제2차 세계대전 때 폭격으로 대부분 파손되었고 그 후 보수 공사를 거쳐 지금의 모습을 갖추게 되었다. 메모라레 마닐라 Memorare Manila에 가면 전쟁 전후의 전경사진을 볼 수 있다.

2. 산 안드레스 마켓 San Andres Market

호텔과 식당 등 관광 기반 시설과 상업 시설이 있는 에르미타 & 말라테 Ermita & Malate 지역에 위치. 필리핀 각지에서 생산되는 다양한 열대 과일들이 모두 모이는 대표적인 과일 시장이다. 우리나라에서 비싼 두리안이나 망고스틴, 람부탄 등 열대 과일을 저렴한 가격에 판다.

3. 바클라란 시장 Baclaran Market

바클라란 역 주변에 늘어서 있는, 필리핀에서 가장 큰 재래시장이다. 항상 많은 인파로 붐비며, 특히 수요일과 일요일에는 주차장을 연상시킬 정도로 많은 차와 사람들로 북적인다. 필리핀의 서민적인 삶을 느낄 수 있고 의류에서부터 생활용품, 꽃, 식료품 등 다양한 물품을 저렴한 가격에 구입할 수 있다.

4. 팍상한 Pagsanjan 강 급류 타기

★ 한국인이 운영하는 트로피칼 리조트에 찾아가면 부당한 추가 요금 없이 팍상한 투어를 안전하게 이용할 수 있으며, 투어 참여 이후에는 맛있는 한국 음식도 저렴하게 맛볼 수 있다. (반찬 무제한 리필)
- 전화번호 : 049-501-4841
  0917-881-9622
- 주소 : Tropical resort,brgy. sampaloc pagsanjan laguna

마닐라에서 차로 대략 2시간 정도 거리에 위치. 마닐라에 있는 사람들에겐 당일 여행 코스로, 우리나라에는 신혼 여행지로 많이 알려져 있다. 강이나 계곡에서 보트나 카누로 급류를 타면 위에서 아래, 즉 물 흘러가는 방향으로 가는 것이 일반적이나 팍상한 강 급류 타기는 카누를 타고 아래에서 위로 급류를 거슬러 올라간다.

강을 내려올 때는 급류를 타고 래프팅하듯 내려오는데 속도가 빠르고 굴절이 많아 짜릿하다. 비용은 구명조끼와 헬멧, 통행료, 사공 인건비 등을 포함해서 일인당 1250페소. 투어참여 이후에 사공 한 명당 100페소 정도의 팁을 주는 것이 기본 에티켓이다.

5. 타알 호수 & 타알 화산 Lake Taal & Taal Volcano

마닐라에서 대략 1시간 정도밖에 걸리지 않고(남쪽으로 60km 정도) 찾아가기가 쉬워 여행자들이 많이 찾는 관광 명소 중 하나다. 호수 주변의 화산 능선

에 늘어서 있는 마을들을 비롯해 호수 한가운데 떠 있는 볼케이노 섬 Volcano Island이 아름다움의 묘미를 더한다. 볼케이노 섬은 세계에서 가장 작으면서 가장 위험한 화산으로 알려져 있는데, 아직도 땅 속에서는 용암이 끓고 있다. 볼케이노 섬 중앙에 타알 분화구가 있고, 분화구에 작은 섬이 하나 있다. 호숫가 마을에서 보트를 타고 볼케이노 섬으로 가는 타알 화산 투어에 참여해보자.

세부 지역

1. 산토 니뇨 교회 Santo Nino Church

세부를 처음 침략한 마젤란이 세부 여왕에게 바친 아기 예수상을 볼 수 있는데, 산토 니뇨는 '아기 예수'라는 뜻이다. 1565년에 지어진 이후로 세 차례나 교회가 전소되었지만 몇 차례의 화재 속에서도 아기 예수상은 흠집 하나 없이 보존되었다는 일화로 유명하다. 지금의 교회는 1737년에 재건축되었다.

2. 막탄 섬 Mactan Island

세부 섬과 다리 두 개로 연결된 작은 섬인데, 비행기를 타고 세부에 갈 때 바로 이곳 막탄 섬에 있는 공항에 도착한다. 막탄 섬 주변은 필리핀 최고의 리조트 지역으로, 필리핀에서 유명한 리조트들은 거의 다 있다고 생각하면 된다. 마젤란이 세부를 침략했을 당시, 전쟁을 일으켜 마젤란을 죽인 막탄 섬 추장 라푸라푸의 동상 Lapu Lapu Monument을 볼 수 있고 마젤란 기념비 Magellan Marker도 있다. 라푸라푸 동상 앞에는 상인들이 기념품을 팔고 있고 신선한 생선이 가득한 막탄 슈라인 어시장 Mactan Shurine Fish Market이 부근에 있다. 어시장에서 생선을 구입한 뒤, 어시장 뒤에 있는 레스토랑에 가져가 요리 방법을 선택하면 레스토랑에서 직접 조리해준다. 저렴하고 싸게 식사를 해결할 수 있는 방법.

3. 모알보알 Moalboal

세부 시티에서 남쪽으로 90km 정도 떨어져 있는 도시다. 세부 섬에서도 유명한 다이빙 리조트 지역으로 많은 다이빙 센터들이 있다. 모알보알에서 배를 타고 3km 정도 가면 다이빙으로 유명한 페스카도르 섬 Pescador Island이 나오는데 섬의 남쪽 사베드라 리프 Savedra Reef 주변에 열대어들이 많이 서식하고 있다. 다이빙 센터나 주변 리조트에서 다이빙이나 스노클링 투어를 신청할 수 있다.

4. 산 페드로 요새 Fort San Pedro

필리핀을 정복한 '미겔 로페스 데 레가스피'가 해적이나 외적들의 공격을 막기 위해 1565년경 항구 바로 옆에 세운 파수대다. 1738년 스페인 통치 때, 이슬람 해적들을 막기 위해 지금의 모습으로 개축되었다. 세부를 보호하기 위해 만들어진, 필리핀에서 가장 오래되고 작은 요새며, 미국 통치 때는 미군들의 막사로, 제2차 세계대전 때는 일본 식민군의 포로 수용소로 사용되었다.

바기오 지역

1. 캠프 존 헤이 Camp John Hay

한때 미군의 휴식과 레크리에이션을 위한 장소로 사용되었지만 1991년 필리핀 정부로 반환된 후 현지인과 관광객들에게 개방되었다. 상점과 식당, 빔써카, 미니골프 시설, 멋진 전망을 감상할 수 있는 마일 하이 전망대 Mile High Viewpoint, 나무와 꽃들이 만발한 나비 보호구역 Butterfly Sanctuary 등이 있어 가족과 연인들에게 더할 나위 없이 좋은 휴식 장소다.

2. 발라톡 광산 투어 Balatoc Mines Tour

필리핀에서 가장 오래된 광산이다. 박물관에 전시된 금 원석과 채굴 도구 등을 관람한 후 헬멧과 헤드램프를 쓴 채 차량을 타고 광산 속으로 들어가 옛날 채굴을 체험해볼 수 있다.

3. 바기오 대성당 Baguio Cathedral

바기오 시내가 한눈에 내려다보이는 캄포Kampo라는 언덕 꼭대기에 세워진, 2개의 쌍둥이 뾰족탑을 가진 성당. 제2차 세계대전 때 5,000여 명이 피신한 장소이자 폭격 중 파괴되지 않았던 건물 중 하나다. 이곳에 가려면 세션 로드Session Road로 가서, 미스터 도넛이라는 가게 옆에 있는 252개의 계단을 걸어 올라가야 한다. 1990년 있었던 지진 이후 깔끔하고 아름답게 재건축되었지만 성당으로 올라가는 계단 중간 중간에는 아직도 지진의 흔적이 남아 있다.

4. 산토 토마스 산 Mt. Santo Tomas

도심 남쪽 마르코스 하이웨이Marcos Highway 옆에 있는 산으로, 높이는 2,200m지만 바기오 지역 자체가 워낙 높은 산악 지대라 실제보다 더 높아 보인다. 산 입구에서 정상까지 걸어서 3시간 정도 걸리는데 정상에서 바기오의 멋진 경치와 린가옌 만Lingayen Gulf을 내려다보면 등산하며 느꼈던 피로감을 한순간에 잊게 된다. 산악자전거나 하이킹을 즐기는 사람들에게 인기가 좋은 곳이다.

> 일로일로 지역

1. 일로일로 박물관 Museo Iloilo

규모가 크고 세련된 현대식 건물 안에 파나이 선사시대 화석부터 스페인 통치시대 때의 공예품, 침몰선에서 나온 보석 등 다양한 전시품들이 전시되어 있다.

2. 몰로 교회 Molo Church

일로일로 시내 중심가에서 서쪽으로 걸어서 15분 거리에 위치해 있다. 1831년에 세워졌으며 외벽이 산호를 재료로 해서 르네상스 양식으로 만들어졌는데 그 독특함 때문에 일로일로의 대표적인 건축물이 되었다. 교회 내부에는 필리핀에서는 쉽게 볼 수 없는 16인의 여성 성인상이 늘어서 있다.

> 바콜로드 지역

1. 네그로스 박물관 The Negros Museum

시내 중심가에서 북쪽으로 걸어서 15분 거리. 예전에 주청사로 사용되던 곳으로 제2차 세계대전 당시 일본군 총사령부가 있었던 곳이기도 하다. 1996년 박물관으로 바뀌면서 사탕수수 농기구, 설탕을 나를 때 사용하던 아이언 디노사우르 Iron Dinosaur, 증기기관 등 역사적 사실을 알 수 있는 많은 전시물을 소장하게 되었다. 박물관 1층은 장난감 박물관으로 꾸며져 있는데, 약 3,000여 점의 장난감이 전시되어 있어 어린아이들이 좋아한다.

2. 시팔라이 Sipalay

바콜로드에서 남쪽으로 200km 정도 떨어진 해변 마을이다. 현지인들의 말로 랑굽 Langgub 이라 불리는 슈가비치 Sugar Beach가 있는 곳이다. 슈가비치는 바콜로드 지역에서 최고의 명소로 손꼽히는 곳인데, 지상의 낙원 같은 멋진 백사장, 동굴, 섬, 다이빙 리프 등이 있어 현지인들과 유럽인들에게 휴양지로 인기가 많다. 시팔라이에서 15km 정도 남쪽에 있는 푼타 발로 Punta Ballo에도 30곳이 넘는 멋진 다이빙 지역이 있다. 다이빙 예약은 리조트나 호텔에서 가능하다.

다바오 지역

1. 필리핀 이글 센터 Philippine Eagle Centre

다바오에서 동쪽으로 35km 정도 떨어진 곳에 위치. 세계에서 가장 큰 독수리 보호 지역이며 엄청나게 많은 조류들이 서식하고 있다. 숲 한가운데 독수리 보호를 위해 설립된 독수리 재단 본부 캠프가 있다.

2. 사말 섬 Samal Island

다바오 바로 옆에 있는 섬으로 리조트 비용이 비싼 편이라 주로 당일 여행으로 다녀온다. 사말 섬 남쪽의 펄 팜 Pearl Farm 비치 근처에 난파선이 있어 스노클링과 다이빙을 하기에 좋다. 마을 주민들은 대부분 어업에 종사하고 있으며 친절하고 성격이 밝다.

8. 문제 상황

01 필리핀 현지 상황 알기

TV나 신문 등 매스컴을 통해 전해지는 필리핀은 대부분 우리나라보다 한참이나 뒤처진 후진국이며 치안 상태가 불안한 나라다. 하지만 실제로는 우리 생각처럼 그렇게 심각하지 않다는 점을 먼저 말하고 싶다.

따지고 보면 외국 사람들 눈에 비쳐지는 한국이라는 나라도 여전히 전 세계에서 유일하게 남북이 대치하고 있는 전쟁 휴전 지역이요, 언제 다시 전쟁이 날지 모르는 불안한 나라다. 또 시위대가 경찰과 대립하며 시위하는 모습들이 여러 매체를 통해 전해지다 보니 상당히 위험한 나라라고 생각하는 외국인들도 있다. 하지만 한국에 살고 있는 우리가 느끼는 실제는 매체를 통해 전해지는 모습과는 많은 부분 다르다.

이처럼 일시적으로 부각되는 그 나라, 그 도시의 단면만을 보고 한 나라 전체를 판단해서는 안 된다. 어느 나라든 치안의 좋고 나쁨을 떠나 밤늦게 우범 지역을 돌아다니거나 그 나라 국민의 자존심을 짓밟는 행동을 하면 문제가 생기는 것은 당연하다. 서로간의 문화적인 차이를 이해하고 주의 사항들을 잘 숙지하며 조심스럽게 행동한다면 그다지 걱정할 일은 없다.

02 강도와 소매치기를 만났을 때

필리핀은 미국처럼 총기 소유가 합법적인 나라다. 만약에 있을지 모를 우발적 총기 사고를 미연에 방지하기 위해, 거의 모든 건물과 쇼핑센터, 편의점, 레스토랑 등에 실탄이 장착된 총을 든 가드security guard가 지키고 있다. 가드들이 많은 것을 보고 총기 사고가 정말 많이 일어나나보다 하고 생각할 수도 있겠지만 실제로 총기 사고를 직접 목격하는 일은 거의 없다고 봐도 무방하다. 하지만 가드들의 보호를 받지 못하는 빈민가나 외진 뒷골목 등에서는 상대적으로 사고가 일어날 확률이 높다.

필리핀에는 외국인을 상대로 한 강도와 소매치기들이 많다. 필리핀에 머무는 외국인들 중 대부분이 돈을 쓰기 위해 온 관광객들이고 외국인들이 가진 제품이나 귀금속들이 필리핀 사람들은 쉽게 가지기 힘든 엄청난 금액인 경우가 많기 때문이다. 참고로 대학을 졸업한 필리핀 사람의 초봉이 20만 원 정도, 일반 노동자들의 월급이 10만 원 정도다. 우리나라 사람들이 흔히 하고 다니는 금목걸이나 금팔지는 필리핀 사람들에게는 6개월 이상의 월급에 해당하는 고가품이다.

★ 거리에서 노출된 옷이나 짧은 바지를 입은 여자에게 휘파람을 부는 것은 필리핀에서는 섹시해 보인다는 뜻이 아닌, 매춘부 같다는 의미다. 여자들은 길을 가다 휘파람 소리가 들려도 쳐다보지 말 것.

Hey, freeze!!
야, 거기 꼼짝 마!!

Put your hands up!
손들어!

Don't move!
움직이지 마!

Stand back!
뒤로 돌아!

Stay away from me, please.
제발 가까이 오지 마세요.

I will give you all my stuff right away.
제가 가진 걸 전부 드릴게요.

Here's my money. I'm so sorry. That's all my money. Please~!
제 돈 여기 있습니다. 정말 죄송합니다. 그게 제가 가진 전부예요. 제발요~!

당연한 말이겠지만 늦은 밤 외출 시 사치스럽게 단장한다거나 뒷주머니나 핸드백처럼 너무 잘 보이는 곳에 지갑을 넣고 인적이 드문 골목길을 걸어가면 강도의 표적이 될 수 있다. 필리핀에서는 강도를 만날 때를 대비해 바지 왼쪽 주머니에 적당량의 현금(대략 200~300페소 정도)을 가지고 다니는 것이 좋다. 대부분의 필리핀 사람들이 현금을 왼쪽 주머니에 넣고 다니기 때문에 왼쪽 주머니에서 현금을 꺼내주면 가지고 있는 현금을 전부 준다고 생각한다. 덩치가 작은 강도라 해도 대부분 흉기를 가지고 있거나 일당들이 근처에 있는 경우가 많으니 반항하거나 무리하게 무력으로 제압하려고 하지 말자.

This is all my money, please~!!

지프니를 탈 때는 소매치기를 조심해야 한다. 정말 눈 깜짝할 사이에 가방 안이나 뒷주머니에 있는 지갑을 빼간다. 소매치기를 당하지 않으려면 지프니를 탈 때 가방을 뒤나 옆으로 매지 말고 항상 가슴에 품듯이 가지고 있어야 한다. 만약 지프니 안에서 소매치기를 당했다고 생각되면, 즉시 A pickpocket!(소매치기야!)라고 소리치자.

Where's the police station?
경찰서가 어딘가요?

Nasaan ba ang estasyon ng pulis?
나싸안 바 앙 에스따시온 낭 풀리스?

Will you report it to the police?
경찰에 신고해주시겠어요?

Isusumbong mo ba ito sa pulis?
이수숨봉 모 바 이또 싸 풀리스?

I met an armed robber a couple of minutes ago.
조금 전에 흉기를 든 강도를 만났어요.

Nakasalubong ako ng magnanakaw na may baril dalawang minuto na ang nakalilipas.
나까살루봉 아꼬 낭 막나나까우 나 마이 바리리 달라왕 미누또 나 앙 나깔리리빠스.

I was robbed at gunpoint.
총으로 위협당한 채 강탈당했어요.

Ninakawan ako habang tinututukan ng baril.
니나까완 이꼬 하방 티누뚜뚜깐 낭 바릴.

I was robbed of my purse.
지갑을 빼앗겼어요.

Ninakawan ako ng pitaka.
니나까완 아꼬 낭 삐따까.

My wallet was stolen.
제 지갑을 누가 훔쳐갔어요.

Ninakaw ang aking pitaka.
니나까우 앙 아킹 삐따까.

03 길을 잃었을 때

필리핀 거리는 우리나라 70~80년대처럼 복잡하게 얽혀 있어 처음 가는 곳일 때는 길을 잃기 쉽다. 더욱이 체계적인 대중교통도 없다.
낯선 곳을 찾아갈 경우에는 자기가 묵고 있는 호텔이나 기숙사의 주소와 연락처를 꼭 가지고 다니도록 하자. 길을 잃었다고 생각되면 혼자서 계속 길을 찾으려고 하지 말고 지나가는 사람들에게 주소를 보여주면서 Do you know, where is this hotel near here?(이 호텔이 근처에 어디 있는지 아세요?)라고 물어본다. 이때 조심할 것은 설령 길을 잃었다 하더라도 예기치 못한 사고를 방지하기 위해 되도록 상대방에게 I'm lost.(길을 잃었어요)라는 말을 직접적으로 하지 않는 것이다. 주변에 택시나 트라이시클 같은 교통수단이 있으면 주소를 보여주면서 바로 그곳으로 가는 것이 가장 안전한 방법이다.

용석	Excuse me, sir. Will you do me a favor?	
	실례합니다. 좀 도와주시겠어요?	
행인	Yes. What happened?	
	예, 무슨 일이죠?	
용석	Could you tell me what's the name of this street?	
	이 길 이름이 무엇인지 좀 알려주시겠어요?	
행인	We're on Xavierville Avenue.	
	이곳은 세이비어빌 에비뉴입니다.	
용석	Pardon? Could you say that again?	
	잘 못 들었는데, 다시 한 번 말씀해주시겠어요?	
행인	Xavierville Avenue.	
	세이비어빌 에비뉴요.	

★ 어려운 상황에서 누군가에게 도움을 요청할 때는 항상 Excuse me?라고 말한다.

★ 필리핀 지역 이름이나 거리 이름의 경우, 알아듣기 어려운 발음이 많으니 되도록 적어달라고 부탁하는 것이 좋다.

용석	I'm sorry but it's quite hard to understand. Could you show me this street on this map? 죄송합니다. 알아듣기가 좀 어렵네요. 여기 지도에서 이 길이 어디 있나요?
행인	This is a small road as you know, so I can't find this avenue on this map. Anyway where do you want to go? 작은 도로여서 그런지 이 지도에는 나와 있지 않네요. 그런데 어딜 가시려고 하나요?
용석	Actually, I'm just looking around here and take some pictures when I see some valuable things. 사실은 그냥 주변을 좀 둘러보고 있어요. 특별한 걸 보면 사진도 찍으면서.
행인	Oh, yeah? Okay. Anyway, you should find this building if you go this way. 아, 그래요? 알겠습니다. 하여튼 이쪽 길로 가시면 이 빌딩을 찾을 수 있을 거예요.
용석	Okay. Thank you very much. Have a good day. 알겠습니다. 정말 고맙습니다. 즐거운 하루 보내세요.

★ 시골에서는 길을 안내해 줄 때 몇 분 정도 거리라고 정확하게 말해주기보다 대략 "~~근처에요. 다 와가요" 등과 같은 애매한 표현을 사용한다. 대략적인 시간을 알고 싶어 다시 "시간이 얼마 정도 걸리나요?"라고 물으면 "담배 한 개비 피울 시간 정도요"라는 식으로 대답한다. 시골에는 영어를 잘 못하는 사람들이 많으니 교복을 입은 학생이나 상인들에게 길을 물어보도록 하자.

택시를 타면 손님이 초행길인지 아닌지 확인하기 위해 몇 마디씩 물어보는 택시 기사들이 있다. 이때 길을 잘 모르는 티를 낸다든지 목적지를 정확하게 알지 못하는 것 같으면 일부러 길을 둘러 가거나 턱없이 비싼 요금을 부른다. 이런 경우를 조금이라도 방지하려면 택시를 탈 때 미터기를 켜고 가는 것이 좋다. 택시를 타자마자 자연스럽게 주소가 적힌 종이를 주며, Take me to this address, please. And meter, please. (미터기를 켜주시고, 이 주소로 데려다 주세요)라고 말하자.

어떤 택시 기사들은 일부러 처음부터 미터기가 고장 났다고 말하고 켜지 않으려고 하는데, 그럴 때는 차라리 다른 택시로 바꿔 타는 것이 낫다. 택시비에 스트레스 받지 않으면서도 가장 빨리 목적지에 도착하는 방법 중 하나는 목적지까지 대략 택시비가 얼마 나오는지 알고 출발 전에 택시 기사와 가격을 협상하는 것이다. 그러면 택시 기사는 이미 정해진 요금에서 휘발유 값을 줄이고 다른 손님을 한 명이라도 더 태우기 위해 최단거리로 가장 빨리 목적지까지 달릴 것이다. (대신 가격을 협상할 때 살짝 스트레스를 받을 수 있다. ^^;)

> Take me to this address, please. And meter, please.

04 물건을 분실했을 때

여권

여권을 분실하면 상황에 따라 여권을 재발급 받거나 여행자 증명서로 대체한다. 만약 계속 체류하기 원하거나 제3국으로 여행할 계획이라면 여권을 재발급 받고, 우리나라로 바로 귀국할 예정이라면 좀 더 저렴한 비용을 들여 여행자 증명서를 발급받는다.

여권을 재발급 받으려면 경찰서를 찾아가 여권 분실 확인 증명서Lost Article Certificate를 발급받아야 한다. 근처 경찰서로 가서 분실경위를 설명하면 분실 확인 증명서를 발급해준다.

용석	Excuse me, actually I lost my passport, so can I please get a Lost Article Certificate?
	실례합니다만, 사실 제가 여권을 분실했는데, 분실 확인 증명서를 받을 수 있을까요?
경찰서	Sure. When did you lose your passport?
	물론입니다. 언제 여권을 분실하셨나요?
용석	I lost it yesterday.
	어제 잃어버렸어요.
경찰시	Yesterday. And where did you lose it? How did it happen?
	어제요. 그리고 어디서, 어떻게 잃어버리셨죠?
용석	Unfortunately, it was stolen near SM mall after shopping, I think.
	불행히도 SM 쇼핑센터에서 쇼핑하고 나오다가 소매치기당했어요.

경찰서	Oh, I see. Well… okay, fill out this form first, please. 아, 그렇군요. 음… 그럼 이 서류를 먼저 작성해주시겠어요?
용석	Yes, Sure. Here's the report. 네. 그럼요. 여기 있습니다.

★ 필리핀 한인회 대표
http://korea.com.ph
02-886-4848(대표전화)

여권 분실 확인 증명서를 발급받은 뒤, 몇 가지 추가 서류를 준비해서 한국 영사관에 접수해야 하는데, 영사관에서 우편 접수를 받지 않기 때문에 직접 마닐라에 있는 한국 영사관에 찾아가도록 한다. 지방에서는 각 지역의 한인회에 연락해서 한인회 측으로 신청을 의뢰할 수 있다.

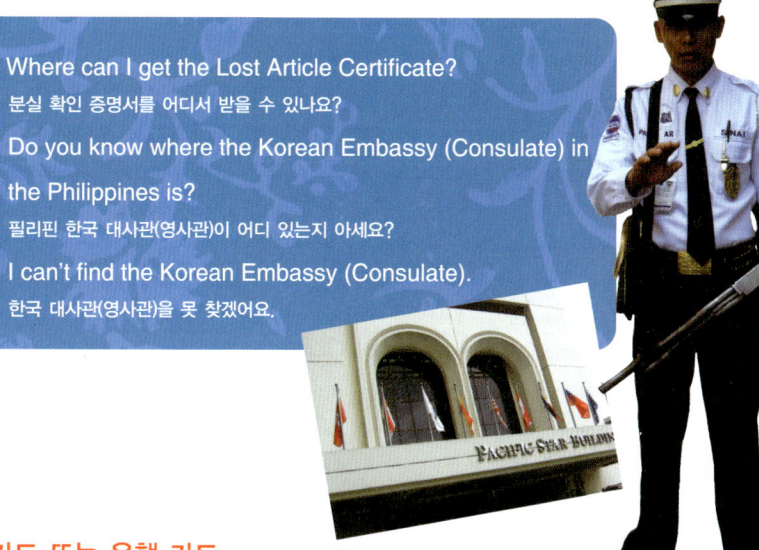

Where can I get the Lost Article Certificate?
분실 확인 증명서를 어디서 받을 수 있나요?

Do you know where the Korean Embassy (Consulate) in the Philippines is?
필리핀 한국 대사관(영사관)이 어디 있는지 아세요?

I can't find the Korean Embassy (Consulate).
한국 대사관(영사관)을 못 찾겠어요.

신용 카드 또는 은행 카드

우리나라에서 만든 신용 카드나 은행 카드를 분실한 경우에는 우선 해당 은행이나 신용 카드 회사에 전화를 걸어 분실 신고를 한다. 신용 카드는 다른 사람이 사용할 가능성이 크기 때문에 잃어버린 즉시 신고하는 것이 좋다.

필리핀 현지 은행 카드를 분실했을 때는 여권을 가지고 해당 은행으로 찾아가면 간단한 절차를 거쳐 재발급 신청을 할 수 있으며, 대략 1주일 후 카드를 받을 수 있다.

은행 직원	How can I help you, sir?
	무엇을 도와드릴까요?
용석	Well, actually I lost my bank card, so can I get a new bank card again?
	음, 은행 카드를 분실했는데, 다시 재발급 받을 수 있나요?
은행 직원	Sure, of course. Do you have a passport or any form of identification?
	네, 물론입니다. 여권이나 다른 신분증을 가지고 오셨나요?
용석	Yes, Here you are. This is my passport.
	네. 여기 제 여권 있습니다.
은행 직원	Okay. Could you please fill out this form and write your name down and sign it as well?
	넵, 여기 재발급 신청서를 좀 작성해주시겠어요? 그리고 아래 부분에 이름과 서명도 부탁드립니다.
용석	Okay. Here you are.
	알겠습니다. 여기 있습니다.
은행 직원	Thanks. Let me check. Okay, I suspended your previous card and your new bank card will be delivered to your address after a week.
	감사합니다. 확인해볼게요. 됐습니다. 예전 카드는 정지했고 새 카드는 대략 1주일 뒤에 손님 주소지로 우편 배달됩니다.
용석	Thank you so much.
	정말 감사합니다.

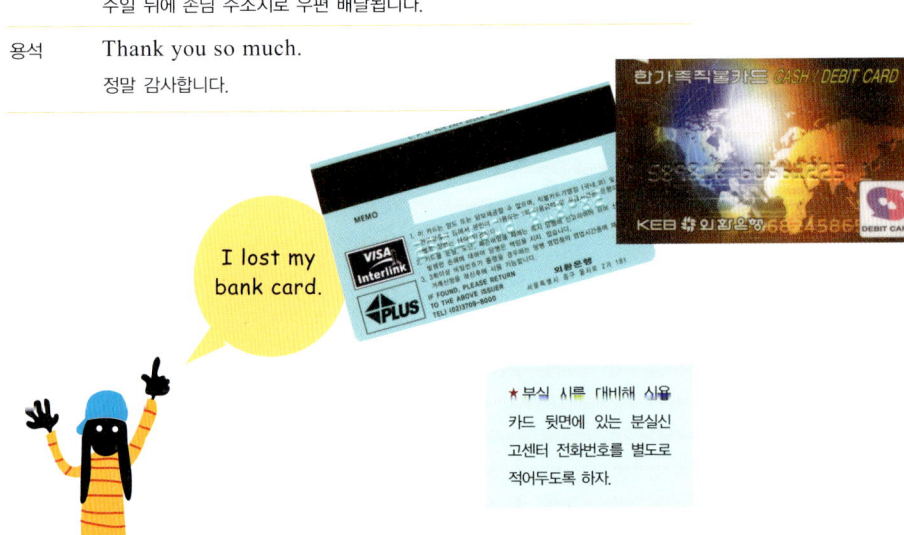

I lost my bank card.

★ 분실 시를 대비해 신용 카드 뒷면에 있는 분실신고센터 전화번호를 별도로 적어두도록 하자.

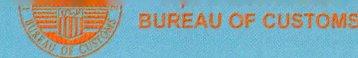

필리핀(마닐라)에 위치한 한국 대사관과 영사관

★ 대사관
- 주소: 122 Upper McKinley Road, McKinley Town Center, Fort Bonifacio, Taguig city 1634, Philippines
- 전화번호: (63-2) 856-9210
- 팩스번호: (63-2) 856-9008, 9019
- 이메일: philippines@mofat.go.kr
- 홈페이지: http://embassy-philippines.mofat.go.kr

★ 영사관
- 주소: 122 Upper McKinley Road, McKinley Town Center, Fort Bonifacio, Taguig city 1634, Philippines
- 전화번호: (63-2) 856-9210
- 팩스번호: (63-2) 856-9024
- 이메일: ph04@mofat.go.kr
- 근무시간: 08:30~12:00, 13:30~17:30(월~금요일)
- 민원업무: 09:00~12:00, 14:00~16:00(비자 신청은 09:00~11:00)

★ 전자여권 발급 신청 절차 안내

1) 전자여권 발급 시 공통구비서류
- 공통적인 구비서류
  ① 영사과 비치양식
     - 전자여권용 '여권(재)발급신청서'
     - 여권 분실 사유서
     - 여권기재사항변경신청서: 사증추가, 동반자녀분리(제3자도 신청가능)
  ② 현 여권 원본 지참
  ③ 여권용 칼라사진(3.5x4.5) 2매 (6개월 이내 촬영한 사진)

2) 전자여권 발급 신청은 접수 후 교부까지 약 2주 정도 소요
(단 5년 이내 2회 여권분실자는 1~2개월 소요, 2회째 분실여권의 경우 '필리핀 관할 경찰서 리포트' 제출)

3) 전자여권 접수를 마친 후 우편으로 여권을 수령할 경우
- 여권 수령은 본인 또는 대리인이 할 수 있고, 우편 수령도 가능
- 대리인 수령 시 위임장 본인의 신분증(원본 또는 사본)과 대리인의 신분증이 필요
- 우편 수령(양식은 여권 접수 시 창구직원에게 문의
- 우편 반송요금 180페소(봉투구입 및 DHL pick-up service 포함)

- 여권 재발급은 3~4주 정도 소요되며, 여권은 직접 수령 또는 재발급 접수 시 위임받은 사람만 가능하다.
- 대사관이나 영사관에 들어갈 때 입구에서 여권 사본이나 학생증, 국제학생증, 국제면허증 등 사진이 있는 ID 카드를 제출해야 한다.
- 최근 5년 동안 2회 이상 분실한 사람은 수사 기관에 수사 의뢰되며 여권을 발급받는 데 상당한 기간이 소요될 수 있다.

05 교통사고가 났을 때

★ 횡단보도와 신호등이 없는 거리가 많기 때문에 길을 건널 때 항상 차가 오는지 좌우를 살피고 차가 잘 다니지 않는 좁은 길에서도 항상 주의하도록 한다.

택시나 지프니, 트라이시클 운전자들은 대부분 차량 소유주에게 고용된 사람들이다. 고용되었다고는 하나 차량종합보험에 가입되지 않은 운전자들이 대부분이라 사고 발생 시 보상받을 수 없는 경우가 많다. 그래서 운전자는 자기 과실로 인정될 경우 모든 비용을 사비로 지불해야 하기 때문에 사고가 나면 무조건 자기 과실이 아니라고 회피한다. 더욱이 사건을 명확하게 파악해야 하는 경찰도 자국민 편을 들기 때문에 여러모로 불리한 입장에 처할 수 있다.

자기 과실로 사고가 발생했을 때 미안한 마음에 I'm sorry. That was my fault.(미안해요. 제 잘못이에요)라고 말하면, 100% 본인 과실로 인정되어 혼자 모든 책임을 떠안게 된다. 우선 어학연수 학교의 한국 직원이나 필리핀에 오래 산 한국 사람들에게 도움을 청해 일을 처리하는 것이 현명하다. 또한 사고 발생 시, 우리나라 사람들은 교통체증을 생각해서 '빨리 갓길로 차를 옮기는 것이 좋다'라고 생각하는 경향이 있는

It's not my fault. 제 잘못이 아닙니다.	Hindi ko kasalanan. 힌디 꼬 까사라난
I'm the victim. 나야말로 피해자에요.	Ako ang biktima. 아꼬 앙 빅티마
Your car ran into my car! 당신 차가 내 차를 들이받았잖아요!	Ang kotse mo ang bumangga sa kotse ko. 앙 콧세 모 앙 부망가 싸 콧세 꼬.
You made a sudden stop. 당신이 급제동했잖아요.	Bigla kang huminto. 빅라 강 후미또
Will the insurance cover it? 보험 처리가 되나요?	Babayaran ba ng Insurance ito? 바바야란 바 낭 인슈란스 이또?
Let me see your driver's license. 운전면허증 좀 보여주세요.	Patingin ng iyong Licensiya sa Pagmamaneho. 빠띵인 낭 이용 리센샤 싸 빡마마네호.
You didn't stop at the stop sign. 당신은 정지 신호에서 멈추지 않았어요.	Hindi ka huminto sa Stop Sign. 힌디 까 후민또 사 스탑 싸인.

데, 필리핀에서는 이런 행동이 증거를 인멸하려는 행동으로 오해받을 수 있으니, 여러 방향에서 사진을 찍어두고 경찰이 올 때까지 기다리도록 한다.

용석	Hello~! Is this the police office? 여보세요~! 경찰서죠?
경찰관	Yes, how can I help you? 네, 맞습니다. 무엇을 도와드릴까요?
용석	I was just involved in a car accident. Please help me. 여기 교통사고가 났어요. 좀 도와주시겠어요?
경찰관	Of course. Where is that? 물론입니다. 거기가 어디죠?

★ 경찰서 전화번호 116
응급환자 전화번호 117

★ 오토바이 탑승 시, 탑승자 전원이 꼭 안전모를 착용해야 한다.

용석	It's on 38 Xavierville Avenue, Loyola Heights, Quezon City. 여기는 퀘존 시티, 로욜라 하이츠, 세이비어빌 에비뉴 38번지입니다.
경찰관	Okay. Was anyone hurt? 알겠습니다. 다친 사람은 없습니까?
용석	No one was seriously hurt. 심하게 다친 사람은 없습니다.
경찰관	That's good. I'll be there within 10 minutes. 다행입니다. 10분 안에 가겠습니다.

Please call the police.
경찰을 불러주세요.

Pakitawag ng Pulis.
빠끼따와 낭 풀리스.

I'm reporting a car accident.
교통사고를 신고합니다.

Nagsusumbong ako ng aksidenteng pansasakyan.
낙수숨봉 아꼬 낭 악시덴탱 빤사사끼안.

Please call an ambulance.
구급차를 불러주세요.

Pakitawag ng ambulansiya.
빠끼따와 낭 암불란샤.

There's an injured person here.
여기 부상자가 있습니다.

May sugatang tao dito.
마이 수가탕 따오 디또.

That car suddenly came and hit me.
저 차가 갑자기 와서 부딪쳤어요.

Ang kotse ay biglang lumapit at binangga ako.
앙 콧세 아이 빅랑 루마삣 앗 비낭가 아꼬.

My friend was hit by a car.
제 친구가 차에 치였어요.

Ang kaibigan ko ay nabangga ng kotse.
앙 까이비간 꼬 아이 나방가 낭 콧세.

I hit the guard rail.
도로의 가드레일을 들이받았어요.

Natamaan ko ang barandilla.
나따마안 꼬 앙 바란딜리아.

경찰들은 사고 현장에 오면 Police Report를 작성하는데 여기에 운전자의 신상명세, 차량 정보, 보험 가입 여부, 사고에 대한 쌍방의 의견 등을 모두 적는다. 그런데 간혹 현지인들이 경찰을 미리 매수해서 먼저 교통

사고를 신고한 다음, 상황을 자신에게 유리하게 만들어 피해자와 가해자가 바뀌는 경우가 있다. 또 사고자가 관광객이거나 필리핀에 잠시 어학연수 온 학생 같아 보이면 '필리핀에 오래 머물 수 없다' 라는 약점(?)을 이용해, 가해자가 오히려 재판을 요청하기도 한다. 재판을 하게 되면 사고가 매듭지어질 때까지 시간이 오래 걸리기 때문에 외국인은 더 불리하다. 그러니 사고가 발생하면 앞에서 말했듯이 반드시 현지 사정에 밝은 교민의 도움을 받거나 비용이 좀 들더라도 실력 있는 변호사를 구해 수속처리를 의뢰하도록 한다.

★ **자동차 사고 발생 시 경찰이 적는 내용**
Date and time of accident 사고일시
Place of accident 사고 장소
Driver of car 운전자 이름
Address 운전자 주소
Telephone No. 운전자 전화번호
Driver's License No. 운전자의 면허번호
License Plate No. 차 번호판
Owner of car 차주인 이름
Model & Year & Color 차종, 연식, 색상
Insurance Company Name 보험회사
Insurance Policy No. 보험 증권 번호
Policy Holder's Name 보험 소지자 이름
Agency Name and Telephone No.
보험 대리점명과 전화번호

Please call the simultaneous interpreter.
동시 통역사를 불러주세요.
I'd like to employ a lawyer.
변호사를 고용하고 싶습니다.
I will try to set up a meeting with the lawyers.
변호사들과 만날 약속을 정할 것입니다.
I took some pictures about my car accident.
제 차 사고와 관련해서 찍어둔 사진이 있습니다.
Our attorney is reviewing it right now.
우리 변호사가 지금 검토하고 있습니다.

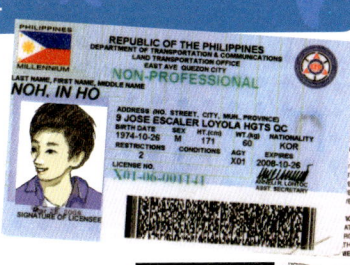
필리핀 운전면허증

9. 귀국 준비

01 항공권 체크하기

확약과 재확약
필리핀에 입국할 때 오픈티켓을 구매한 경우에는 귀국하기 전에 항공사에 연락해 돌아올 날짜를 지정한 뒤 반드시 항공사로부터 최종 확약confirm을 받아야 한다.

용석	I'd like to reserve a seat for my open ticket. 오픈티켓 좌석을 예약하고 싶은데요.
항공사	What's your reservation number? 예약 번호를 알려주시겠습니까?
용석	The number is 678-4492. Here's my ticket. 예약 번호는 678-4492입니다. 여기 제 티켓입니다.
항공사	Thanks. Are you Mr. Han? May I have your passport as well? 감사합니다. 한용석씨인가요? 여권도 좀 주시겠어요?
용석	Yes. Here you go. 네. 여기 있습니다.
항공사	When do you want to leave Manila? 언제 마닐라를 떠날 예정이죠?
용석	I'd like to depart on the 14th of February next year. 내년 2월 14일에 떠나고 싶어요.
항공사	Okay, let me see. Yep, it's available. Do you want to reserve right away? 알겠습니다. 확인해볼게요. 넵, 가능하시네요. 지금 바로 예약하시겠어요?

I'd like to reserve a seat for my open ticket.

용석	Yes, please. 네, 부탁드립니다.
항공사	Okay, your schedule's confirmed on flight JL 747, Feb 14th. 알겠습니다. JAL 항공 747편으로, 2월 14일 예약이 완료되었습니다.
용석	What's the departure time? 출발 시간이 몇 시에요?
항공사	16:20, Manila airport. Here's your new itinerary. 16시 20분 마닐라 공항입니다. 여기 새 스케줄이 있습니다.
용석	Thank you very much. 정말 감사합니다.

I have an open ticket.
제 티켓은 오픈티켓입니다.

Do you have any flights available to Seoul on the 12th of May?
5월 12일 서울행 항공편이 있나요?

I'd like to reserve a flight to Seoul.
서울행 항공권을 예약하고 싶어요.

What time will we arrive in Seoul?
서울에 몇 시 도착인가요?

Do I need to confirm my flight?
예약을 확약해야 하나요?

Can you put my name on the waiting list?
대기자 명단에 제 이름을 올려주세요.

우리나라에서 출국할 때 귀국 날짜를 1차로 지정하고 3개월 왕복 항공권, 1년 왕복 항공권을 발권했다면 스케줄에 변경 사항은 없는지 탑승 최소 72시간 전에 예약 상황을 반드시 재확약re-confirm받아야 한다. (보통 일주일 전에 재확약하는 것이 좋다.)
재확약은 자기 스케줄을 다시 체크해보고 혹시 있을지 모르는 변경 사항을 미리 숙지할 수 있기 때문에 꼭 필요한 일 중 하나다. 성수기에는 종종 항공사 측에서 오래 전에 귀국 스케줄을 예약한 사람들이 취소할 가능성을 예측해서 오버부킹을 받는 경우가 있다. 그래서 귀국일 72시간 전까지 재확약하지 않으면 예약이 취소될 수 있다. 혹은 항공기가 변경되거나 동일 항공기지만 출발 시간이 변경된 경우, 아예 귀국 스케줄return schedule 이 취소된 경우 등 여러 상황이 발생할 수 있다.

기존에 정해놓은 스케줄이 현재 스케줄과 동일하다면, 전화로 간단하게 재확약 통화를 하면 되고, 만약 이전에 예약을 변경했거나 오픈티켓의 귀국 스케줄을 전화로만 예약했다면 항공사를 찾아가 예약을 재확약하고, 티켓에 변경된 스케줄을 스티커 처리해두어야 한다. 전자티켓의 경우에는 새로운 스케줄이 적혀 있는 항공 일정표itinerary를 달라고 하자.

항공사	Thank you for calling Pacific Air. May I help you?
	퍼시픽 항공사에 전화해주셔서 감사합니다. 도와드릴까요?
용석	Can you reconfirm my flight schedule for me?
	항공 스케줄 예약 사항을 재확약해주시겠습니까?
항공사	Can I ask your name and reference number on your ticket?
	성함과 항공권에 있는 예약번호 좀 알려주시겠어요?
용석	My name is Yongseok Han and the number is 564-3948.
	제 이름은 한용석이고 번호는 564-3948입니다.
항공사	Okay. Let me check. Please hold.
	알겠습니다. 조회해보겠습니다. 잠시만 기다려주세요.
용석	Thanks.
	감사합니다.
항공사	You there?
	여보세요?
용석	Yep. Go ahead.
	네, 말씀하세요.
항공사	10th of November and the flight number is CX 160 and the departure time is 10:00 am. Is that right?
	11월 10일 출발이고 항공편은 CX 160, 출국시간은 오전 10시입니다. 맞나요?
용석	Yes. Thank you. There's no change with my flight ticket. Thank you for your help.
	네, 감사합니다. 제가 가지고 있는 항공권이랑 같네요. 감사합니다.
항공사	My pleasure, sir. Have a good day.
	별말씀을요. 그럼 좋은 하루 보내세요.

I'm calling to reconfirm my reservation.
예약을 재확약하려고 전화했습니다.

Can I change my flight?
항공편을 변경할 수 있을까요?

How do you want to change your flight?
어떻게 변경해드릴까요?

I'd like to change it to 6th of March.
3월 6일로 변경하고 싶어요.

Your reservation is confirmed on flight 601.
601 항공편에 손님 예약이 확인되었습니다.

Can I get my flight itinerary?
항공 일정표를 주시겠어요?

You need to pay the charge for changing flight schedule.
항공 스케줄을 변경하면 수수료를 지불하셔야 합니다.

How much is the charge?
수수료는 얼마인가요?

한번은 마닐라에서 지내다가 항공사에 전화를 걸어 귀국 스케줄을 변경하고, 귀국 4일 전에 다시 전화로 재확약을 했다. 귀국하는 날 공항에 도착해서 탑승권을 받으려고 항공사 데스크로 갔는데, 담당 직원이 내가 가지고 있는 항공 스케줄이 취소cancel되었다고 말하는 것이 아닌가. 나는 분명 전화상으로 재확약했다고 말했지만 아마 그때 처리가 제대로 되지 않은 듯 했다. 수정된 스케줄이 표시된 서류가 하나도 없는 나로서는 아무 말도 할 수 없었고 그대로 돌아가야 할 판이었다. 하지만 다행히 내가 이용할 아시아나 항공의 한국 담당 직원이 데스크에 있었고 그분이 이런저런 사정 이야기를 듣더니 귀국할 수 있도록 자리를 만들어주었다. 이런 황당한 경험을 하지 않으려면 재확약을 했다 하더라도 변경된 스케줄이 표시된 항공 일정표를 이메일로 받든지, 현지 항공사를 직접 방문해 항공권에 스티커 처리를 해야 한다.

최성수기인 7~8월이나 12~2월경에는 여유 좌석이 없을 수 있으니 한두 달 전에 원하는 날짜를 미리 예약한 후 확약을 받아두고, 비수기인 경우에는 보통 보름이나 한 달 전에 예약하는 것이 좋다.

귀국 전에 다른 나라를 여행하고 돌아오고 싶은 경우에는 우리나라에서 항공권을 구매할 때 제3국 경유 항공권이면서 경유 국가에서 스톱오버할 수 있는 항공권을 구매해야 하는데 이때 추가 비용이 들 수 있다. 귀국 스케줄을 확약할 때 I'd like to stop over in Hongkong for 3 days. (홍콩에서 3일 동안 스톱오버하고 싶어요)라고 말해서 스케줄을 조정한다.

> Can I stop over in Japan?
> 일본에서 스톱오버 할 수 있나요?
>
> Can I see the return schedule to Seoul from Hongkong on that day?
> 그 날짜에 홍콩에서 서울로 돌아오는 스케줄을 확인할 수 있을까요?
>
> How long should I stay in Hongkong with this ticket?
> 이 티켓으로 홍콩에서 얼마나 머물 수 있나요?

항공사	마닐라 전화번호	세부 전화번호	홈페이지
필리핀 항공	02-855-8888	032-340-0191	www.philippineair.co.kr
세부 퍼시픽	02-702-0888	032-230-8888	www.cebupacificair.com
에어 필리핀	02-855-9000	032-505-1616	www.airphilexpress.com
대한항공	02-789-3700	032-340-5431	http://kr.koreanair.com
캐세이패시픽	02-757-0888	032-231-3747	www.cathaypacific.com
일본 항공	02-403-2763	취항 안 함	www.Jal.co.kr
아시아나 항공	02-891-6125~6	032-342-8063,5~7	www.flyasiana.com

02 이삿짐 정리하기

필리핀에서 지내다 보면 물가가 저렴해 자주 쇼핑을 하게 된다. 그러다 보니 귀국할 때쯤엔 그동안 사 모은 옷이며 생필품, 기념품 등으로 필리핀에 입국했을 때보다 짐이 많이 늘어나 있기 마련이다. 늘어난 짐을 한꺼번에 다 가지고 귀국하려면 비용도 많이 들고 번거로우니, 한국에 가지고 갔을 때 특별히 사용할 것 같지 않거나 별로 가치가 없을 것 같은 물건들은 교민 잡지나 필리핀 관련 인터넷 사이트, 학교 알림판에 물품 판매 광고를 붙이고 중고로 팔아 여행 경비에 보태도록 하자.

★ 중고품 판매 사이트
- 파랑새의 꿈
  http://cafe.daum.net/tommyhan
- 필카페 24
  www.phillcafe.com

Could you put the poster up here for our garage sale?
여기에 창고 세일 포스터를 붙여주시겠어요?

Pwede mo bang ipaskil ang poster na ito dito tungkol sa aming Garage Sale?
뿌웨데 모 방 이빠스킬 앙 포스터 나 이또 디또 뚱콜 싸 아밍 그라지 세일?

Do you know anybody who wants to buy an electric fan?
선풍기 사려는 사람을 혹시 알고 있니?

Meron ka bang alam na gustong bumili ng bentelador?
메론 까 방 알람 나 구스똥 부밀리 낭 벤텔라도?

I'd like to sell a DVD player.
DVD 플레이어를 팔려고 합니다.

Gusto kong ibenta ang DVD player.
구스또 꽁 이벤따 앙 디브이디 플레이어.

Just let me know when you want to have my second hand one for you.
내가 가지고 있는 중고물품 중에 가지고 싶은 거 있으면 알려줘.

Ipagbigay alam mo lang sa akin kung gusto mo ang second hand ko.
이빠디가이 알람 모 랑 싸 아킨 꿍 구스또 모 앙 세컨 핸 꼬.

★ 국제 택배 회사
FEDEX www.fedex.com
United Parcel Service
www.ups.com
DHL www.dhl.co.kr

★ 한국인이 운영하는 택배 회사 리스트는 필리핀 한인회 사이트 한인 주소록에서 찾아볼 수 있다.
www.korea.com.ph

국제 택배 회사인 DHL이나 FEDEX를 이용하면 안전하고 빠르게 보낼 수 있지만 요금이 상당히 비싼 편이라 한국 사람들은 대부분 한국인이 운영하는 택배 회사를 이용하는 편이다. 한국 사람이 운영하는 택배 회사의 경우, 국제 택배비가 1kg에 대략 500페소 정도 하고, 필리핀에서 보내면 3주 안에 한국에서 받아볼 수 있다. 선박편으로 짐을 보낼 때는, 중요한 물건은 분실 가능성을 고려해 보험에 가입해두는 것이 좋은데, 택배 회사에서 저렴한 보험을 소개해주기도 한다.

용석	Excuse me, I'd like to ship some packing boxes to Korea. 실례합니다만, 배편으로 한국에 이삿짐을 보내고 싶은데요.
택배 회사	Okay. When are you planning to ship them? 알겠습니다. 언제 보낼 예정이신가요?
용석	Well, the end of next week. Is it okay? 음, 다음 주말이요. 가능한가요?
택배 회사	No problem. We have to check your stuff first and one of our staff members will give you the invoice after check. Your name and address, please? 물론입니다. 우선 저희가 손님 물건을 체크한 후에 저희 직원 중 한 명이 송장을 드릴 겁니다. 성함과 주소를 말씀해주세요.
용석	My name is Yongseok Han and address is 3549 Teodoro Street, Sta. Maria Village 1 Balibago. When would you like to come here? 한용석이구요. 주소는 발리바고, 마리아 빌리지 1 스테이션, 데오도로 스트리트 3549입니다. 언제쯤 오시나요?
택배 회사	Tomorrow morning, sir. Is it okay? 내일 아침에 갈 예정입니다. 괜찮으신지요?
용석	Yep. Sure. Please call me when you come here. My mobile phone number is 0923-886-790. 네, 괜찮습니다. 도착하시면 전화 좀 주시겠어요? 제 휴대폰 번호는 0923-886-790입니다.

03 필리핀 공항 출국하기

출국 수속

우리나라에서 외국으로 출국할 때 공항에 대략 2시간 전에 도착하는 것이 기본이듯 필리핀에서도 마찬가지로 출국 시간보다 적어도 2시간 전에 공항에 도착해야 한다. 마닐라같이 교통체증이 심각한 도시에서는 도심에서 공항까지 가는 데 시간이 많이 걸릴 수 있으니 이런 부분을 감안해서 미리미리 출발하도록 하자. 최근 마닐라 공항의 경우, 관광객 수가 엄청나게 늘어나 공항에 도착해 체크인하는 데까지 3시간가량 소요되는 경우도 있다고 한다.

공항 입구

공항에 도착하면 공항 입구에 직원들이 서 있는 것을 볼 수 있는데, 공항 안으로 들어가려면 여권과 항공권을 그 직원에게 보여주어야 한다. 보안 검사대를 통과한 뒤 해당 항공사 데스크로 가서 여권과 항공권을 보여주고 수화물을 부친다.

보안 검사대

용석	I'd like to check in, please.
	체크인 부탁합니다.
공항 직원	May I have your passport and ticket, please?
	여권과 항공권을 주시겠습니까?
용석	Here you go.
	여기 있습니다.
공항 직원	Do you have any baggage to check?
	수화물로 부칠 짐이 있습니까?
용석	Yes. Here it is.
	네, 여기 있습니다.

공항 로비

★ 최근엔 보안이 강화되어 짐 검사 및 몸 검사를 몇 번씩 철저하게 하는데, 불편하더라도 느긋한 마음으로 검사에 응하도록 하자.

공항 직원	Okay, can you put your bag here, please?
	네, 짐을 이곳에 놓아주시겠습니까?
용석	Yep and a window seat, please.
	넵. 그리고 창가 자리로 부탁드립니다.
공항 직원	No problem. Here's your boarding pass and please check the departure time here.
	알겠습니다. 탑승권입니다. 그리고 여기 출발시간을 확인해주세요.
용석	Thank you very much.
	정말 감사합니다.

I'd prefer a seat in the front of the plane.
앞쪽 자리가 더 좋아요.

Where's the JAL Airlines counter?
JAL 항공 카운터는 어디인가요?

Where do I check in?
탑승 수속은 어디서 하죠?

Do you have more baggage to check?
더 부칠 짐이 있습니까?

This is a carry-on bag.
이 가방은 기내에 갖고 갈 거예요.

Will you carry on your bag or check it in?
가방을 들고 타실 건가요? 맡기실 건가요?

I have no baggage to check.
부칠 짐이 없습니다.

Is there an airport terminal fee?
공항세가 있나요?

Your baggage exceeds the allowed limit.
짐이 허용치를 초과했습니다.

You have to pay the extra charge.
초과 요금을 지불하셔야 합니다.

How much is tho oharge?
초과금이 얼마죠?

만약 경유지에서 스톱오버를 하게 될 경우에는 경유지에 도착했을 때 필리핀 공항에서 부쳤던 수화물을 다시 찾아야 하며, 입국 심사대, 세관 검사대 등을 통과한 뒤 밖으로 가지고 나갈 수 있다. 스톱오버를 하지 않는 경우에는 경유지가 아닌 최종 목적지에서 수화물을 찾으면 되지만, 가끔씩 스케줄에 따라 경유지에서 찾고 다시 보내야 하는 경우가 있으니 탑승권을 받을 때 데스크에서 한번 확인해보는 것이 좋다.

★ 필리핀은 직접적으로든 간접적으로든 마약을 운반하다 적발되면 사형을 받을 수도 있는 나라다. 모르는 사람이 다가와 짐을 대신 운반해주면 돈을 주겠다고 해도 절대 받지 마라.

탑승권을 받으면 예약 스케줄과 동일한지 반드시 확인하고 출국 신고서 (출국 신고서 작성은 입국 신고서와 동일하다)를 작성한 뒤 공항세를 납부하고 영수증을 받는다. 이제 출국 심사대로 가서 여권과 공항세 영수증이 붙은 탑승권을 심사관에게 보여주면 여권에 출국 도장을 찍어준다.

★ 마닐라:
국제공항 공항세 550페소
국내공항 공항세 200페소
★ 세부:
국제공항 공항세 550페소
★ 필리핀은 국내공항세가 대부분 폐지되었지만 아직도 공항세를 내야 하는 곳이 있으니 미리 준비해 두자.

필리핀은 국내/국제공항 이용 시 의무적으로 공항세를 내야 하는데, 각 공항마다 비용 차이가 있다. 출국할 때 이용할 공항의 공항세를 미리 알아두고 필리핀에서 사용하다 남은 현금(페소)을 공항세로 남겨두면 공항에서 현금이 없어 당황하는 일은 없다. 공항세는 사전 통보 없이 변경될 수 있으므로 출국하기 며칠 전에 공항 또는 여행안내센터로 문의하도록 하자.

공항세 납부

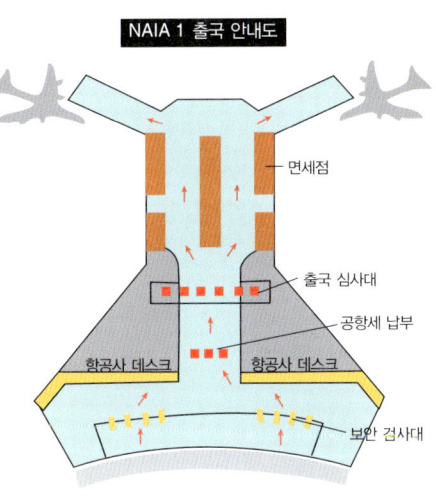

NAIA 1 출국 안내도

면세점 및 탑승

탑승하기 전까지 시간 여유가 있으면 면세점에서 쇼핑을 하며 남은 페소들을 모두 써버리자. 우리나라에 가지고 가더라도 페소는 은행에서 잘 환전해주지도 않을뿐더러 설령 환전을 해주더라도 환율 및 수수료 면에서 손해를 많이 보게 된다. 아직 부모님과 친구들에게 줄 선물을 마련하지 못했다면 면세점에서 필리핀의 기념이 될 만한 제품들을 산다.

필리핀 공항에 있는 면세점은 인천국제공항 면세점에 비해 규모가 상당히 작아 제품들이 다양하지 않다. 면세점에서 특별히 구입하고 싶은 물건이 있다면 공항 면세점을 이용하기보다 미리 공항 주변 면세 백화점이나 쇼핑센터에서 구입하는 것이 낫다. 공항 면세점에서 저렴하게 살 만한 것으로는 수공예품 액세서리, 코코넛 오일, 말린 망고, 각종 천연 과일로 만든 비누, 각종 열대어 모양 장식품, 조개껍질 장식, 전통술 등이다. 규모가 작아도 물건을 하나하나씩 보다 보면 생각보다 시간이 많이 걸리므로 쇼핑하는 동안 수시로 탑승 시간을 확인하자.

I'd like to buy some souvenirs.
기념품 좀 사고 싶은데요.

Is this hand-made?
이건 수제품인가요?

I'm looking for something for my mother.
어머니께 드릴 선물을 찾고 있어요.

I'm looking for a popular local product.
유명한 지역 특산품을 찾고 있어요.

Please, wrap these separately.
이것들은 따로 포장해주세요.

★ 탑승 안내 방송

May I have your attention, please. JAL Airlines Flight 747 to Seoul is now ready for boarding. Passengers are kindly requested to board through gate 38. Thank you.
알려드립니다. JAL 항공사 747편 서울행은 현재 탑승 준비가 완료되었습니다. 승객 여러분께서는 38번 탑승구를 통해 탑승하시기 바랍니다. 감사합니다.

탑승구 앞에서 기다리다 안내 방송이 나오면 비행기에 탑승한다. 우리나라로 돌아가는 4시간은 아쉬웠던 필리핀에서의 생활을 뒤로 하고 한국에서의 멋진 삶을 기대하는 시간이다. 어차피 집에 돌아간다는 흥분으로 잠을 이루기 어려울 테니 비행하는 동안 필리핀에서의 시간들을 정리해보면 어떨까?

필리핀에서 겪었던 경험들이 인생에서 어떤 의미가 있었고 어떤 변화를 가져왔는지, 반성할 부분은 없는지, 그리고 앞으로 살면서 어떤 점을 바꿔 나가면 좋을지 등을 정리하고 결심하는 글을 적어보자.

승무원	Did you have a good time here? 필리핀 생활은 즐거우셨나요?
용석	Yes. I've got really great experiences in Philippine. I met lots of Filipino friends and I improved my English communication skills as well. 네. 필리핀에서 정말 너무 좋은 경험들을 많이 하고 간답니다. 필리핀 친구들도 많이 사귀었고요. 영어회화 실력도 많이 향상시킨 것 같아요.
승무원	Sound's great. Please let me know if you need my help. 정말 멋지네요. 제 도움이 필요하시면 언제든 말씀하세요.
용석	Well, can I get any Korean newspaper here? 음, 한국 신문 하나 갖다 주시겠어요?
승무원	Of course. I'll get it for you. 물론이죠. 가져다 드릴게요.
용석	Thank you so much. 정말 고맙습니다.

What did the announcement say?
지금 안내 방송에서 뭐라고 했어요?

Has boarding started yet?
벌써 탑승하기 시작했나요?

good-bye~

English Tip

문자 메시지 SMS 약어 모음

통신비가 비싸기 때문에 필리퍼노들은 전화를 걸었다가 상대방이 받기 전에 끊어 상대방의 전화를 유도하거나 서로 문자SMS를 주고받는 편이다. 약어를 모르면 문자로 대화하기 어려우니 자주 사용되는 약어 몇 가지를 알아보자. 문자를 보낼 때 대문자를 사용하면 대화할 때 소리 지르는 것과 같기 때문에 대문자는 거의 사용하지 않는다.

SMS 약어

원문	약어	원문	약어
you	u	to go to	2go2
are	r	before	b4
to	2	Thanks	TX
don't	dun	got to	gotta
your	ur	cause	coz
night	nite	see you	c ya
right	rite	brother	bro
birthday	b-day	sister	sis
great	gr8	between	btw
tonight	2nite	why	y
easy	ez	boy friend	b/f
excellent	xlnt	girl friend	g/f
see	c	business	biz
kind of	kinda	with	w
today	2day	please	plz
tomorrow	2moro	love	luv
want to	wan2	laugh	L
summer	smmr	later	L8R

원문	약어	해석
What's up?	WU?	무슨 일이야?
I see.	IC	알겠어.
It's for you.	It's 4 U.	이건 너를 위해서야.
I love you.	I luv U.	너를 사랑해.
Who are you?	Who R U?	넌 누구니?
Are you okay?	RUOK?	괜찮아?
See you later.	CUL8R	나중에 보자.
Have a nice day.	HAND	좋은 하루 보내.
Have a good night.	HAGN	좋은 밤 보내.
as soon as possible	ASAP	가능한 빨리, 조속히
be back later	BBL	이따 다시 올게. 잠시 후 또 올 거야.
bye for now	BFN	당분간 안녕. 나중에 보자.
Bye-bye.	BB	안녕.
be right back	BRB	잠깐 나갔다 올게.
be back in a bit	BBIAB	곧 돌아올게.
Go ahead.	GA	어서 말해봐. 계속해봐.
great big hug	GBH	꼭 껴안아줄게.
hug back	HB	나도 안아줄게.
I have no idea.	IHNI	난 모르겠어.
in my humble opinion	IMHO	내 짧은 생각으로는
in my opinion	IMO	내 생각으로는
just minute	JAM	잠깐만
just in case	JIC	만일에
Just kidding.	JK or J/K	농담이야.
Do you know what I mean?	KWIM	내 말 알겠니?
Let me know.	LMK	알려줘.
Long time no see.	LTNS	오랜만이야.
No Problem.	NP	문제없어. 괜찮아.
Oh, by the way!	OBTW	참, 그런데!
Talk to you later.	TTYL	나중에 얘기하자.
Welcome back.	WB	다시 와줘서 반가워.
as far as I know	AFAIK	내가 아는 한도 내에서는
away from keyboard	AFK	잠시 자리를 비울게.
Age/sex/location?	A/S/L?	나이, 성별, 사는 곳?
Good luck.	GL	행운을 빌어.

English School

필리핀 어학연수 학교

마닐라 지역

● **Asia Pacific College(APC)**
주소 960 Aurora Boulevard, Quezon City Philippines 1100
전화 070-4209-1155
홈페이지 http://www.apcedu.com
수업시간
General 1:1수업(3시간)+소그룹수업(3시간)+스페셜수업(2시간) = 총 8시간
Sparta 1:1수업(3시간)+소그룹수업(3시간)+스페셜수업(2시간)+스파르타수업(2시간) = 총 10시간

★ **학교** 기존 APC(Asia Pacific College)에서 진행했던 프로그램을 바탕으로 WCC(World CITI Colleges)와 함께 대학 내 교수진 및 강사진들이 모여 보다 쉽고, 능률적이고, 체계적인 학습으로 기존의 방식에서 업그레이드된 영어 교육 프로그램을 제시한다.

★ **기숙사** 2~4인실을 운영하며 기숙사 내에 피부관리실, 헬스장 등의 시설이 갖추어져 있다.

● **C21 International Language School**
주소 C21 International Language School #53 Xavierville Ave. Loyola Heights, Quezon City
전화 63-2-435-8277
홈페이지 www.c21.co.kr
수업시간
General ESL 1:1수업(3시간), 그룹수업(3시간), 일기/에세이/작문교정(1시간)
SEMI Sparta ESL 1:1수업(3시간), 그룹수업(3시간), 일기/에세이/작문교정(1시간), 야간수업(2시간)
TOEIC Speaking 1:1수업(3시간), 그룹수업(2시간), 토익스피킹(2시간), 토익 작문교정(1시간)
BIZ English 1:1수업(3시간), 그룹수업(3시간), Biz Topic 작문교정(1시간)

★ **학교** 1999년에 개원한 전통 있는 어학연수 학교로 수십 개의 강의실과 인터넷실, 토익 테스트실, 독서실, 매점 등이 있으며 아담한 뜰을 포함한 독립 건물로 조용하고 쾌적하다. 주말이나 수업 이후에는 저렴한 비용으로 골프, 축구, 골프, 수영, 테니스, 스쿠버 등 다양한 액티비티를 즐길 수 있다. 학생과 교사의 성격을 고려해 시너지 효과를 극대화한 매칭 시스템을 적용한다.

★ **기숙사** 특별기숙사와 영어기숙사 I, II를 제공한다. 영어기숙사에서는 학생과 교사가 한 방에서 지내면서 영어만 사용하고 무료 스터디 그룹을 통해 영어실력을 향상시키고 있다. 특별기숙사에서는 한국인 기숙사 매니저의 철저한 관리를 받으며 편하고 깨끗한 환경 속에서 생활한다.

● **Communicate Near Native Speaker(CNN)**
주소 4F Claretian Communication Bldg. #8 Mayumi St, U.P Village Diliman, Quezon City
전화 63-2-433-2437
홈페이지 www.cnn-speakers.com
수업시간
ESL 정규과정 1:1 CNN모듈(2시간), 1:1 오픽(1시간), 1:4 소그룹(1시간), 1:8 L/C(2시간), 오픈클래스 (1시간)
ESL 집중과정 1:1 CNN모듈(2시간), 1:1 오픽(1시간), 1:1 WAp(1시간), 1:8 L/C(2시간), 오픈클래스(1시간)
ESL 스파르타 1:1 CNN모듈(2시간), 1:1 오픽(1시간), 1:1 WAp(1시간), 소그룹(2시간), L/C(2시간), RST클래스(1시간30분), 셀프스터디(2시간30분)

★ **학교** 마닐라 UP 국립대학 인근에 있으며 10년

이상 검증된 CNN 자체 레벨 업 시스템을 갖춘 전문 어학연수 학교다. 필리핀 어학연수 초창기

97년부터 많은 경험자들의 추천과 평판으로 신뢰와 전통성을 유지해왔으며, 2006년 최우수 어학교육업체로 선정된(Philippines Quality Awards For English Language School) 검증된 전문 어학연수 학교.

★ **기숙사** 지하 1층, 지상 5층 규모의 초현대식 건물이다. 영어기숙사는 학생들의 개인별 취약점을 분석, 보완해주는 실질적인 R.S(Remedial Study Time)프로그램으로 운영된다.

● **Man to Man Boarding School(MMBS)**
주소 MMBS Rio Madera Tibag, Tarlac City
전화 63-45-982-2658
홈페이지 www.mmbs.co.kr
수업시간
General 1:1수업(4시간), 1:4수업(2시간), 1:8수업(2시간), 저녁스터디(1시간)
1:1 Intensive 1:1수업(5시간), 1:4수업(1시간), 저녁스터디(1시간)
TOEIC 1:1수업(4시간), 1:4수업(1시간), 1:8수업(1시간), 저녁스터디(1시간)
TOEIC Speaking 1:1수업(4시간), 1:4수업(1시간), 1:8수업(1시간), 저녁스터디(1시간)

★ **학교** 마닐라 시내에서 2시간 30분 거리에 있는

MMBS는 1999년에 개원한, 필리핀에서 유일하게 자체 부지에서 정적으로 운영되고 있는 어학연수 학교다. 필리핀 최대 캠퍼스를 자랑하며 어학연수 학교 내에 수영장, 골프연습장, 농구장, 탁구장, 당구장, 잔디광장, 산책코스 등을 갖추고 있다. 수업량이 많아 외출할 기회가 없는 필리핀 어학연수생에게 쾌적한 환경과 다양한 커리큘럼을 제공하고 있다.

★ **기숙사** 캠퍼스 내 일체형 기숙사다. 기숙사 곳곳에 수많은 망고나무와 야자수가 있어 필리핀의 정취에 흠뻑 젖어들 수 있다. 새소리, 툴소리를 들으며 생활할 수 있는, 그야말로 자연 친화적인 캠퍼스다.

세부 지역

● **Global Village International School(GV)**
주소 83A Don Jose Avila St, Ramos Ext, Cebu City 6000 Philippines
전화 63-32-253-3749
홈페이지 www.gvschool.co.kr
수업시간
일반영어 1:1수업(4시간), 1:4수업(4시간)
그 외 TESOL, IELTS 과정도 운영하고 있음

★ **학교** GV는 세부 업타운 글로벌 빌리지 내에 위치해 24시간 안전을 보장받을 수 있는 어학원으로 모든 강사진이 TESOL(국제영어교사자격증)을 취득하였고 매월 수강평가 과정을 통해 강사에 대한 학생들의 불만을 해소한다. 타 학교와는 다르게 외국인 학생(러시아, 대만, 일본 등)의 비율이 50% 정도로 수업시간뿐만 아니라 일상생활에서도 24시간 영어에 노출된 환경을 제공하고 있다. 특히 원장님의 학생 관리가 뛰어나기로 유명한 곳이다.

★ **기숙사** 학원 내에 위치해 있고, 작지만 잔디밭과 야자나무도 있어 이국적인 정취를 느낄 수 있다. 기숙사는 1~3인실로 구성되어 있으며 원하면 타 국적의 학생들과 한방을 사용할 수 있다. 각 방에는 생활에 필요한 집기들이 갖추어져 있으며, 이성의 출입과 술 반입을 철저히 금지하고 있다.

● **Cebu Pacific International Language School(CPILS)**
주소 Benedicto Bldg. M.J. Cuenco Ave. Cebu City
전화 63-32-233-3232
홈페이지 www.cpils.com
수업시간
Intensive 1:1수업(2타임), 1:4수업(1타임), 1:8수업(1타임), 그룹수업(1타임), 그룹수업(1시간)
Sparta 1:1수업(2타임), 1:4수업(2타임), 1:8수업(2디임), 그룹수업(1타임)
Shadow Speaking 1:1수업(3타임), 1:8수업(1타임),

그룹수업(1타임), 그룹수업(1시간)
IELTS 1:1수업(2타임), 1:4수업(2타임), 1:8수업(3타임), 그룹수업(1시간), 셀프스터디(150분)
Business 1:1수업(2타임), 1:4수업(2타임), 1:8수업(1타임)

* 1타임 = 90분

★ **학교** 비영어권 국가에서 온 학생들에게 영어실력의 향상을 위한 폭넓은 기회와 양질의 교육프로그램, 최적의 환경을 제공하고자 2001년 6월, 세부에 최초로 설립된 전문 영어 교육기관이다. 현재 우리나라, 일본, 중국 등에서 온 500여 명의 학생들이 함께 공부하고 있다.

★ **기숙사** 내부 기숙사와 외부 기숙사로 나눠져 있는데, 내부 기숙사에는 1~4인실이 190여 개 있고 인원수만큼 싱글 침대와 책걸상이 구비되어 있다. 외부 기숙사는 학교에서 통학 차량으로 10~15분 정도 떨어져 있는데 2인실, 3인실이 50여 개 있고 1층에 도서관과 인터넷실이 마련되어 있다. 방에 구비된 시설은 내부 기숙사와 동일하다.

● **M.T.M Cebu Language Academy(MTM)**
주소 UV Banilad Campus, Cebu City (MTM-UV Campus)
전화 63-32-236-9130
홈페이지 www.mtmcebu.com
수업시간
UV Campus 1:1수업(3시간), 1:5수업(1시간), 1:10수업(2시간), 스페셜 클래스(2시간)
그 외 취업대비반(Business English&Presentation), 목표달성반(TOEIC, TOEIC Speaking, TOEFL, IELST)이 있다.

★ **학교** MTM 어학원은 주니어캠프 캠퍼스와 UV 대학부설 캠퍼스로 운영되고 있다. UV 대학부설 ESL Academy는 8년 전통의 현지법인교육기관으로 스파르타식 교육을 제공한다. UV 캠퍼스는 일반회화과정(ESL)과 취업준비반(Business English, PT), 시험대비반(IELTS, TOEFL, TOEIC)등 다양한 과정이 개설되어 있다.

★ **기숙사** UV ESL 캠퍼스는 UV(Univ. of Visayas) 대학 내 위치해 대학 캠퍼스에서만 볼 수 있는 면학 분위기를 자랑하며 현지 대학생과의 교류도 활발하다. 1인실과 2인실이 있으며 최신시설을 갖추고 있다.

● **Philinter Center For English Language Inc**
주소 Pusok Highway, Mustang Lapulapu City, Cebu
전화 63-32-340-7453
홈페이지 www.philinter.com
수업시간
ESL General 1:1수업(4시간), 1:4수업(2시간), 그룹수업(1시간)
ESL Intensive 1:1수업(5시간), 1:4수업(1시간), 그룹수업(1시간)
그 외 **IELTS, TOEIC, Business** 과정이 있다.

★ **학교** 유자격교사(LET)에 의한 50분 단위의 수업, 희망 교사 청강을 위한 자유로운 수강신청제도, 버디-시스템 Buddy System, 엄정한 레벨평가와 피드백, 그리고 학습기간에 따른 개인별 맞춤교육의 클래스-코디네이팅 Class Coordinating이 특징이다. 스파르타식 교육을 추구하지는 않지만 레벨측정(14단계) 및 시험 등의 학사일정과 수업편성을 매우 타이트하게 진행한다.

★ **기숙사** 세부 막탄 국제공항과 약 500미터 직선거리에 위치해 있다. 우리나라 학생들에게 친숙한 마당 문화를 접할 수 있다는 장점이 있으며 객실 건물, 식당 및 카페테리아, 체육실, 외부휴게실, 자습실로 구분되어 있다.

● **English Fella**

주소 Sitio Highway11, Brgy Talamban, Ce-bu City
전화 63-32-343-3902
홈페이지 www.englishfella.com
수업시간
1:1수업(4시간), 1:4수업(2시간), 1:8수업(1시간), 오픈 클래스(1시간)

★ 학교 세부 최대 규모의 학교 형 어학연수 시설을 신축 건립(학교, 기숙사, 인터넷 카페, 수영장, 농구장 등)을 1,500평 부지 내에 일체형)해 필리핀에서 최고급 최신시설을 자랑한다. 영역별 전문화된 교사진과 차별화된 커리큘럼, 철저한 학생 관리 시스템 개발을 통해 학생들에게 최대의 만족을 주기 위해 노력한다.

★ 기숙사 실내 청소(매일)와 방역(1번/2주)을 통해 깨끗한 시설을 유지하며 기숙사 복도와 입구마다 정수기가 설치되어 있다. 24시간 안전요원이 순찰한다.

● CIA

주소 A.S. Fortuna St. Bakilid, Mandaue City.Cebu, Philippines
전화 63-32-421-1053
홈페이지 www.cebucia.com
수업시간
ESL 1:1수업(4시간), 1:4수업(1시간), 1:8수업(2시간), 대그룹(1시간), 셀프스터디(1시간)
그 외 TOEIC, IELTS, TESOL 과정도 운영되고 있다.

★ 학교 2003년 세부 다운타운에 설립된 CIA는 2009년에 캠퍼스를 확장 이전했고, 최근 캠퍼스를 한 번 더 이전하면서 필리핀 최고 수준의 시설을 자랑하는 세미 스파르타 학원으로 자리를 잡았다. 강사진들이 정기적인 미팅과 세미나를 통해 커리큘럼 개발 및 교수법을 연구하여 학생들의 영어 실력 향상에 만전을 기하고 있다. CIA어학원에서는 세미 스파르타 과정을 운영하고 있다.

★ 기숙사 CIA의 기숙사는 1~3인실로 구성되어 있다. 각 방마다 Safe Box(개인금고)가 있어 귀중품을 안전하게 보관할 수 있으며 헬스장, 수영장, 매점, 농구코트까지 갖추고 있어 밖에 나가지 않고도 생활하는 데 별다른 지장이 없다.

● SME

주소 클래식 2141 Andres Abellana Extention, Cebu City
스파르타 Academy Barangay Tigbao, Talamban, Cebu City(Former Mt. Sinai-Learing Center)
캐피탈 Emilio Osmena cor., Bataan St., Guadalupe, Cebu city, Cebu
전화 클래식 032-346-7297
　　　스파르타 032-416-9156
　　　캐피탈 032-520-9208
홈페이지 www.smenglish.com
수업시간
정규수업(90분씩 3타임, 1:1수업, 1:4수업, 1:8수업 중 선택-1:1수업은 2타임 선택 가능)+무료 수업(공강: 90분씩 2타임, 새벽반/저녁반: 90분씩)=최대 11시간

★ 학교 집중 스파르타 방식인 캠퍼스가 있는 탈람반 지역은 CIS 국제학교 및 빌리지가 형성된, 각광받고 있는 지역이다. 중심가에서 차량으로 20분 정도 떨어져 있으며 조용한 분위기에서 공부하기 좋다. 세미 스파르타식인 클래식이 있는 마볼로 지역은 세부의 가장 중심가며, Ayala Malls과 SM Malls 중간 지점에 위치해 있어 지내기 편하고 안전하다. 다른 캠퍼스로 전학도 가능하다.
SME 클래식 센터는 필리핀 교육법인 최초로 영국문화원에서 공인한 IETLS 교육기관 및 공인 인증 시험 센터이다. 캐피탈 캠퍼스는 ETS 지정 TOEIC 공식 시험장이다. 클래식캠퍼스에서는

IELTS과정과 조기유학 과정을 중점적으로 하고 캐피탈 캠퍼스에서는 TOEIC과 일반 영어 과정을 진행한다.

★ **기숙사** 스파르타는 1~3인실, 클래식은 1~5인실, 캐피탈은 1~4인실이 있으며 각종 운동 시설이 갖춰져 있다. 스파르타에는 20미터의 수영장이 있다. 매점, 도서관 및 휴식 공간이 있으며 각 기숙사는 차량으로 10분 정도 거리.

일로일로 지역

● MK Education

주소 Westwood Subdivision Lot 43,44,45 Block 44 Barangay Dungon-C Mandurrio, Iloilo
전화 63-33-333-2474
홈페이지 www.mk-edu.net
수업시간
1:1수업:(3시간), 1:2수업:(1시간), 1:4수업(1시간), 1:8수업(1시간)

★ **학교** 필리핀 전문 어학연수 센터. 2002년 창립해 다양한 경험과 프로그램으로 확고히 자리매김했다. 교육공학적으로 잘 설계된 프로그램, 엄선된 교재, 자격 있는 원어민 교사, 투철한 교육철학을 기반으로 알찬 어학연수 프로그램을 제공한다.

★ **기숙사** 학생들의 안전과 쾌적한 환경에서의 연수를 위해 일로일로의 최고 호텔 기숙사를 제공한다. 호텔 내의 모든 부대시설을 이용할 수 있다.

바기오 지역

● Monol International Education Institute

주소 Purok9, Tacay Rd, Pinsao Proper, Baguio City, Philippines
전화 63-74-442-0383
홈페이지 www.monol4u.com
수업시간
1:1수업(3시간)+1:4수업(3시간)+Special Class/Self-Study(2시간)=총 9시간

★ **학교** 세미나를 통해 교사들의 자질 향상을 돕고 있으며 학생들의 안전을 위해 24시간 입구를 지문감식기를 이용해 경비하고 있다. 월요일부터 금요일까지 1일 9시간의 정규 수업과 1주일 10시간의 의무 자율학습을 정하고 있다. 교사 1명과 학생 3명이 지내는 3+1인실도 운영 중이며, 벌금제를 이용한 철저한 학사관리로 유명하다.

★ **기숙사** 많은 숫자는 아니지만 3+1인실을 이용해 학생들이 24시간 영어에 노출될 수 있도록 한다. 학교 내에선 English Only Rule을 철저히 지켜 학생들이 공부에만 집중할 수 있도록 해준다. 단, 규칙을 어기면 주말 외출금지, 벌금, 벌점 등의 규정을 통해 학생들을 엄격하게 관리한다.

● Pines International Academy

주소 쿠이산 캠퍼스 2F CooYeeSan Plaza Hotel, Naguilian Rd. Baguio City
차피스 캠퍼스 #49 Chapis Village, Marcos highway, Baguio City, Philippines
전화 쿠이산 캠퍼스 63-74-446-8865
홈페이지 www.pinesschool.co.kr
수업시간
스파르타 스피킹 1:1수업(4시간), 1:4수업(3시간), 필수선택수업(Thumbs up, self study 등/2시간)
시험대비 과정(TOEIC, TOEIC Speaking, Opic, IELTS, TOEFL) 1:1수업(4시간), 1:4수업(3시간), 선택 그룹수업(1시간), 옵션수업(2시간)

★ **학교** 체계적인 4단계 학습 프로그램과 경험이 풍부한 200여 명의 교사진을 통해 빠른 시일 내에 영어 실력을 향상시킬 수 있는 최적의 학원이다.

★ **기숙사** 쿠이산 캠퍼스는 호텔을 기숙사로 사용하며 2, 3인실을 제공하고 있다. 호텔 내에 대부분의 편의시설이 입점해 있어 생활하는 데 불편함 없이 지낼 수 있다.

● **HELP English Institute(HELP)**

주소 롱롱 캠퍼스 Help English Institute, La Trinidad City

마틴 캠퍼스 Martin's Arartelle Brendwood villigage M. Roxas Street Baguio City 2600, Philippines

전화 롱롱 캠퍼스 63-74-423-0899
마틴 캠퍼스 63-74-423-2900
홈페이지 www.helpenglish.co.kr
수업시간

POWER ESL 1:1수업(4시간), 1:4수업(1시간), 읽기수업(1시간), 선택특별수업(1시간), 단어스터디 1개, 선택스터디 1개

POWER Speaking Intensive 1:1수업(5시간), 1:4수업(1시간), 읽기수업(1시간), 선택특별수업(1시간), 단어스터디 1개, 선택스터디 1개

Elite ESL 1:1수업(4시간), 1:4수업(1시간), 듣기수업(1시간), 그룹스터디(2시간)

Elite Speaking Intensive 1:1수업(5시간), 1:4수업(1시간), 듣기수업(1시간), 그룹스터디(2시간)

시험과정(**TOEIC, TOEIC Speaking, TOEFL IBT TEST, IELTS, OPIc, G-TELP Test, Business**) 1:1수업(4시간), 1:4수업(1시간), 듣기수업(1시간), 그룹스터디(2시간)

★ **학교** 1996년 필리핀 최초로 스파르타 시스템을 도입한 어학연수 학교다. 오래된 학교이니만큼 강습 노하우를 가진, 수준 높은 강사가 많아 학생들의 수업 만족도가 높다. 특이하게 한국인 교사가 초급/중급/고급 문법수업과 리딩수업을 하고, 회화 활용 시의 이해를 돕는다. 일명 '찍찍이'라고 불리는 어학기가 필수품인데, Shadowing(듣고 따라 말하기), Crazy Reading(소리 내어 읽기), Group Study(단어&패턴 녹음) 등에 필요하다.

★ **기숙사** '숲속의 헬프'라고 불리는 롱롱 캠퍼스는 시내에서 자동차로 약 15분 떨어진 숲속에 있다. 230명 정원이며 골프연습장, 헬스장, 컴퓨터실, 영화관,분수대 등의 편의시설을 갖추고 있다. 특히 학생들이 운영하는 방송반이 있어 점심시간마다 아름다운 음악과 재미있는 사연들을 들을 수 있다. 80명 정원의 '시티 헬프'라고 불리는 브랜트 캠퍼스는 시내에서 자동차로 약 5분 정도 떨어진 곳에 위치해 있으며, 장기연수를 하는 학생들이 많이 모여 있다.

● **JIC Language center (JIC)**

주소 #73 Del nacia apt upper west Camp7 Kennon Rd. Baguio City

전화 63-74-442-3360

홈페이지 www.baguiojic.com

수업시간

ESL 프로그램 1:1수업(4시간)+그룹수업(6시간)+VOCA Test

BCC 프로그램 1:1수업(4시간)+그룹수업(6시간)+VOCA+통문장 암기 Test (3시간)

★ **학교** 2002년 세부에 본원을 개원해 2006년 바기오 1센터를 설립하고, 2007년 바기오 2센터 확장 설립했다. 바기오 센터는 소수정예로 운영되는 학교로 1, 2센터 각각 60명 정원, 총 정원이 120명이다. 각 센터가 단독 건물을 사용하며 기숙사와 교실이 한 건물 안에 있다. 평일 외출이 가능한 세미스파르타 학교지만 타 스파르타 학교에 비해 1:1수업도 가장 많고 원어민 수업과 다양한 그룹 수업을 한다.

★ **기숙사** 1센터는 3층 건물로 1, 2층이 기숙사, 3층이 강의실과 부대 시설로 되어 있다. 2센터는 6층 건물이며 1~5층에 기숙사, 부대시설 6층에 강의실이 있다. 1센터는 2~4인실 기숙사 중심이고 2센터는 1인실과 공용 2인실로 운영된다. 기숙사 형태를 선택하면 센터가 배정된다. 평일 외출은 가능하나 밤 10시 통금시간을 엄격히 체크하기 때문에 철저한 자기 관리가 필요하다.

바콜로드 지역

● Ok-English

주소 Lopue's South Square, Tangub, Bacolod City, Philippines
전화 63-34-433-4248
홈페이지 www.ok-english.com
수업시간
클래식 필리핀 1:1수업(4시간)+1:4수업(2시간) or 1:4수업(1시간) & 스페셜 수업(1시간)
클래식 아메리카 1:1수업(1시간,네이티브)+1:1수업(3시간) or 1:4수업(1시간) & 스페셜 수업(1시간) + 저녁수업(2시간)
스파르타 필리핀 1:1수업(4시간)+1:4수업(2시간)+ 스페셜 수업(2시간)+저녁수업(2시간)+의무자습(2시간)
스파르타 아메리카 1:1수업(1시간,네이티브)+1:1수업(3시간)+1:4수업(2시간) & 스페셜 수업(2시간)+저녁수업(2시간)+의무자습(2시간)

★ **학교** OK-English는 바콜로드 시티 남쪽의 조용한 빌리지 내에 위치하고 있다. 도심의 번잡함이나 소음이 없고 야자수들로 조경이 깔끔하게 잘 이루어져 리조트에서 생활하는 것 같은 느낌을 준다. 클래식과 스파르타 2가지 커리큘럼을 운영하고 있으며 경우에 따라 네이티브와 1:1수업을 할 수도 있다. 궁극적으로 연수 후 어떤 분야의 주제를 가지고도 영어로 대화할 수 있도록 다양한 소재로 실제 상황과 같이 수업을 진행하며 동시에 정확한 영어를 구사할 수 있도록 최고의 튜터들과 함께 노력하고 있는 학원이다.

★ **기숙사** 연수생활에서 겪게 되는 불편함을 최소화하고 만족도를 높이기 위해 기숙사 관리에 많은 노력을 쏟고 있다. 기숙사는 최신 시설로 넓고 쾌적하며, 강의실에서 도보로 1분 거리에 있다. 필리핀 튜터와 함께 지낼 수 있는 2+1인실도 운영 중이며, 주중 통금시간을 엄수해야 한다. 기숙사 및 학교 전체에서 무선인터넷이 가능하다.

다바오 지역

● E&G Language Center

주소 Mary Knoll Road, Bo Vicente Hizon, Davao City, Philippines
전화 63-917-721-5920/070-7583-5920
홈페이지 www.engdavao.com
수업시간
Comprehensive Course(Academic) 1:1수업(4시간), 1:4수업(4시간), 의무자율학습(3시간)
Intensive Course(Sparta) 1:1수업(5시간), 1:4수업(3시간), 의무자율학습(3시간)
레벨테스트가 있는 금요일은 오전 시험으로만 이루어짐

★ **학교** 스파르타식 어학연수 학교로 바닷가 바로 앞에 있어 아름다운 자연을 학교 내에서도 언제나 접할 수 있다. 철저한 스파르타 교육으로 월요일부터 목요일까지 외출이 금지되며 금, 토, 일에는 외출은 허용되지만 외박은 할 수 없다. 매일 저녁 의무 자율 학습으로 공부에 집중할 수 있다.

★ **기숙사** 기숙사 2, 3층에서 내려다보면 바닷가 풍경이 보이며 전망 좋은 테라스, 야외 정원과 수영장, 농구장이 있다. 우리나라 사람이 직접 식사를 관리하기 때문에 입맛에 맞는 식사를 할 수 있다. 시설이 깨끗하고 에어컨, 책상, 침대, 온수시설 등이 구비되어 있다.

● English Drs (EDA)

주소 C.P. Garcia Highway, Buhangin Davao, Philippines
전화 070-7897-5134
홈페이지 www.englishdrs.com
수업시간
Course A (1:1 집중코스) 1:1수업(6시간), 1:4수업

(2시간), 무료수업(1시간)

Course B (일반코스) 1:1수업(4시간), 1:4수업(2시간), 무료수업(1시간)

★ **학교** English Drs Academy는 필리핀 이민국과 교육청에 정식 등록된 어학원으로 서류전형, 인성면접, 심층면접, IELTS 4단계에 걸친 테스트로 엄선된 우수한 강사진을 자랑하고 있다.
공부에만 전념할 수 있는 쾌적한 연수시설을 가지고 있고 소규모로 운영되고 있어 학생 위주의 맞춤식 커리큘럼으로 효율적인 수업을 진행한다.

★ **기숙사** 쾌적한 시설의 신축 건물, 넓고 오픈된 라운지와 깨끗한 기숙사가 학생들의 만족도를 높이고 있다. 각 방마다 개별 베란다가 있고 깨끗하게 관리하여 깔끔한 시설을 자랑한다.

English School

연계연수

필리핀 어학연수 학교에서는 대부분 1:1 수업을 진행하기 때문에 말하기나 듣기 실력이 낮은 경우 자신감을 향상시켜 알고 있는 문법과 단어들을 사용할 수 있게 한다는 장점이 있다. 하지만 필리핀 연수 이후 서양권 사람들과 대화할 때면 어려움을 느끼는 학생들이 많다. 그래서 요즘에는 필리핀에서 2~4개월 정도 연수를 받고 호주나 캐나다로 연계연수를 가는 학생들이 많다. 필리핀에서 기초 실력을 쌓은 후 호주나 캐나다에서 고급 프로그램으로 공부하면 영어가 훨씬 더 빨리 향상될 수 있고 일상생활에서 영어를 사용하기 때문에 생활 영어도 많이 늘게 된다. 특히 호주의 경우 워킹 홀리데이 비자나 학생 비자로도 아르바이트를 할 수 있기 때문에 필리핀에서 어느 정도 영어 실력을 쌓은 후 호주에 가면 바로 아르바이트를 시작해서 생활비를 절약할 수 있다.

호주 어학연수 학교

퀸즐랜드 Queensland

● **Browns English Language School**
주소 **Brisbane Campus** Level 1, 102 Adelaide Street, Brisbane 4000, Queensland, Australia
Gold Coast Campus 5-7 Marshall Lane, Southport 4215, Queensland, Australia
전화 61-7-5561-1192
홈페이지 www.brownsels.com.au
전체 학생 200명(한국학생 비율 20%)

ESL에 의해 공인받은 교사가 지도하며 NEAS에 의해 인정받은 코스와 프로그램을 제공한다. 유럽 학생들이 많이 듣고 그 중 스위스 학생이 가장 많다. GE, 캠브리지 과정, 토익 등 총 18반이 있으며 승마, 서핑 등 다양한 과외 활동도 즐길 수 있다.

최신 시청각 컴퓨터와 인터넷을 효과적으로 수업에 도입한다. 일반 영어 과정뿐 아니라 비즈니스 영어, IELTS, 캠브리지 과정 등 다양한 코스가 있으며 유럽 학생들이 많고 각종 과외활동을 무료로 제공한다. 2010년 Star Awards에서 남반구에서 가장 좋은 학교로 선정되었다.

● **Lexis English(GV Brisbane)**
주소 Level 6, 15 adelaide St. Brisbane
전화 61-17-3002-8588
홈페이지 www.lexisenglish.com/brisbane
전체 학생 150명(한국학생 비율 15%)

Lexis 어학원의 브리즈번 캠퍼스는 브리즈번 시내 중심에 있어 영화관, 레스토랑, 쇼핑센터, 미술관 등을 편리하게 이용할 수 있다. 방과 후 활동, 주말 활동을 통해 보다 많은 친구들을 사귈 수 있다.

● **Lexis English(GV Noosa)**
주소 College Court 6 Lanyana Way, Noosa Heads
전화 61-7-5447-4448
홈페이지 www.lexisenglish.com/noosa
전체 학생 240명(한국학생 비율 15%)

시드니 Sydney

● ILSC - Australia
주소   Level 6, 540 George Street Sydney, NSW 2000 Australia
전화   61-2-9247-1744
홈페이지   http://www.ilsc.com.au
전체 학생   200명(한국학생 비율 30%)

ILSC 재단의 브리즈번, 시드니 캠퍼스가 있으며 토익시험 공식 지정 센터로 ILSC 학생이면 무료로 토익시험을 볼 수 있다. English Only라는 교칙으로 학교 내에서 자국어 사용을 강력히 제지한다. 오로지 영어로 말하고 영어로 생각하게 하는데 초점을 맞춘 기관이다.

● Navitas English(ACE)
주소   11 York Street Sydney
전화   61-2-8246-6800
홈페이지   http://www.navitasenglish.com
전체 학생   850명(한국학생 비율 30)

호주에서 가장 오래되고 규모가 큰 명문 사립학교 중 하나. 유럽 학생들의 비율이 다른 학교에 비해 높다는 것이 특징이다. 일반 영어, 캠브리지·IELST 준비반, 비즈니스 영어반, 테솔 과정 등 목적과 필요에 적합한 다양한 코스를 제공한다.

● Sydney English Language Centre(SELC)
주소   19-23 Hollywood Avenue, Bondi Junction Sydney
전화   61-2-8305-5600
홈페이지   http://selc.com.au
전체 학생   400명(한국학생 비율 20%)

30여 개의 서로 다른 국가에서 온 학생들로 반이 구성된다. SELC의 영어 학습을 발판으로 전문학교 및 대학 진학은 물론 호주 비즈니스 업계로 진출하는 졸업생이 많다. 오랜 경험을 가진 교사진이 양질의 수업을 제공한다.

● ELS Universal English College (UEC)
주소   Level 1, 17, O'Connell Street Sydney
전화   61-2-9283-1088
홈페이지   www.uec.edu.au
전체 학생   400명(한국학생 비율 17%)

GV Sydney 캠퍼스로 시작하여 현재는 ELS 그룹에 합류했다. 미국과 캐나다에 있는 55개 이상의 센터에서 인텐시브 영어 프로그램, 대학진학 도움, 비즈니스 프로그램, 방학 학습 프로그램 등 다양한 옵션을 학생들에게 제공하고 있다. 또한 최신식의 현대적 시설을 제공하며 학생의 복지 향상에 힘쓰고 있다.

멜버른 Melbourne

● Cambridge International College(CIC-멜버른)
주소   422 Little Collins Street, Melbourne
전화   61-3-9663-4933
홈페이지   www.cambridgecollege.com.au
전체 학생   400명(한국학생 비율 30%)

ELICOS(외국인을 위한 영어 연수 과정)는 호주에서도 최고 중 하나. IELTS 준비 등을 위한 두 개의 아카데미반과 토익 준비 과정반을 운영하며, 캠브리지 과정을 운영하여 멜버른에 있는 대학에 진학할 수 있도록 돕고 있다.

● Impact English College

주소 Level 5, 620 Bourke Street Melbourne, VIC 3000
전화 61-3-9670-2840
홈페이지 www.impactenglish.com.au
전체 학생 350명(한국학생 비율 15%)

멜번에서 가장 퀄리티 있는 곳으로 알려진 어학원이다. 일반영어, IELTS, 캠브리지 시험 준비반, TESOL 과정 등 다양한 과정을 제공하고 있으며 특히 바리스타 과정으로 유명하다. English Only Policy가 강력하여 학원 내에서는 모국어 사용이 금지되어 있다.

● Discover English

주소 376-378 Bourke Street, Melbourne 3000 Australia
전화 61-3-9602-4800
홈페이지 www.discoverenglish.com.au
전체 학생 230명(한국학생 비율 14%)

멜번 번화가에 위치한 사설 랭귀지 스쿨로 최신식 시설, 수준 높은 강사진, 다양한 과정과 레벨의 수업을 제공하고 있으나. 숙련된 강사진과 스태프들이 학생들이 영어공부에 전념할 수 있게 서비스를 제공한다.

● Performance

주소 Level 2, 277 Flinders Lane Melbourne 3000
전화 61-3-9650-4080
홈페이지 www.performanceeducation.com.au
전체 학생 100명(한국학생 비율 30%)

소규모의 학급을 유지하여, 학생 개개인에게 선생님의 관심이 돌아갈 수 있도록 지도하고 있다. 교실 수업 이외에 소풍, 그룹 특별 활동 등 재미있는 교외활동과, 시청각자료, 영상을 이용한 다각적 영어교육을 통해 학생들이 흥미로운 영어교육을 체험할 수 있도록 한다.

● Hawthorn Melbourne(Navitas English)

주소 442 Auburn Road Hawthorn Victoria
전화 61-3-9815-4000
홈페이지 www.hawthornenglish.com
전체 학생 480명(한국학생 비율 30%)

호주에서 가장 오래되고 규모가 큰 ELICOS 중 하나. 특히 호주에서 고등학교 과정이나 TAFE, 대학을 목표로 하는 학생들을 위한 교육을 전문으로 한다. 일반 영어 및 다른 교육이나 직업을 목적으로 공부하는 학생들을 위한 전문분야 영어 프로그램도 마련되어 있다.

● Holmes Institute

주소 185 Spring St. Melbourne
전화 61-3-9662-2055
홈페이지 www.holmes.edu.au
전체 학생 200명(한국학생 비율 25%)

시설이 현대적이며 영어 능력 향상 과정, 최신 정보통신기술 과정, 대학 정규 학사 과정 등 다양한 과정을 제공한다. 케언스, 골드코스트, 멜버른, 시드니에 캠퍼스가 있으며 멜번 캠퍼스가 메인 캠퍼스다. 4주마다 레벨테스트를 실시한다.

기타 지역

● **Lexis English(GV Perth)**
주소 23-27 Scarborough Beach Rd, Scarborough Beach, Perth
전화 61-8-6365-4377
홈페이지 www.lexisenglish.com/perth
전체 학생 400명(한국학생 비율 15%)

호주 브리즈번, 바이런베이, 누사, 선샤인코스트, 퍼스에 캠퍼스가 있으며 퍼스 캠퍼스는 크리스털처럼 깨끗한 인도양을 끼고 있는 Scarborough 비치에 위치해 있다. 덕분에 영어 공부를 하면서 여러 해양스포츠도 즐길 수 있다.

● **South Australian College of English (Tasmania)**
주소 322 Liverpool St. Hobart, Tasmania
전화 61-3-6231-9911
홈페이지 www.collegeofenglish.com.au /tasmania
전체 학생 100명(한국학생 비율 33%)

1997년 SACE 교육 기관에 의해 설립된, 호바트의 첫 번째 사립 영어연수 학교. 주말과 주중에 레크리에이션 및 특별활동 프로그램을 제공한다. 교통이 편리하고 주변에 아트센터, 주립 도서관, 쇼핑센터, 은행, 영화관 등이 있다.

캐나다 어학연수 학교

밴쿠버 Vancouver

● **Global Village(GV-밴쿠버)**
주소 888 Cambie St. Vancouver
전화 604-684-2112
홈페이지 www.gvenglish.com
전체 학생 400명(한국학생 비율 30% 미만)

1989년 설립되어 초·중급반이 운영되고 있는 개스타운 캠퍼스는 식당, 기념품점, 노상 카페들이 늘어서 있는 역사적으로 유명한 지역에 있다. 걸어서 3분 거리에 배의 돛을 연상케 하는 캐나다 플레이스Canada Place가 있으며, 북 밴쿠버로 가는 대중교통 수단인 Sea bus(작은 페리)를 탈 수 있는 정류장이 있다. 최첨단 예일타운 캠퍼스는 개스타운 캠퍼스에서 남쪽으로 10분 거리(도보)에 있으며, 밴쿠버 다운타운 입구와 밴쿠버 시립 중앙 도서관 모퉁이에 있다. 넓고 멋진 3층 건물로, 중·상급반이 있다.

● **Pacific Language Institute (Kaplan PLI-밴쿠버)**
주소 Suite 300, 755 Burrard Street Vancouver B-C Canada
전화 604-688-8330
홈페이지 www.pli.ca
전체 학생 645명(한국학생 비율 27%)

1988년 개원하여 뛰어난 프로그램과 엄격한 규칙으로 밴쿠버와 토론토에서 가장 인기 있는 어학연수 학교다. 한국인 등록을 아주 철저하게 제한하기 때문에 한 번 등록하면 장기 등록하는 것이 유리하다. PLI 내에서는 English Only 규칙을 엄격하게 적용하고 있어 수업 시간이나 쉬는 시간에도 반드시 영어를 사용해야 한다.

● **International Language Studies Canada (ILSC-밴쿠버)**

주소 555 Richards St. Vancouver
전화 604-689-9095
홈페이지 www.ilsc.ca
전체 학생 800명(한국학생 비율 30%)

전화 604-608-1135
홈페이지 www.kgic.ca
전체 학생 400명(한국학생 비율 25%)

밴쿠버 다운타운에 위치해 있으며 3개의 캠퍼스에 총 75개의 교실을 운영한다. 2003년에 ILSC Career College를 오픈, 현재 TESOL을 비롯한 5개의 전문 과정을 개설하고 있다. 학생들의 전체적인 반응이 좋은 편이며 한국인 상담원이 있어 어려운 일이 생기면 언제든지 문의할 수 있다. 담임선생님들이 매달 각종 과제와 성취도에 따라 학생에게 맞는 레벨과 프로그램을 소개해주며 Advanced 레벨 학생들이 수시로 English Only 시스템을 유지하도록 자발적인 감시를 하는 것도 가장 큰 장점 중 하나다.

학생을 가장 생각하는 학원으로 손꼽히는 캐나다 최대의 사설 어학연수 학교 중 하나다. 강력한 English Only 정책을 사용하고 있으며 자체 제작한 교재를 사용한다.

● 5개의 특성화된 캠퍼스
_Robson Campus 밴쿠버 다운타운 랍슨에 위치한 ESL 전문 캠퍼스
_Business Campus 밴쿠버 다운타운에 위치한 전문 과정 위주의 캠퍼스
_Surrey Campus 밴쿠버 다운타운에서 40분 정도 떨어진 써리에 위치하고 대도시와 소도시의 장점만을 살린 캠퍼스
_Toronto Campus 토론토 다운타운에 위치한 ESL 전문 과정의 캠퍼스
_Victoria Campus 빅토리아 다운타운에 위치한 ESL 과정 캠퍼스

● English Language Centres(EC)
주소 570 Dunsmuir St. Suite 200, Vancouver
전화 604-683-1199
홈페이지 www.ecenglish.com
전체 학생 400명(한국학생 비율 27%)

● Pacific Gateway International College (PGIC-밴쿠버)
주소 3rd Floor, 1155 Robson St. Vancouver
전화 604-687-3595
홈페이지 http://pgic.ca
전체 학생 600명(한국학생 비율 30%)

밴쿠버 다운타운 중심에 있으며 교통이 편리하고 쇼핑센터와 레스토랑이 근처에 있다. 전임 과외 활동 코디네이터가 있으며 주중 저녁에는 다양한 과외 활동을, 주말에는 짧은 단체 여행을 제공한다. 과외 활동은 사기가 선택할 수 있으며 부가 비용이 들 수 있다.

세계 최고의 명성과 수준의 교육환경을 자랑한다. 1994년 캐나다 밴쿠버 캠퍼스 개교 이래 빅토리아, 토론토, 호주의 브리즈번, 시드니에 캠퍼스가 세워졌다. 토익, 토플, 캠브리지 공식 지정 시험 센터이기도 해, 한 달에 한 번 전교생에게 무료 공식 토익 시험의 특전이 있다. 파트타임 프로그램이 없어 학교 분위기가 산만하지 않고 학생들의 유대 관계가 좋다.

● King George International College (KGIC-밴 쿠버)
주소 #201-1400 Robson St. Vancouver

● Western Town College(WTC-밴쿠버)

주소 987 Granville Street Vancouver
전화 604-844-7660
홈페이지 www.wtccanada.com
전체 학생 550명(한국학생 비율 28%)

밴쿠버와 토론토에 캠퍼스를 둔 전문 사설 영어 연수 학교다. WTC에서 ESL 과정을 이수한 학생들은 토플 성적 없이 캐나다로 조건부 입학을 할 수 있다. 정규 연수 과정 학생들은 개인 시간에 맞춰 수업을 선택해서 들을 수 있어 효율적인 시간 분배로 자신이 원하는 목표를 이룰 수 있다. 록키 산맥, 세계적인 스키 리조트, 박물관, 아트갤러리, 여름·겨울 스포츠를 즐길 수 있는 환경이 마련되어 있다.

토론토 Toronto

● **International Language School of Canada (ILSC-토론토)**

주소 Level 3, 443 University Avenue, Toronto, Ontario
전화 416-323-1770
홈페이지 www.ilsc.ca
전체 학생 250명(한국학생 비율 31%)

1988년 개원하여 뛰어난 프로그램과 엄격한 규칙을 통해 밴쿠버와 토론토에서 학생들에게 가장 인기 있는 어학연수 학교로 자리잡고 있다. 프로그램이 워낙 체계적이라 대학부설보다 반응이 좋으며 한국인 등록을 아주 철저하게 제한하기 때문에 한 번 등록하면 장기 등록하는 것이 유리하다.

● **Pacific Language Institute (Kaplan PLI-토론토)**

주소 Suite 700, 55 York st. Toronto, Ontario
전화 416-364-0989
홈페이지 www.pli.ca
전체 학생 345명(한국학생 비율 22%)

8레벨로 구성된 비교적 대규모 어학연수 학교다. 클래스는 평균 12명가량이며 13개의 프로그램들이 각 레벨에 맞게 진행된다. 토론토 다운타운에 위치하고 있어 생활이 편리하다. 한국인 상담원이 있어 어려운 일이 생기면 언제든지 문의할 수 있다. 하지만 프로그램의 질과 비교했을 때 학비가 비싸다고 느껴진다.

● **King George International College(KGIC-토론토)**

주소 #700-150 Eglinton Avenue, East Toronto, Ontario
전화 416-489-0540
홈페이지 www.kgic.ca
전체 학생 345명(한국학생 비율 22%)

최신 학습 시설은 물론 다양한 영어교육 과정, 방과 후 무료 개인교습을 받을 수 있는 보조 교사제도, 성적 우수 학생들을 위한 장학제도, 최고의 인기를 얻고 있는 자체 기숙사 등 '가장 학생 중심적인 학교'로 손꼽히고 있다. 또한 오후에는 다양한 선택 수업(토익, 토플, 관용구와

슬랭, 듣기, 회화, 드라마 등)을 수강할 수 있으며 ESL 과정과 연계하여 다양한 디플로마 과정을 선택할 수 있다.

● **St. Geore International College(SGIC)**
주소 150 Dundas St. West Suite 200,Toronto, Ontario
전화 416-929-4050
홈페이지 www.sgiccanada.com
전체 학생 150명(한국학생 비율 40%)

ESL과 비즈니스, TESOL 스페셜 과정 수업이 이루어진다. 남미 학생들의 비율이 높은 편이며, 학생들의 국적 비율이 고르게 섞여있다. TESOL for Children 프로그램은 직접 아이들을 가르칠 수 있는 실습 기회를 준다. 토론토에서 비즈니스와 디플로마로 유명하며 일반 영어 과정 이외에도 비즈니스나 통번역 과정을 제공한다.

기타 지역

● **University of Victoria(Victoria)**
주소   Continuing Studies Building 3800 Finnerty Rd. (Ring Road) Victoria
전화 250-721-8469
홈페이지 www.uvcs.uvic.ca/elc
전체 학생 500명(한국학생 비율 31%)

12주 집중 프로그램을 매년 3회 제공한다. 초보 상급 과정부터 대학교 준비 고급 과정까지 6단계가 있다. 이 프로그램의 최고 과정은 본 대학교 입학 준비 과정(University Admission Preparation Course)으로 이 과정을 성공적으로 마친 경우 빅토리아 대학의 학위 프로그램에 입학하기 위해 토플 시험을 칠 필요가 없다.

● **Academie Linguistique Internationale (ALI)(Montreal)**
주소 1425, Blvd. Rene-Levesque West #800, Montreal
전화 514-270-3886
홈페이지 http://www.studymontreal.com
전체 학생 2,500명(한국학생 비율 35%)

기본 과정, 인텐시브 과정, 수퍼 인텐시브 과정의 세 가지 어학연수 프로그램을 제공한다. 북미 최대의 2개 언어 도시인 몬트리올은 캐나다의 다양성을 맛볼 수 있는 가장 좋은 곳이다. 불어권이므로 외국인 학생들뿐만 아니라 내국인 학생들도 프로그램에 참여한다. 지하철역에서 도보거리, 그리고 다운타운에서 불과 10분 내 거리에 있다.

● **Mount Royal College(Calgary)**
주소 4825 Mount Royal Gate SW, Calgary
전화 403-440-5100
홈페이지 http://international.mtroyal.ca
전체 학생 400명(한국학생 비율 35%)

많은 공부 분량과 숙제로 학생들 사이에서 유명하다. 그만큼 학기가 끝나면 학생들에게 남는 것도 많은 ESL 과정이다. 역사가 있는 만큼 커리큘럼도 좋으며, 대학 부설의 특징대로 문법, 읽기, 쓰기에 수업 내용이 집중되어 있다. 학교 부대시설이 잘 구성되어 있어 체육관, 헬스장, 카페테리아 등을 편리하게 이용할 수 있다.

● **Milner International College of English**
주소 379 Hay Street, Perth WA 6000 Australia
전화 61-8-9325-5444
홈페이지 www.milner.wa.edu.au
전체 학생 250명(한국학생 비율 30%)

퍼스시내 중심가에 위치해 있으며 다양한 국적의 학생들이 모여 있는 곳이다. 캠브리지 시험의 경우 호주 내 최다 응시자를 배출했을 만큼 캠브리지 과정으로 유명하다. 기타 부대 시설로는 최신 시설을 갖춘 헬스클럽이 있으며 무료로 사용할 수 있다.

● **Phoenix Academy**

주소 223 Vincent Street. West Perth WA 60-05 Australia
전화 61-8-9227-5538
홈페이지 www.phoenixacademy.com.au
전체 학생 450명(한국학생 비율 7%)

차분함이 감도는 정원 풍의 조용한 학교. 친절하고 따뜻한 분위기로 유명하며, 프리맨틀에도 캠퍼스를 운영하고 있다. 약 20개국 이상의 국가에서 온 학생들이 함께 공부하고 있는 곳이다.

상담, 수속, 기타 문의는 호주 & 캐나다 & 필리핀 전문유학원 **타임스터디**에 문의하시면 친절한 안내를 받으실 수 있습니다.

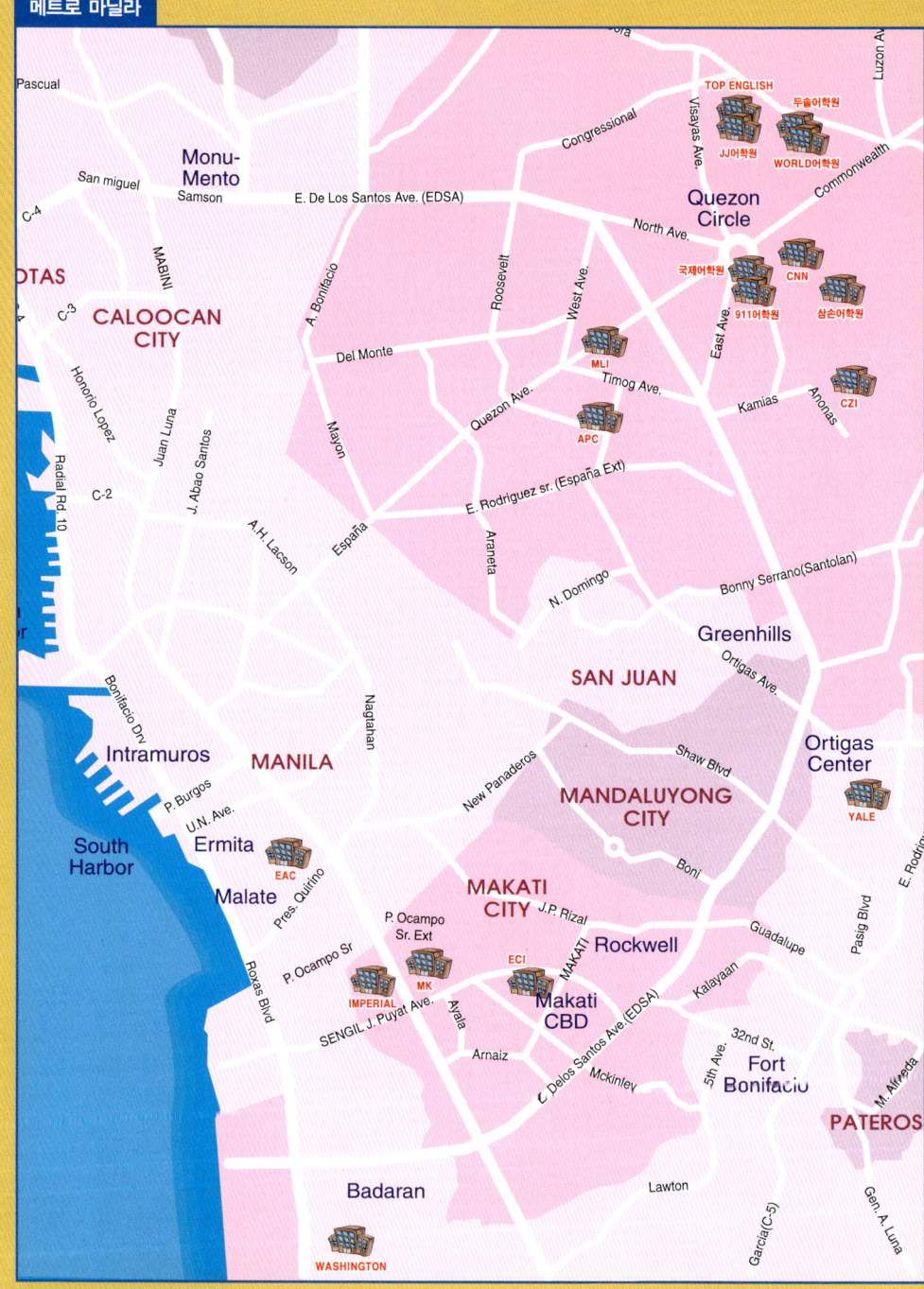

메트로 마닐라_마닐라 시티

PAGCOR

ERMITA

M LHUILLIER

PACO

MALATE

BAY WALK

Paco park
Remedios circle
Quirino Stn.
Manila zoo & Botanical garden
Rizal Mem.

Padre burgos, Finance, Teodoro valencia circle, San marcelino, United nations Ave., Mahatma, Carmen, Belen, G. Apacible, T. M. Kalaw, A. Flores, Gen. Luna, Arquiza, Padre faura, San marcelino, Pedro gil (Herran), Sta. Monica, F.T Benefiz, Singalong, Angel linao, R. Salas, Gen. M. Malvar, F. Agoncillo, Press. Quirino Ave., Julio nakpil, Hidalgo, Luis ma guerero, Ma. Y. Orosa, Vasquez, San andres, J. Bacobo, M.H Del Pilar, Remedios, Madre Ignacia, M. Adriatico, Leon guinto St., Leveriza, A. Ma, M. Adri, Tait Ave.

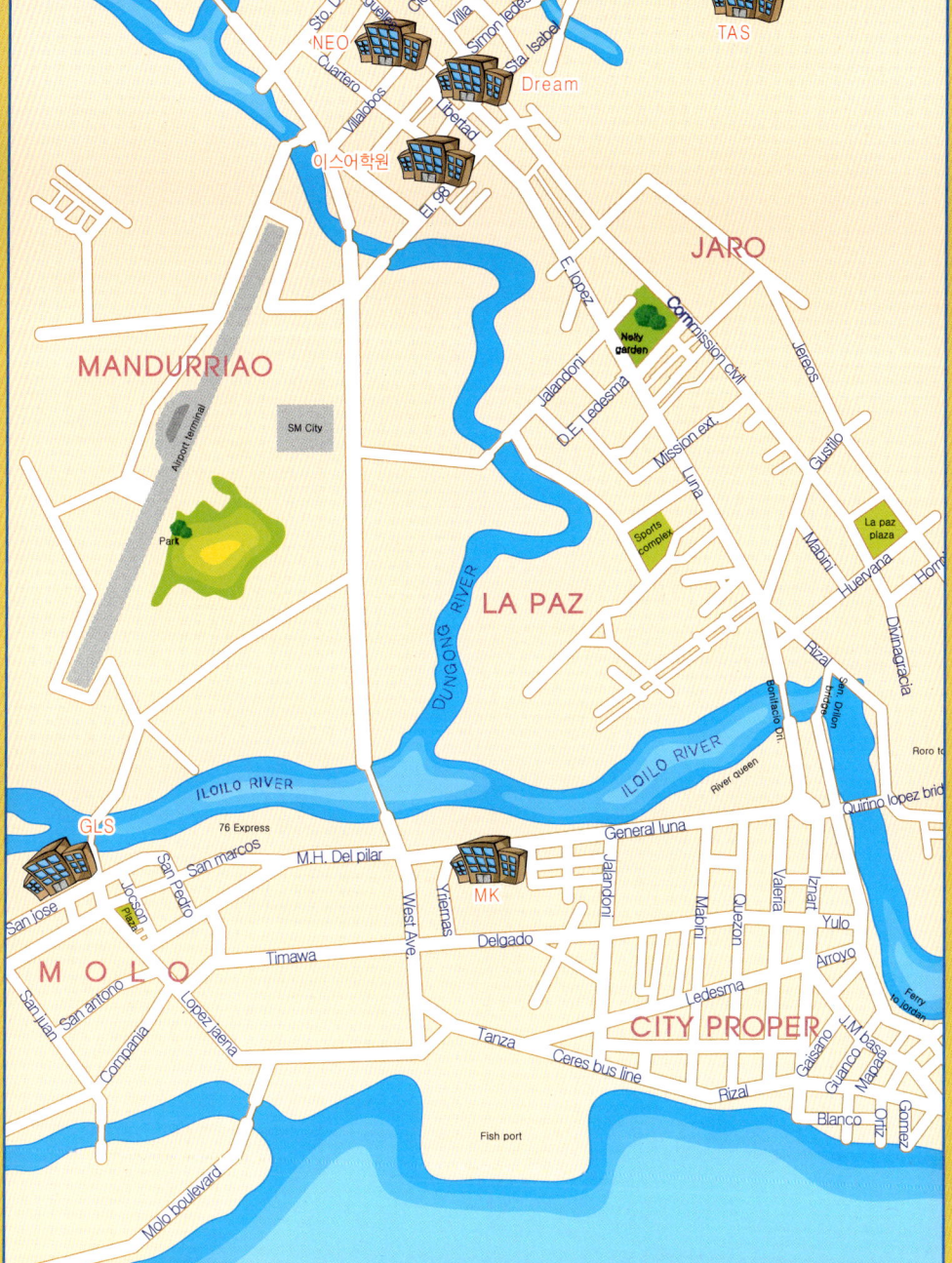

바기오

세부

Mactan섬
- Philinder

어학원 위치

- SME
- English Fella
- EV
- MTM
- ELSA
- SME
- Cebu Study
- JIC
- CIA
- SM Mall
- MTM
- UBEC
- Ayala Mall
- GEOS
- CPILS
- Life Cebu
- Balli
- NLS
- CELLA
- CG
- MDL
- SISCO
- C.Padilla

지역명

- SUBANGDAKO
- MABOLO
- LUZ
- CARRETA
- TEJERO
- CAMPUTHAW
- T. PADILLA
- LOREGA SAN MIGUEL
- TINAGO
- PARI-AN
- SAN ROQUE
- ZAPATERA
- COGON CENTRAL
- DAY-AS
- CAMAGAYAN
- STA CRUZ
- SAN ANTONIO
- SAMBAG II
- SAMBAG I
- CENTRAL PROPER
- KALUBIHAN
- PAHINA CENTRAL
- ERMITA
- BANAWA
- SAN NICOLAS PROPER
- PASIL ALBUNO
- SUBA PASIL
- LABANGON
- CALAMBA
- PAHINA SAN NICOLAS

주요 도로

- Gov. Cuenco Ave.
- Arch. Reyes Ave.
- J. Luna Ave.
- F. Cabahug
- Cebu North Rd.
- Central Rosales Ave.
- Salinas Dr.
- M. J. Cuenco Ave.
- Luzon Ave.
- Ayala Rd.
- Gen. Maxilom Ave.
- Gen. Maxilom Ext.
- Gorordo Ave.
- N. Escario St.
- P. Del Rosario St.
- Colon St.
- Osmeña Boulevard
- V. Rama Ave.
- B. Rodriguez St.
- N. Bacalso Ave.
- Katipunan St.
- Pier 1
- Pier 2
- Pier 3

SURVIVAL ENGLISH

내 인생을 바꾸는
필리핀에서 홀로서기

2008년 3월 30일 초판 1쇄 발행
2013년 8월 19일 개정 4쇄 발행

지은이 | 한용석
감 수 | Edmer D. Bernardo

펴낸이 | 김영철
펴낸곳 | 국민출판사
등록 | 제6-0515호
주소 | 서울특별시 마포구 서교동 382-14
전화 | (02)322-2434 (대표) 팩스 | (02)322-2083
홈페이지 | www.kukminpub.com

편집 | 양영광 · 이예지 · 오수환   디자인 | 아이엠웰
표지디자인 | 송은정   본문디자인 | 권수진
영업 | 김종헌 · 이민욱   경영지원 | 한정숙

ⓒ 한용석, 2008
ISBN 978-89-8165-185-5 13980

*잘못된 책은 구입한 서점에서 교환하여 드립니다.